COLLECTION ESSAIS LITTÉRAIRES

Passions du poétique de Joseph Bonenfant
est le douzième titre de cette collection
dirigée par Marie-Andrée Beaudet.

DU MÊME AUTEUR

L'imagination du mouvement dans l'œuvre de Péguy, Montréal, Édi-tions du Centre éducatif et culturel, coll. Reflets, 1969; Sherbrooke, Naaman Dilif, 1979, 353 p.

Repère (roman), Montréal, Éditions Hurtubise HMH, coll. L'Arbre, 1979, 166 p.

Grandes aires (poèmes), Trois-Rivières, Écrits des Forges, coll. Radar, 1984, 68 p.

Entre nous la neige (correspondance avec Andrea Moorhead), Trois-Rivières, Écrits des Forges, coll. Estacades, 1986, 123 p.

EN COLLABORATION

À l'ombre de DesRochers / Le mouvement littéraire des Cantons de l'Est 1925-1950 / L'effervescence culturelle d'une région, Sherbrooke, La Tribune, Éditions de l'Université de Sherbrooke, 1985, 381 p.

Pragmatique de la poésie québécoise, Faculté des lettres et sciences humaines, Université de Sherbrooke, coll. Cahiers d'études littéraires et culturelles, n° 11, 1986, 305 p.

JOSEPH BONENFANT

Passions
du poétique

essais

l'HEXAGONE

Éditions de l'HEXAGONE
Une division du groupe
Ville-Marie Littérature
1000, rue Amherst, bureau 102
Montréal (Québec)
H2L 3K5
Tél.: (514) 523-1182
Télécopieur: (514) 282-7530

Maquette de couverture: Éric L'Archevêque
Photo de l'auteur: Kèro

Distribution: Diffusion Dimedia inc.
539, boulevard Lebeau
Saint-Laurent, Québec
H4N 1S2
Téléphone: (514) 336-3941; télex: 05-827543

Dépôt légal: 1er trimestre 1992
Bibliothèque nationale du Québec
Bibliothèque nationale du Canada

Je remercie André Gervais et Sylvie Bergeron pour leur perspicacité critique et leur assistance technique dans la préparation du présent ouvrage.

Introduction

Comme je n'ai jamais abordé une problématique littéraire ou parlé d'un texte de poésie sans y mettre de la passion, autant dans le choix que dans le traitement des œuvres, ni montré cet enthousiasme sans espérer qu'il soit contagieux, je serais malvenu, en présentant cette rétrospective critique, de feindre une objectivité, ou un recul, dont en réalité je n'ai jamais été capable. Les théories et les pratiques dont il sera question ici me tiennent toujours autant à cœur.

Seulement, en préparant cet ouvrage, j'ai lutté contre l'effet de disparité: je m'en suis tenu aux textes qui résonnaient encore, par-delà les années. Je les ai regroupés en des ensembles cohérents et accompagnés de chapeaux épigraphiques dont l'intérêt, bien sûr, est de signaler une veine nourricière plus vitale, plus cachée, plus réelle que bien des citations utilitaires dans tel ou tel texte. Loin d'être des fragments autoritaires, ou complaisants, ces épigraphes se veulent autant marques de désir indépassable que marqueurs de tonalités concrètes.

Ce fut d'abord un travail de sélection. Les années accentuent forcément le caractère falot soit de certains livres soit de certaines approches. Tous les écrivains ont connu de ces rages de dénégation qui ne tombent pas nécessairement sur les premières œuvres publiées. Un critique fait la même expérience; regrettant parfois d'avoir perdu son temps à s'entêter dans tel type d'analyse, d'avoir inutilement scruté une œuvre qui n'avait que de la poudre à jeter aux jeux. Mais au-delà de ces vains regrets il y a eu rectification du tir, et surtout une meilleure saisie de la poésie et des lectures qu'elle commande, quitte à en être toujours déçu. Le regard rétrospectif discriminant est absolument nécessaire.

Pourquoi la mode ne sévirait-elle pas autant en poésie qu'en critique? Les textes qui suivent émanent souvent de commandes et doivent s'adapter à la circonstance. Une certaine disparité est inévitable. Le texte n'aura pas même allure ni même texture selon qu'il est destiné à un colloque littéraire, qu'il se présente comme communication savante étayée par des années de recherche, ou qu'il est publié dans telle ou telle revue. Cela dit, l'auteur ne peut se renier chaque fois comme lecteur et comme interprétant.

Dans le texte poétique, c'est toujours l'univers des signes qui m'a le plus sollicité, leur fonction et leur fonctionnement, leur valeur sémantique d'indice et formelle de signal, leur traçage et leur frayage, leurs dispositions et leurs corrélations, leurs délimitations et leurs illimitations, leur humilité ou leur morgue, bref toutes leurs forces conjuguées. C'est donc l'approche sémiologique qui prédomine dans cet ouvrage, mais le plus souvent sans l'appareil théorique ni le renforcement des citations.

Une fois cette certitude acquise, il s'imposait de composer des suites logiques allant plus loin qu'une cohérence de surface. Par je ne sais quel heureux hasard, les enchaînements sont faciles à percevoir; il suffit d'y porter attention. Le premier bloc de textes s'articule autour des analyses thématiques, sémiotiques et pragmatiques qui marquent mon cheminement en littérature depuis les années soixante, presque décennie par décennie. Ma tendance analytique, d'une part, n'est jamais très portée sur des considérations idéologiques ou institutionnelles; je laisse à de plus compétents que moi cette nécessaire préoccupation sociologique. D'autre part, malgré certaines tournures subjectives, mon discours critique ne donne jamais tellement dans la souffrance ni ne se tourne vers des mélancolies ou des échecs appréhendés. J'ai toujours essayé, mais sans mérite aucun, de cacher mes déceptions momentanées ou d'éviter les clins d'œil rageurs ou racoleurs. La vanité de l'œuvre littéraire m'a toujours paru évidente; mais cette vanité est une nécessité et un beau fleuron, autant pour un individu que pour une collectivité. J'ai toujours pris la littérature au sérieux et, comme d'autres, j'attends toujours qu'elle me rende la politesse.

La deuxième partie comprend un survol d'œuvres poétiques importantes dans notre histoire littéraire. Qui le sont, ou le seront, je l'espère. Des œuvres très variées sur lesquelles je me suis penché exhaustivement (au moins dans le cas des œuvres «complètes») ou plus hâtivement (dans le cas des œuvres en cours). Mon étonnement, après coup, c'est de constater la diversité de mes goûts pour des œuvres ou des textes de facture, de tessiture et de teneur si différentes. Il serait trop facile de montrer que ce qui se ressemble est moins important que ce qui se différencie, poétiquement, existentiellement, humainement. La ressemblance, c'est l'amour et le langage, la différence, c'est l'amour du langage et le langage de l'amour. Chaque œuvre, étant d'une époque, en témoigne, mais elle vaut pour toutes les autres. Chaque poésie, parlant et partant d'un lieu, d'une langue, d'un manque, comble à sa manière son étrangeté et, par ses matières, ses pauvretés. Elle vaut alors pour d'autres horizons, d'autres idiomes; elle se prête à toutes les lectures possibles. Dans le cas de Crémazie, Nelligan, Saint-Denys Garneau, Grandbois, Gatien Lapointe et Michel Beaulieu, le sceau de la mort donne à l'œuvre un ancrage historique nouveau et indicible, mais fortement perceptible.

Je n'ai pas répugné, dans la troisième partie, à fouler le sol très quotidien de l'enseignement à l'université, conscient de l'utilité éventuelle de mes propos dans l'enseignement et la «création» littéraire aux niveaux secondaire et collégial. Les difficultés, les déceptions et les enjeux sont comparables. Comment pouvons-nous communiquer notre goût d'écrire et notre passion pour la poésie aux générations nouvelles qui défilent dans nos salles de cours? Comment intervenir sans décourager, stimuler sans illusionner? Comment percer les sources, écarter les empêchements, «surprendre les voix»? C'est le travail d'une vie et rien n'est jamais gagné; il faut recommencer à zéro chaque fois. Dans l'atelier d'écriture/lecture, tout ce que l'animateur peut mettre en œuvre de l'histoire et des théories littéraires, toute sa passion des livres, sa passion de l'écriture et de la culture, tout sert, mais habituellement de façon indirecte. Loin du cours magistral, l'atelier est un milieu essentiellement interactif; c'est le chantier permanent, le lieu de toutes les synthèses, bref, la littérature à l'épreuve et en gestation.

Je risquais gros, je le sais, en mettant le mot *passions* dans le titre de cet ouvrage. Quoi de plus vain, quoi de plus éphémère qu'une passion? Mais, sans elle, c'est notre vie elle-même qui serait vaine. *Passions du poétique* suggère engouement et poursuite du vent. Mais pourquoi s'en priverait-on? On sait comme Valéry a pu être draconien face à la critique. Il a écrit: «Je vais admirer en égratignant pour ne pas avoir l'air d'un imbécile.» Il abominait, sans la nommer, l'analyse sémiologique («Tout ceci est parfaitement inutile et inutilisable à part quelques résultats étymologiques») et la «critique sémantique» tout autant («C'est un tissu d'hypothèses, et d'explications imaginaires [...] Le vice des explicateurs est celui-ci: Ils *partent* du poème *fait* — et ils supposent une fabrication qui *partirait* de l'idée ou résumé qu'ils se sont *fait* de l'œuvre après lecture [...] Toute analyse est vaine»). Quelle sorte de critique faisait donc Valéry quand il parlait de Rimbaud et surtout, interminablement, de Mallarmé? Et qui, plus que lui, était requis et conquis par le langage, à quoi il ramenait toute la question de la poésie?

C'est bien la preuve que c'est toujours la critique des autres qu'on n'aime pas. Il n'est, en effet, pas facile de partager les passions d'autrui. Mais comme la littérature dans son ensemble serait appauvrie si on l'amputait de tous les discours engendrés par l'activité poétique depuis Homère et le *Cantique des cantiques*! Si la poésie doit être faite par tous, c'est avant tout par toutes ses lectures possibles, toutes ses lectures les plus passionnées, qu'elle le sera. La lecture de la poésie doit être faite par tous, et par toutes les voies possibles. Comme beaucoup d'autres à son époque, Valéry a cru à la «poésie pure». Nous, nous n'y croyons plus, et encore plus facilement depuis Scarpetta. Mais nous croyons au poétique, c'est-à-dire à tout ce qui est construit par un langage, si déficitaire soit-il, et sans doute parce qu'il l'est passionnément.

Parcours des théories

Un solitaire tacite concert se donne, par la lecture, à l'esprit qui regagne, sur une sonorité moindre, la signification.

STÉPHANE MALLARMÉ

«Le livre, instrument spirituel», *Œuvres complètes*, Éditions Gallimard, coll. Bibliothèque de la Pléiade, 1965, p. 378.

La poésie est la solitude sans distance, parmi l'affairement de tous.

RENÉ CHAR

«Recherche de la base et du sommet», *Œuvres complètes*, Éditions Gallimard, coll. Bibliothèque de la Pléiade, 1983, p. 742.

La solitude est nécessaire sur le plan individuel en littérature.

GASTON MIRON

À Claude Haeffely, le 3 février 1960, *À bout portant*, Éditions Leméac, 1989, p. 133.

Critique thématique: voies et impasses[1]

La vogue de la critique thématique est bel et bien passée. On ne rencontre plus personne qui se réclame exclusivement de cette approche. Le thème est une notion acquise, couramment utilisée, un concept clé, autant que celui de structure. Mais la théorie du thématisme a tellement évolué qu'on ne la reconnaît plus; la théorie du structuralisme suivra-t-elle la même voie de transformation radicale, sinon d'effacement? Le premier étonnement de celui qui se penche sur cette métamorphose est de constater le fossé qui sépare les pratiques des théories thématiques. On fait du thématisme sans le savoir, ou en croyant faire autre chose, de la psychanalyse, de la sociocritique par exemple. Tout se passe comme si le thématisme était maintenant devenu, non une approche critique, mais un travail d'organisation et de structuration de l'œuvre, donnant lieu à des interprétations qui n'ont plus rien à voir avec les thèmes et leur arrangement.

Il s'agit de savoir ce qu'a été le thématisme à son époque la plus glorieuse, soit dans les années soixante, comment il s'est récusé soi-même comme principe d'analyse pour faire place aux théories du sujet individuel ou collectif. Comprendre en somme pourquoi le thématisme est tombé dans un tel discrédit, et devenu aussi abominable. Distinguer entre le travail, souvent nécessaire, de thématisation, et la critique thématique. Voir s'il n'y a pas eu entre ces deux instances — structuration et interprétation — une lamentable confusion qui a donné lieu à un malentendu ou à un mal-lu, infini.

I

Prenons des exemples avant de passer aux définitions et à l'examen des œuvres. Qui ne se souvient de *La mère dans le roman canadien-français*, de sœur Sainte-Marie Éleuthère[2], de *L'hiver*, dans le même roman, de Paulette Collet[3]? Le titre se confondait avec la démarche. Le thématisme était une approche privilégiée, comme ce qu'avait cru faire Jean Le Moyne en 1953 en étudiant «la femme dans la civilisation canadienne-française[4]». Mais Le Moyne, ajoutant des considérations sur le mythe, l'échec littéraire de l'amour faisant suite au triomphe historique de la fécondité, apportait à son étude la complexité d'une *problématique* sociale et historique dont la leçon a été retenue.

Le même élargissement se retrouvait dans une autre analyse au titre thématique, de Louis-Marcel Raymond, sur «Jules Supervielle et les arbres» dans un texte de 1955[5], et se voit également, dix ans plus tard, dans le livre de Paul Wyczynski: *Poésie et symbole[6]*. Dans ce livre, l'auteur poursuit chez Nelligan le thème de l'inquiétude, chez Saint-Denys Garneau le thème du regard qui nous conduit «au centre même de son individualité». Plutôt que des thèmes, Wyczynski voit dans la maison, la route, l'eau, la main, l'oiseau, l'os, des «symboles évocateurs». Il envisageait la même ramification symbolique chez Anne Hébert: «Par la voie d'une thématique ramifiée, nous arrivons aux symboles de l'eau, des mains et de l'oiseau, signes poétiques engendrés par des états d'âme complexes sinon indéchiffrables.» Il voit «l'arbre comme symbole conducteur». Déjà l'idée du fil conducteur qui doit nous mener au centre; déjà la prétention que l'approche thématique est privilégiée.

Un mot d'abord sur la popularité de cette approche. Dans un article de Jacques Allard sur «la recherche universitaire québécoise et canadienne-française[7]», on apprend, à partir des sujets de thèse déposés de 1970 à 1977 dans 11 universités canadiennes, que 48 % des titres sont thématiques, contre 43 % structuralistes, 5 % idéologiques, 3 % sur l'esthétique, 1 % sur la psychanalyse. Prédominance du thématisme. Dans une enquête faite par René Dionne en 1978[8], on apprend que les «méthodes critiques utilisées» par 113 professeurs donnent 48 occurrences pour l'approche historique, 31 pour la thématique et 18 pour la sémiotique (structurale: 13; formaliste: 7; textuelle: 8; sociocritique et idéologique: 26). Et le kaléidoscope critique se continue en critique éclectique, archétypale, psychostructuraliste, lonerganienne, phénoménologique, finalement variable. La majorité des professeurs ont indiqué plus d'une approche, ce qui rend difficile le calcul d'un pourcentage. Le plus intéressant est de signaler que le thématisme est presque toujours allié à une autre approche, majoritairement historique, structurale ou mythocritique. Précieuse indication que le thématisme manque d'autonomie, ou d'indépendance théorique. Nous y reviendrons.

Cette approche a semblé jouir d'une faveur indue. Sans doute parce qu'elle reflétait la thématique culturelle et nationale. En 1971, Maurice Lemire et Kenneth Landry[9] ont signalé les principaux thèmes à l'étude dans les thèses de littérature canadienne-française de 1923 à 1970. Ce sont l'amour, l'éducation, la femme, le nationalisme, le pays, le paysan, la religion, la révolte, le terroir et la vie urbaine. On ne peut douter que ces thèmes ne sous-tendent l'ensemble de nos œuvres littéraires; et on pourrait leur ajouter ceux de dépossession, d'aliénation, tel que démontré à profusion par Axel Maugey dans *Poésie et société au Québec (1937-1970)*[10]. Qu'on pense aussi au thème du Nord dans notre roman, à celui de la survivance, etc. Comme il existe des thématiques nationales, on ne peut nier que par mimétisme — et commodité — il existe aussi des thématiques critiques. Mais là est le problème. La critique redouble-t-elle les discours? La critique thématique, particulièrement, peut-elle se passer de théorie?

Nous croyons que le discours critique est avant tout discours de méthode, et qu'il doit être épistémologiquement fondé; fondé en raison comme en distance. Il ne peut pas seulement refléter des contenus. La critique thématique, obsédée par la recherche du sens, s'est trop souvent contentée au Québec de servir en tranches minces le contenu de nos œuvres. Le thématisme ici n'a pas été suffisamment formaliste. Il a bien plutôt été humaniste. Il serait facile de trouver dans notre critique des années quarante et cinquante un thématisme primaire, autant chez Jean Le Moyne que chez Maurice Blain, chez Pierre de Grandpré que chez Clément Lockquell, chez Roger Duhamel que chez Guy Sylvestre. Le thème humaniste a eu la vie dure; il était relié à ce qu'on appelait le spiritualisme et n'était pas étranger à l'univers de Bernanos qui a donné lieu à la plus formidable série d'études thématiques jamais vue: la mort, l'amour, la souffrance et l'expiation, le tragique, l'enfance, le temps, l'agonie, et même la route. Les titres thématiques sont conaturels aux visions humanistes; et quoi de plus mordu que l'humanisme pour la totalité du sens!

II

Au Québec, c'est, globalement, Gilles Marcotte et André Brochu qui dans leur critique ont dépassé le thématisme, l'un par son ouverture à la sociocritique, quoiqu'il en ait, en général, contre la théorie; l'autre par sa pratique de l'analyse psychanalytique, savamment jumelée aux approches variées de la sémantique structurale. Nous en sommes maintenant à la critique de Philippe Haeck et de Pierre Nepveu, deux critiques post-thématiques et post-sémiotiques, qu'on aimerait qualifier de «lecturielles» si le mot existait, dépassant même le fictionnel et le textuel. Mais avant de justifier ces qualifications critiques, il importe de s'essayer à *une théorie du thématisme*. Il faut autant l'éprouver dans ses définitions que le voir évoluer dans une histoire, démentir ses prétentions que dénoncer ses ambiguïtés, lui assigner ses limites que mettre en valeur sa fécondité. Beaucoup de critiques ont le thématisme facile, à la bouche ou sous la plume, mais savent-ils à quoi cette pratique les engage? Pour certains, le thématisme est une injure, pour d'autres, un pompon à leur couronne. Dans beaucoup de cas, cette approche n'est pas critiquée, réduite à ses justes limites, comme si la critique thématique était un minimum suffisant, ou simplement la reconnaissance d'un bon et abondant fichier. La question n'est pas si simple. On n'a qu'à voir où en sont rendus aujourd'hui Jean-Pierre Richard en France et André Brochu au Québec, les plus célèbres praticiens et théoriciens du thématisme critique, pour reconnaître que la question est complexe et mérite la plus sérieuse attention.

L'article fondateur est certes celui de Tomachevski en 1925, publié dans *Théorie de la littérature*[11]. Ici, nous ne trouvons que des notions empiriques. Le thème est pratiquement le sujet, ou ce dont on parle. L'œuvre se décompose en unités thématiques. C'est le système du fractionnement en «les plus petites particules du matériau thématique». Le motif est une petite unité, définie comme «thème de cette partie indécomposable de l'œuvre», et chaque proposition possède son propre motif. «Les motifs combinés entre eux constituent le soutien thématique de l'œuvre; le sujet apparaît comme l'ensemble de ces mêmes motifs, mais selon la succession qu'ils respectent dans l'œuvre.» C'est dire la confusion dans les définitions. Thème, sujet et motif ne sont pratiquement que des ordres de grandeur, ou des unités englobantes. Il est plus juste de dire que le thème est engendré par la répétition d'un même motif. *Lexis* définit le thème comme tout ce qui constitue le sujet d'un développement, et le sujet comme ce qui dans une œuvre littéraire constitue le contenu de pensée sur lequel s'est exercé le talent créateur de l'auteur.

D'importantes distinctions ont été apportées par Michel Potet dans son article de *Poétique*[12] sur la place de la thématologie. Il signale qu'on ne peut plus séparer les thèmes et les mythes de l'œuvre. Critiquant et dépassant les définitions de Tomachevski, il précise que «la thématologie ne peut se passer de motifs [...] entendus aussi bien comme contenus que comme supports de fonctions». Remarque importante, qui postule le principe de structuration, de hiérarchisation des fonctions qu'on pourrait désormais appeler thématiques. L'ensemble des performances thématiques constituent le sujet; et la récurrence des motifs est ce qui caractérise le thème. Les motifs sont des unités plus opératoires. «Les motifs fixes, en nombre limité, constituent les véritables pôles d'attraction du thème.» Potet va jusqu'à parler de pactes et de modèles thématiques. En ajoutant que le nombre des motifs libres est infini, et celui des motifs assujettis, limité, il introduit la notion de «variation de structure» dans l'organisation thématique. De telles remarques enlèvent leur innocence aux démonstrations thématiques redondantes. Autrement dit, le thème ne fait pas qu'organiser le contenu, il préside au travail des formes; par cette fissure théorique s'engouffre le principe de l'analyse idéologique, qui est la seule instance qui peut sortir l'analyse thématique des ornières de la paraphrase savante.

Une autre réflexion théorique importante est celle de Naomi Schor dans *Littérature*[13]. «Le néo-thématisme, dit-il, est un thématisme passé au crible de la critique structuraliste.» C'est pourquoi il qualifie de thématique toute lecture qui s'accroche au fil conducteur, «que ce soit les chaînes synonymiques de Barthes, ou la chaîne des suppléments de Derrida, ou les séries de Deleuze». Tissage, toile d'araignée, tresse, texture, fil donné; toujours un travail d'unification. Tandis qu'une thématique générale tendrait à une «lecture infinie», Schor prône plutôt *une thématique restreinte* qu'il définit comme «l'équivalent d'une anastomose sectionnant le texte afin d'aboucher les opposés binaires (sur le plan sémantique), les doubles (sur le plan actantiel), ou encore les séquences répétées (sur le plan événementiel)». C'est un fait que le structuralisme littéraire n'a pas pu faire l'économie de la phase thématiste; il a en revanche saisi les rapports entre organisations et structuration; et plus tard, des approches comme socio-, psycho- et mytho-critique ont ajouté le rapport d'interprétation. Tout se passe comme si le symbole dans le thème avait reculé au profit du signe (sémiotique) et de l'histoire des formes (structuralisme). Le problème est de savoir si les formes du sens l'emportent sur les signes du sens, et de voir que le thème est autant signe que forme.

L'approche thématique est en soi intrinsèque. C'est une thèse qu'avaient soutenue en leur temps Wellek et Warren[14] et qui avait été reprise en 1966 par Georges-André Vachon dans son important article:

«Le conflit des méthodes[15]». Elle reste encore vraie, en ce sens que même les thèmes de la littérature québécoise sont intrinsèques. Mais à ce compte-là on ne sortirait jamais d'une critique immanente. La valeur des œuvres serait alors décidée à partir de la conformité à la thématique nationale. C'est un réflexe critique très ancré au Québec que de jauger la teneur nationale de toute nouvelle publication romanesque ou poétique. Toute la poésie doit-elle être mironienne? Et tout le roman, ferronien? En principe, on dit non. Mais dans les faits, on reçoit encore mal les œuvres qui vont se préoccuper des formes de l'écriture et des méandres de l'aventure de la textualité de façon plus évidente que de la production de sens à partir de thèmes familiers. Sous l'angle de cette approche intrinsèque, le thématisme est un humanisme. «Thématique: recherche des valeurs humaines», écrit Gustave Labbé[16]. Paul Gay, pour sa part, déclare, après avoir nommé nos critiques littéraires, dont Gilles Marcotte, André Vachon, Jean Éthier-Blais et André Brochu, que «tous travaillent à la gloire des lettres et à l'honneur de l'homme[17]».

C'est assez dire combien le thème a perdu de sa vertu critique, en cette époque de l'éclatement du sens. Sait-on encore où mène le thématisme? Serge Doubrovsky a raison d'affirmer dans *Pourquoi la nouvelle critique*[18]: «Si l'analyse thématique a une fonction, ce ne peut être que de suivre et de restituer la vie propre des thèmes: leur articulation et leur recoupement, certes, mais aussi leur naissance, leur évolution, leur aboutissement.» D'accord, mais après, que fait-on? Où va-t-on? Nul doute que le décryptage thématique n'apporte une euphorie certaine, mais ne serait-ce pas à cause des ambiguïtés inhérentes à cette pratique? Umberto Eco, après avoir parlé de thématiciens aussi chevronnés que Mauron, Richard, Poulet et Starobinski, va jusqu'à dire: «Les distinctions entre critique thématique, stylistique, psychanalytique ou formelle sont souvent assez trompeuses[19].» Est-ce clairvoyance ou démission? Il est certain que le thématisme a été tardivement relié à la théorie et qu'il a jusqu'à ce jour gardé un relent de lecture triomphale. Il donnait lieu à une critique facile, qui ne surveillait pas son arrière-garde.

Les grands thématiciens ont tous dépassé le thématisme, laissant pour ainsi dire la notion de thème à l'œuvre créatrice elle-même. Voici deux exemples où le mot *thème* surgit avec harmonie. D'abord, dans un discours critique, Annie Leclerc affirme que Malraux s'est emparé du «lien nécessaire entre l'héroïsme et la mort, pour en faire le thème affiché, garanti grandiose, de sa prose. Il le clame, le déclame, le proclame, le décline et le conjugue, comme si lui, enfin, Malraux, avait découvert de quel bois on fait la flûte des héros[20].» Puis, dans un discours de fiction, emprunté à Noël Audet: «C'est de l'intérieur que tu m'envahis. Me protéger de toi, ajouta-t-elle, dans une magnifique variation sur le même thème dont je saisissais mal l'air, la mélodie exacte[21].» On n'imagine pas que le mot *signe* (ou *structure* ou *forme*) donne ainsi lieu à la modulation importante ou à l'affirmation insistante. La critique laissera-t-elle à l'avenir le thème à la fiction? La critique thématique ne serait-elle pas dépassée par d'autres discours? On peut penser que la critique a accédé à l'autonomie de son discours et qu'elle se démarque avec netteté désormais des modulations, variations, mélodies et autres harmonies que l'œuvre littéraire elle-même utilise, valorise, enchante.

III

Au Québec, c'est la réflexion critique d'André Brochu qui a le plus contribué à définir les limites du thématisme, réflexion ponctuée de sévères réticences. Son article «Écrire sur *parti pris*», dans *L'instance critique*[22], porte les traces d'une passion déçue. Il s'agissait pour lui, dès 1963, d'étudier toute notre littérature dans sa continuité historique, «des origines à nos jours», en poursuivant les «discordances thématiques», «les dualités thématiques» qu'il rencontrait partout. En 1972, Brochu constatait que sa «conception de la littérature [n'était] plus en accord avec l'actualité littéraire et culturelle». Il se sentait las devant les nouveautés critiques. Au fond, le trajet de Brochu est exemplaire et constitue un avertissement. À la fin de son étude sur *Bonheur d'occasion*, il soulignait, en 1964: «Si nous avons pu éclaircir certains passages et tisser des fils conducteurs à travers le foisonnement du roman, notre travail n'aura pas été vain[23].» D'autres mots clés revenaient dans le cours de l'étude: «Partis d'un thème périphérique — celui de l'attente — qui nous a rejetés vers d'autres thèmes, nous sommes parvenus, en totalisant les indications qui nous étaient fournies, à la réalité centrale de l'œuvre qui en commande les développements et les articulations[24].» On reconnaît bien là la terminologie rituelle du thématisme. Dans un texte de 1972, il écrit, dans «La critique en question[25]», que cette approche critique «manque l'objet littéraire». Ébranlé par Barthes et Meschonnic, Brochu signe la mort du thématisme.

Fil conducteur, totalité, centre. On reconnaît bien l'obsession du bonheur de lire dont Jean-Pierre Richard avait fait sa marotte dès 1963 dans son article: «Quelques aspects nouveaux de la critique littéraire en France[26]». Influencé par le bonheur universel de Bachelard, Richard souhaitait un retour au texte, une critique des profondeurs, une vision de la totalité, de l'unité, de la cohérence, de l'harmonie profonde, des attitudes primordiales d'existence. Les thèmes devaient donner «les zones essentielles» du sens et permettre de toucher le secret des œuvres. Ces idées reprenaient en gros la célèbre introduction à *L'univers imaginaire de Mallarmé*[27] où le thème, conçu comme «principe concret d'organisation», apparaissait comme un schéma «autour duquel aurait tendance à se constituer et à se déployer un monde»; «la répétition, ici comme ailleurs, signale l'obsession[28]». Richard rêvait ouvertement la pénétration totalitaire de l'œuvre. Voyons l'exemple d'une figure: «La figure mallarméenne du *pli* par exemple nous permettra de joindre l'érotique au sensible, puis au réflexif, au métaphysique, au littéraire: le pli étant à la fois sexe, feuillage, miroir, livre, tombeau, toutes réalités qu'il rassemble en un certain rêve très spécial d'intimité[29].» Ce texte de 1961 ne manquait pas d'ambition. Mais Richard avait eu la prudence de limiter son allégresse idéaliste, sorte de contradiction théorique pour l'époque. «La critique ne peut être aujourd'hui que partielle, hypothétique et provisoire. Cette partialité reflète sans doute l'état éclaté de notre littérature et de notre société[30].» Entre la totalité qu'il rêvait et l'éclatement qu'il constatait, Richard faisait un choix: il nous a donné un Mallarmé entièrement nouveau.

Si j'insiste sur le trajet de Richard, c'est qu'il est exemplaire: il fait comprendre clairement ce que fut obscurément au Québec l'histoire de la critique thématique. Georges Poulet a signalé une faiblesse de la critique de Richard en parlant de ce «mimétisme du style qui transfère dans la langue du critique les thèmes sensoriels de l'œuvre critiquée[31]». Quelques années plus tôt, Genette s'était objecté à cette vision de la totalité richardienne, en disant que Lévi-Strauss ne prétendait pas qu'une structure puisse être totalisante, et que l'étude de Richard sur Mallarmé était en fait une étude structurale. C'était une récusation habile des ambitions thématiques. Genette parlait du *Mallarmé* comme d'une «entreprise structuraliste, puisque, en effet, il s'agit bien d'une intuition totale de l'univers mallarméen. Mais, s'interrogeait-il, une analyse structurale peut-elle prétendre d'emblée à une saisie aussi vaste[32]?» On voit bien qu'il n'en croit rien. Dès les années soixante, le thématisme est sollicité par le structuralisme; il est déconstruit comme sphère de la totalité du sens.

Jean-Pierre Richard lui-même est la meilleure preuve que le thématisme peut et doit constamment être dépassé. Dès 1964, dans *Onze études sur la poésie moderne,* Richard s'orientait vers la mise en évidence des structures: «Ces études sont des lectures: des parcours personnels visant au dégagement de certaines structures et au dévoilement progressif d'un sens.» Il ajoutait plus loin une formulation apparemment complexe, mais restreignant considérablement l'ambition totalitaire du thématisme: la littérature «établit un rapport, un écho immédiatement sensible entre les formes — syntaxiques, rhétoriques, mélodiques — de son expression et les figures, thématiques ou idéologiques, de la profondeur vécue qu'elle exprime, qu'elle réalise en elle». Moins simpliste, cette approche critique semble mieux épouser la réalité des œuvres formes-sens[33]. On retrouve le même souci structural dans *Paysage de Chateaubriand* (1967); ou le souci de l'écriture, dans *Études sur le romantisme* (1970): «lire à travers le tissu sensuel et scriptural de chaque univers littéraire l'intention qui lui était particulière [...] Formes ici thématiques, formes du contenu, prélevées dans le registre, si riche pour l'imaginaire romantique, du monde senti ou rêvé».

C'est avec *Microlectures* que Richard a vraiment dépassé (ou intégré) le thématisme. Il définit ainsi son projet: «Il me fallait donc regarder comment les acquis d'une poétique, ou d'une théorie du texte, disons d'une *grammatique,* venaient s'articuler à ceux d'une lecture par thèmes et motifs[34].» Deleuze et Derrida sont passés par là. Le traitement s'est diversifié. Étudiant à nouveau Mallarmé, Richard avoue essayer «de suivre le procès à la fois pulsionnel, sensoriel, rhétorique, littéral, esthétique, voire théorique et philosophique, d'une autoréflexivité vertigineuse». On rencontre dans ce livre des expressions comme «le travail proprement libidinal», «l'épreuve pulsionnelle», «le corps désirant et discourant», toutes lectures qui ont accédé à l'interprétation, bien au-delà donc des minimales structurations du thématisme. Ici, Richard se prête à la thématique très restreinte: la cuisine chez Huysmans, le vide chez Hugo, etc. C'est «le passage au microdimensionnel», comme l'indique un critique[35]. Ainsi Richard en est-il arrivé à l'approche psychanalytique, au sens large. Le thème s'allie à la figure et au dispositif textuel, à la séquence et à la fonction: ces notions structurales sont en grande partie issues du thématisme naïf du début des années soixante. Présentement, malgré sa connivence avec le thème, ou sa secrète nostalgie, Richard en est arrivé à des lectures plurielles qui rendent compte de l'éclatement du sens dans le texte moderne. La psychanalyse s'étant, depuis Lacan, hyperspécialisée, elle peut se permettre de rester diffuse dans d'autres pratiques; mais, chose certaine, elle ne peut jamais plus être simplement mise de côté.

Au Québec, c'est de nouveau André Brochu qui a le mieux établi les rapports entre thématisme, structuralisme et psychanalyse. C'est le sens de son introduction à *Hugo. Amour / Crime / Révolution. Essai sur «Les Misérables»*, thèse de doctorat par ailleurs préparée sous la direction de Jean-Pierre Richard. «La thématique, y lisons-nous, n'est pas le tout de l'œuvre. Elle est un texte dans le texte.» L'ouverture, sinon la débâcle, touche même l'idéologique. «Le champ thématique s'étendrait alors des "métaphores obsédantes" à ce qu'on peut appeler l'"idéologie personnelle" d'un auteur.» Parlant de la nature vibratoire du thème, donc de son expansion, Brochu a l'heureuse idée de montrer les limites de la thématique en critique. C'est dire le cheminement fait par les tenants de cette analyse: «La critique thématique, malgré ses ambitions totalitaires, n'atteint pas le tout de l'œuvre précisément en ce qu'elle a trait au sens seul[36].» Le champ thématique inclut à la fois les motifs poétiques, les conceptions idéologiques et les structures narratives de plus en plus complexes. Il était bon que ces distinctions fussent faites. Elles devraient rendre plus prudents ceux qui se réclament sans nuances de la critique thématique. L'ambiguïté fondamentale de cette approche vient du fait qu'une époque littéraire a ses thèmes, qu'un auteur, qu'une œuvre, qu'une lecture ont aussi les leurs. Même l'idéologie a ses thèmes. Les structures du texte peuvent même se thématiser. De là à croire que le thématisme est une approche privilégiée, il y a un pas qu'il ne faut pas franchir.

La critique thématique s'est développée plus rapidement que la critique structurale, et n'a pas éveillé la même méfiance. L'approche et la connaissance sémantiques ont paru moins nécessaires au thématisme qu'au structuralisme. Porté par le signe, le symbole, l'unité de sens — on pourrait dire aussi par l'isotopie —, le thème a été la voie préparatoire au dégagement de la structure, sa face la plus visible, son aspect le plus immédiat. Cette confusion méthodologique originelle est à la source de la défaveur que connaît maintenant le thématisme. Le thème est une notion de l'œuvre, il est vrai, alors que la structure est une notion du texte; l'isotopie est un élément figural, alors que l'obsession est un élément du sujet. L'idéologie est la dimension constitutive du processus de fabrication du sens, alors que le social est le référent forcé de tout texte. De plus, certains textes sont autoréférentiels de par leur relation au langage ou à la syntaxe. Nous connaissons désormais ces notions théoriques. À partir d'elles, il est certes facile de réduire le thématisme à sa portion congrue. Mais nous ne triompherons pas facilement si nous disons que le thématisme a été une phase indispensable, un chaînon — plus pratique que théorique — inéluctable, dans l'accession de la critique contemporaine à un statut autonome. Le thématisme a perdu avec les années son caractère propre d'inventaire et d'organisation, au profit du structuralisme. «Pour être thématisables selon une compréhension nouvelle et, à notre sens, plus profonde, les structures proprement littéraires n'en subsistent pas moins et gardent une réalité spécifique[37].» Appartenant à la structure superficielle, le thématisme a dû abdiquer ses privilèges au bénéfice des éléments invariants de la structure profonde. Le vieux rêve de saisir l'œuvre en sa totalité est perdu. Gilles Marcotte écrit en 1978: «J'ai la plus haute idée de la littérature; et je n'accepte pas qu'elle s'arroge le privilège exorbitant d'une signification totalisante. Je déclare forfait, la synthèse m'échappe[38].» André Brochu, en contrepoint, ajoute: «J'avais cru, assez longtemps, à la possibilité de déboucher sur une compréhension en quelque sorte absolue de moi-même et de l'univers, de la totalité[39].»

Plutôt que de désillusion, vaudrait-il mieux parler de réalisme; et plutôt que d'errement, de cheminement? En 1963, Brochu croyait fermement au thématisme. Voyons: «Il n'est pas un mot de l'œuvre qui ne participe, directement ou indirectement, d'une catégorie thématique (ou thème), laquelle participe, plus ou moins directement, du sens profond de l'œuvre[40].» En 1972, il est depuis longtemps revenu de cette position idéaliste. «Il y a huit ans, quand parut le premier numéro de *Parti pris,* je ne croyais pas qu'on pût inventer d'autres voies que la critique thématique, qui était mon présent et qui était le présent[41].» Dans un texte de 1979, la relativisation est terminée, la fonction est trouvée, selon le même itinéraire théorique que celui de Jean-Pierre Richard: «Poétique, rhétorique et thématique forment ce que j'appellerais un noyau méthodologique à partir duquel le recours aux savoirs extralittéraires devient possible et même fertile[42].» Il n'est que de voir dans *La littérature et le reste* l'analyse que fait Brochu de *La nausée*[43] pour mesurer le chemin parcouru. L'analyse est totalitaire, non dans le sens de l'unité que révéleraient les thèmes, mais par la somme des fragments, par l'éclatement, qui est complet. Le texte de Sartre existe, mais la critique ne peut le reconstituer. Sémantique, narratologique, cette étude est un morceau de virtuose. Il fallait sans doute être un thématicien averti pour la réussir. D'ailleurs, n'y aurait-il pas que les vrais praticiens du thématisme qui soient capables de vraiment le dépasser?

IV

Tout cela étant dit, je constate combien il est difficile de tenter un répertoire d'œuvres critiques québécoises qui relèveraient du thématisme. On pourrait dire, d'une part, que toute la critique importante au Québec depuis vingt ans a subi l'influence de Jean-Pierre Richard; notre thématisme est diffus partout; il n'est pas difficile à repérer. Mais il faut ajouter, d'autre part, que notre critique compte très peu d'ouvrages strictement de facture et d'approche thématiques. À quoi tient cette confusion, sinon au peu de goût que manifestent nos critiques pour les théories de la critique? On rencontre encore abondamment de nos critiques pour vouer aux gémonies ceux qui leur reprochent leur subjectivisme, et parfois ses excès. Le cas d'André Brochu est exceptionnel, c'est pourquoi je l'ai évoqué abondamment.

Feuilletons quand même quelques ouvrages critiques, sans prétendre les ramener à une liste ferme de ce qui relève du thématisme. Dans *Poésie et frontières,* Clément Moisan intitule trois chapitres thématiquement: Poésie de la clandestinité, de la résistance, de la libération. Sa prise de position, en introduction, est la suivante: «Je me situe à l'intérieur du langage et mes analyses sont d'abord d'ordre linguistique et rhétorique; par là elles décrivent une ou des thématiques individuelles et débouchent sur des réalités collectives qu'elles font percevoir plus qu'elles ne les expliquent[44].» On retrouve un mixage comparable dans *Présence d'Alain Grandbois,* de Jacques Blais[45], dans *Saint-Denys Garneau et le mythe d'Icare*[46], mais surtout dans *De l'ordre et de l'aventure* où on lit notamment ceci: «Nous avons entrecroisé deux types de méthodes: les méthodes de l'histoire littéraire, les méthodes de la critique thématique[47]», cette dernière étant plus loin définie comme «un jeu de cristallisations[48]».

Quant à Robert Major, dans *Parti pris: idéologies et littérature,* il étudie la thématique des œuvres partipristes, qui consiste en un misérabilisme de l'aliénation et de la dépossession et en la création d'une réalité québécoise. Il justifie de la manière suivante le passage par cette approche: «L'analyse thématique permet d'atteindre certains éléments importants de la vision du monde véhiculée par des œuvres littéraires, surtout si cette analyse est attentive à la structure formelle des œuvres singulières[49].» La critique de Jean-Louis Major, pour sa part, si elle s'arrête aux thèmes, c'est pour vite les dépasser et s'arrêter à *la représentation*. Dans *Le jeu en étoile*[50], le mot revient constamment sous sa plume. Il s'agit plutôt d'une mythocritique. Nous avons un bel exemple avec ce livre que la critique de la fin des années soixante-dix préfère s'attacher à des *problématiques* plutôt qu'à des thématiques. On se souvient que c'est Paul Chamberland, en 1969, qui avait relié la parole poétique à la thématique, et la parole politique à une problématique, disant que la première avait été l'apanage de *l'Hexagone,* et la seconde, celui de *Parti pris.* Cette distinction est maintenant acquise dans notre critique et se rencontre souvent. D'ailleurs, dans ce passionnant *livre de lettres* qu'est *La littérature et le reste,* le mot clé qui vient le plus constamment à André Brochu est bien celui de *problématiques.* Le dialogue fervent qu'il entretient avec Gilles Marcotte — en un combat égal — constitue un des plus vivants et des plus rigoureux exercices de réflexion sur notre littérature, et sur notre critique, que je connaisse. La critique thématique en est pratiquement absente; elle a été parfaitement digérée. Ici, Brochu est structuraliste, sémioticien, psychanalyste, sémanticien, et parfois pessimiste; Marcotte est socratique, sociocritique, auerbachien, plus blanchotien qu'il ne pourrait le croire, et toujours optimiste. Pour revenir à Jean-Louis Major, son projet critique se donne les nuances voulues: «Ma lecture ne saurait être directement thématique. Le thème de l'écrivain est inséparable de la configuration ou, plus exactement, de la *figure* du texte: il s'inscrit dans un réseau de formes et représentations, d'où il tire sa signification[51].» Dans *Paul-Marie Lapointe: la nuit incendiée,* la thématique n'est ni invoquée ni évoquée. On est bien au-delà. «La continuité de l'œuvre se fait hors de sa propre imitation, dans une tâche perpétuellement à recréer et à réinventer[52].»

Évoquons brièvement quatre œuvres récentes pour voir comment le thématisme est une chose du passé. Dans *Romans du pays, 1968-1979*[53], Gabrielle Poulin a donné un titre thématique aux huit chapitres de son livre. C'est le pays thématisé: le pays de papier, le pays des commencements, etc. Mais il ne s'agit pas de critique thématique. Ce qui prouve quand même que le thématisme est toujours organisateur, toujours structurant. Dans le *Hubert Aquin romancier* de Françoise Maccabée-Iqbal[54], nulle trace de thématisme; c'est la narratologie et la textualité qui l'emportent. Hors du thème, point de littérature heureuse. C'est la lecture plurielle, le va-et-vient du texte à l'œuvre, le combat du sujet avec les figures. Même approche de modernité avec Philippe Haeck dans *Naissances. De l'écriture québécoise.* «La théorie qui soutient mon discours est celle de la modernité [...] qui évite de réduire l'écriture à un discours [...] elle ne cherche pas à démontrer l'unité d'une œuvre mais à faire sentir le caractère organique d'un style, le caractère polysémique de l'écriture [...]. Elle ne lit pas les textes avec une grille structurante — souvent une grille ne structure qu'elle-même — mais avec plusieurs grilles pour qu'elles s'annulent au profit du texte[55].» Les concepts d'unité, de totalité et de sens sont vraiment éclatés, devenus vestiges d'un idéalisme littéraire désuet. Même projet de modernité dans l'ouvrage de Pierre Nepveu: *Les mots à l'écoute. Poésie et silence chez Fernand Ouellette, Gaston Miron et Paul-Marie Lapointe.* Ici on ne parle pas de structuration, mais de fonctionnement du texte: «Tout vrai poème déborde aussi son fonctionnement[56]», *a fortiori,* peut-on ajouter, ses structures, et surtout ses thèmes. Le silence n'est pas un thème, ni même un sujet. «Silence» doit donc s'entendre ici comme l'indéterminé, l'illimité, ce qui mène en définitive à la notion bien contemporaine du pouvoir érotique du texte, du sens conçu comme excès ou dépassement[57].» Nepveu va même jusqu'à récuser les tentatives de toucher «l'identité, l'unité, la totalité», ce qui est un programme anti-thématique formel. Ces ambitions sont constamment refoulées au magasin des antiquités critiques, sur le mode: «on ne saurait en rester ici à une question de contenu ou de thématique[58]». On pourrait faire des remarques analogues sur le *Anne Hébert et le mystère de la parole*[59] de Jean-Louis Major, et sur le «*Sémaphore» de Gilles Hénault,* de Hugues Corriveau[60]. La critique québécoise, dans ses meilleures œuvres, en est arrivée à des lectures plurielles où, certes, peuvent se déceler des tendances critiques reconnues — et légitimes — mais où, plus ouvertement que jamais, se lit le refus des approches exclusives ou totalitaires.

La critique québécoise a depuis longtemps pris ses distances par rapport aux thèmes dits nationalistes ou historiques. Notre discours critique n'a pas toujours échappé au mimétisme de la fiction; mais c'est aux années vingt et trente qu'il faudrait remonter pour voir pleinement à l'œuvre dans notre critique la thématique des grands mythes nationaux. Depuis 40 ans, la critique thématique au Québec a été un témoin privilégié, rarement abusif, de notre ouverture à la critique européenne. Mais surtout elle a été, en dépit de ses prétentions, la courroie de transmission d'approches critiques moins métaphysiques et plus historiques. À travers cette métamorphose multiple, la critique thématique a renouvelé notre rapport aux textes de la littérature; elle a contribué malgré elle à ternir le sens infini de l'œuvre littéraire, à travers contradictions et impasses, courtes vues et basses saisies.

La présente étude a voulu autant recenser une pratique que mettre en garde; mais je crois qu'elle réalise aussi un programme théorique grandement nécessaire dans la révision qui deviendra de plus en plus inévitable de nos discours critiques et de notre idée de ce que sont et la littérature et la critique. Gilles Marcotte écrivait dans *La littérature et le reste*: «Le travail théorique, dans la critique québécoise, est manifestement insuffisant.» Si nous songeons aux avatars du thématisme au Québec et aux fantasmes que nourrissent un grand nombre de nos critiques littéraires, nous ne pouvons que lui donner entièrement raison.

Analyse linguistique[1]

Je n'ai pas l'intention de parler de sémantique structurale, science fascinante mais dont l'objet précis est de plus en plus évanescent. J'élimine encore, à toute fin pratique, ce qu'on appelle avec béatitude et gravité la sémiotique poétique, en tant que telle, même si nous vivons dans un temps où il existe toutes sortes de sémiotiques: médicales, musicales, bibliques, publicitaires, télévisuelles, etc.

La poésie étant déjà un type de discours aboutissant à une sorte de texte assez facilement identifiable, quel autre type de discours exige-t-elle? Et pour aboutir à quelle sorte de texte? Je cherche à connaître mes contraintes quand je mets un texte dit poétique à l'origine d'un discours dit critique. Quelles sont-elles? En un sens, la réponse est facile, surtout s'il s'agit de la poésie d'ici. Je peux parler de cette poésie comme d'autres m'en ont parlé, par accoutumance; je peux dégager spontanément une thématique, parler du temps et de l'espace, comme je saisirais les deux anses d'une cruche pour la soulever; parler de l'originalité et de la sensibilité du poète, analyser la finesse de ses sentiments, la profondeur de son humanité, sa maîtrise du verbe, son appartenance à un terroir, son esprit pionnier, sa force d'identité et d'identification, etc., et surtout les thèmes de sa poésie, en tenant pour acquis que je sais ce que c'est qu'une thématique.

Dans un autre sens, la réponse est impossible, si j'admets que le point de départ de mon analyse ne peut pas être, avant tout, ce que moi j'ai *à dire,* n'est pas non plus ce que le poème, avant tout, *veut dire.* Très exactement, et même exclusivement, mon point de départ doit être, avant tout, ce que le poème *dit.* Ce qui est dit, cependant, est signifié de bien des manières et je dois partir de là.

Pour atténuer le caractère scandaleux de cette affirmation, et pour fonder la nature, non pas épistémologique mais pratique, de l'analyse linguistique en poésie, et sans doute plus en vue de l'enseignement qu'en vue de la critique, distinction à ne pas oublier, je vais examiner quelques hypothèses. Et d'abord partir de la pire qui soit.

I

J'imagine un individu qui, tout lecteur et amateur de poèmes qu'il soit, serait incapable de la moindre théorie. Un lecteur qui ne saurait pas ce que sont un substantif et un verbe, un adjectif et un adverbe, un article et un pronom, une phrase, un accent tonique, etc. J'ai dit: incapable de théorie. Pourtant, il s'agit là de notions pratiques; ce qui fait voir que la théorie, une fois acquise et assimilée, devenue donc opératoire, se résout en connaissances pratiques et même se transforme en actes et en capacités s'ouvrant sur le champ de la créativité; ce qui fait voir aussi que l'accusation facile faite à quelqu'un de verser, et de se vautrer, dans la théorie pourrait être faite par un écolier de deuxième année qui sait lire à un écolier de sixième année qui, en plus, est capable d'analyse logique et grammaticale. Je pense que l'analogie est valable. Il faut un minimum de notions pratiques; mais où passe cette limite du minimum, où se situe le seuil de l'indispensable? Je peux regarder un tableau ou un film sans la moindre initiation technique; ma fascination peut-être n'en sera que plus grande. Mais quand même, mais quand même!

Ce que le poème dit, des classes logico-sémantiques le disent d'abord; une syntaxe le met en forme; des préoccupations visuelles, phoniques et prosodiques le mettent en beauté; la typographie, la ponctuation, la strophe, et combien d'autres codes, plus ou moins figés, le fractionnent et l'unifient pour l'œil et pour la voix. Combien de niveaux, encore, pour le contenu sémantique, distribuent l'investissement rhétorique et le référent idéologique, ordonnent les équivalences et hiérarchisent les corrélations, situent le parcours narratif et le code utilisé, permettent à deux intuitions, la créatrice et la lectrice, de se fusionner, à l'intérieur même de ce qui échappe à l'analyse, comme une atmosphère, un ton, un style, finalement une parole vivante que rien ni personne ne peut réduire à autre chose qu'à elle-même. Le texte poétique semble donc inséparable de sa propre grammaire. Il existe une grammaire de la poésie, comme le montre Jakobson, et Valéry a pu dire qu'il existe une poésie de la langue encore enfermée dans les définitions du dictionnaire. Cette grammaire est-elle différente d'une théorie de la poésie? Je ne le pense pas.

À ce sujet, il importe de préciser que l'analyse linguistique de la poésie entraîne avant tout de nouvelles dénominations. Parce qu'on franchit un seuil (et pas seulement universitaire!). Il est plus pratique de parler d'expression et de contenu que de fond et de forme, de niveaux lexical, syntaxique et prosodique que de mots, de phrases et de rythmes, de sémèmes que d'aspects, d'isotopies que de thèmes. Ce n'est pas une affaire de snobisme. Il existe dans le monde des gens qui parlent d'otite plutôt que de mal d'oreilles. Dans notre domaine, les différences terminologiques sont encore considérables, mais cela reste secondaire. Qu'il y ait là un lexique rébarbatif, j'en conviens, mais ce n'est peut-être qu'une question d'enseignement, qu'une indication de la nécessité d'une réforme dans notre enseignement de la poésie.

II

J'enchaîne avec une deuxième hypothèse, à peine moins effroyable que la première, mais plus réaliste. J'imagine un amateur de poésie qui ne saurait pas dire à partir de quoi, ou à quelle condition, il surgit dans un discours un effet poétique. Un lecteur démuni qui ne saurait pas que la poésie est un effet de sens, ou une étincelle qui jaillit du rapprochement, ou de la superposition, ou du jeu, de deux types d'articulations différents, de deux au minimum, en réalité de plusieurs de ces types de relations, encore appelées équivalences. Un lecteur, quoi! qui ne ferait pas la différence entre *les longs sanglots / des violons et les sanglots longs / des violons,* parce qu'il ne verrait pas, d'une part, que la position d'un mot (longs) prépare une redondance sonore remarquable, et d'autre part, que la valeur prosodique dépend, dans les deux cas, de la position symétrique de deux syllabes identiques, ou homophones, en fin de vers. Ici s'articulent sonorité et prosodie; de plus, il y a récurrence, dans les deux vers de quatre syllabes, du même syntagme vocalique: è, o, on, dans lequel une seule variante est introduite: è, an, o, on; è, i, o, on. Cela ne veut pas expliquer le charme poétique; c'est un exemple qui montre que la poésie a lieu avant tout dans ce qui est dit, et dit d'une certaine manière. De là à affirmer que la longue hésitation entre le son et le sens qu'est la poésie selon Valéry se résout généralement au profit du son, il n'y a qu'un petit pas; et nous l'aurons vite franchi si nous affirmons qu'en poésie, plus que dans tout autre discours, il n'y a rien qui compte qui n'ait d'abord été exprimé, et pas nécessairement avec des mots; donc que l'expression

est théoriquement prioritaire (qu'on m'épargne l'accusation de formalisme!); et que par voie de conséquence il n'y a rien dans le poème, mais absolument rien, qui soit négligeable. *L'analyse linguistique fonde sa validité sur cette affirmation et essaie d'en tirer toutes les conséquences.*
Cette sorte d'approche critique insère son fer de lance, son regard créateur de rapports et d'équivalences, à l'extrême commencement d'une longue chaîne de ce que j'appelle des importances graduées, ou des relations hiérarchisées, où l'on voit que la lettre est aussi importante dans le mot que le mot dans la phrase, la phrase aussi importante dans la strophe que la strophe dans le poème, le poème dans le recueil que le recueil dans l'œuvre, et que l'œuvre dans une culture et dans un temps donnés, et cette culture dans un savoir, et ce savoir dans une expérience et finalement que cette expérience dans le vaste champ de tout ce qui nous est donné à connaître. Disons cavalièrement que *l'approche thématique* commence avec l'œuvre située dans une culture et un temps donnés, et que c'est cette approche qui domine encore *notre* enseignement. Exemple: la poésie québécoise depuis cent ans: culture menacée, temps historique de fondation, incertitudes politiques, avenir problématique: notre poésie a dû forcément être thématique, ce qui était sa manière d'être historique; par nécessité et par mimétisme, notre critique l'a été aussi. Cette critique, globalement thématique, a redoublé le discours poétique; comme le haut-parleur amplifie la voix; comme la traduction fait reculer les frontières de l'œuvre poétique. D'ailleurs, qu'importent la langue et la grammaire à la critique thématique? D'ailleurs encore, qu'importe toute critique à la langue et à la grammaire? Le fossé est encore large entre littéraires et linguistes. Mais ici la lamentation n'est plus de mise, et on peut se réjouir de voir les uns et les autres se contaminer réciproquement en toute bonne conscience. Pour ma part, je prétends que l'analyse linguistique commence avec le commencement de la chaîne, et qu'aucun maillon de la chaîne ne lui est théoriquement étranger.
Je rappelle ici l'objection connue de tous. Cette approche ne fait-elle pas florès seulement dans le poème isolé? Exemples: les poèmes de Rimbaud étudiés par Zilberberg[2], ceux de Baudelaire étudiés par Ruwet[3], ou par Jakobson et Lévi-Strauss[4]. Mais on en vient maintenant à étudier l'ensemble d'une œuvre. Les trois plus grandes réussites me semblent être la *Phèdre* de Racine par les Kaisergruber et Jacques

Lempert[5], *Les chimères* de Nerval par Geninasca[6] et Une *lecture des Fleurs du mal* par Zilberberg[7]. Faisons ici trois remarques: 1) de même que l'approche thématique saurait mieux aborder et explorer l'ensemble d'*une œuvre*, ainsi l'approche linguistique semblerait mieux convenir à l'ensemble d'*un poème*; dans les deux cas, c'est très grave: il y a là deux incapacités réciproques, mais je ne crois pas que ce *soient* des incompatibilités; 2) les études citées plus haut concernent des œuvres classiques où les vieux codes classique et romantique sont aisément démontables à partir de parallélismes, de symétries et de corrélations que la linguistique n'a pour ainsi dire qu'à cueillir dans le texte et à brandir comme trophées. Ce n'est pas un grand mérite, et c'est son aspect, ou son erreur, facile. Il faut préciser que le texte moderne, de type surréaliste, se prête aussi, et peut-être même surtout, à l'approche linguistique, mais qu'il faut aussi savoir déchiffrer des nouveautés vieilles comme le monde telles que la déconstruction du sujet, les pièges à ours de la grammaticalité qui véhicule des contenus aberrants comme les «*colorless green ideas sleep furiously*» dont parle Chomsky, et les savoureuses significations sorties de la plume de E. E. Cummings, comme:

> *anyone lived in a pretty how town [...]*
> *spring summer autumn winter*
> *he sang his didn't he danced his did;*

3) les analyses linguistiques s'attachant à l'ensemble d'une œuvre sont inexistantes au Canada. Le pays est-il encore trop dur à vivre? Les littératures canadienne et québécoise sont-elles encore trop jeunes? Souster et Miron, Dennis Lee et Nicole Brossard sont-ils tellement vieux jeu que leur poésie ne donne lieu qu'à des discours redondants, emphatiques? S'il existe une modernité des textes poétiques ici, pourquoi n'existerait-il pas, comme leur pendant parallèle et leur secrète exigence, une approche critique moderne, linguistique dans son origine, sémiotique dans son déroulement et sa diversité; finalement une approche critique qui serait elle-même poétique, créatrice, une critique qui serait lecture et relecture indéfiniment renouvelée? De même que les poètes sont les plus raffinés linguistes (qu'on pense au beau livre de Jürgen Schmidt-Radefeldt sur *Paul Valéry linguiste,* dans *Les cahiers*[8]), pourquoi les vrais lecteurs de poésie n'auraient-ils pas une conscience linguistique aussi ambitieuse, aussi avertie que la leur?

III

Puisque j'ai déjà fait allusion aux symétries et aux équivalences qu'affectionne l'analyse linguistique, j'en arrive à ma troisième hypothèse, qui est qu'on devrait concevoir, dans cette approche, le discours critique comme une bonne traduction, c'est-à-dire comme une activité de lecture-relecture. La critique produit un discours parallèle, autrement dit un métalangage. Dans la traduction d'un poème d'une langue dans une autre, tous sont conscients de certaines exigences de base. J'emprunte ici les termes mêmes de Nicolas Ruwet: «Une bonne traduction est toujours un compromis visant à garder le plus possible, à la fois, de la forme logicosémantique, et des effets dus aux parallélismes; toute bonne traduction est aussi, par nécessité, invention, création, dans la mesure où elle sera amenée à chercher, dans la langue d'arrivée, dont les matériaux peuvent être très différents de ceux de la langue de départ, des équivalents syntaxiques, morphologiques, phoniques, aux matériaux qui dans l'original ont servi à construire des parallélismes[9].»

Cette citation m'amène à affirmer qu'une analyse linguistique de la poésie qui, dans le cours même et au terme de son cheminement, n'aboutirait pas, ne s'élèverait pas à un niveau perceptible d'invention et de création, et cela dans sa propre et typique démarche critique, serait d'avance et à juste titre condamnée, rejetée. C'est sans doute cette incapacité radicale que lui attribuent ses adversaires; c'est ce qu'ils craignent et ce contre quoi ils mettent tout le monde en garde. Il serait naïf de croire que l'analyse linguistique de la poésie a une *visée totalitaire* moins ambiguë et moins émouvante que les autres. Sachons-lui gré de cette modestie; mais reconnaissons-lui en revanche une pertinence féconde et la possibilité d'ouvrir, à partir de l'inventaire complet du plan de l'expression, sur de vastes champs de communication. Ici pourraient s'ajouter les champs de transformation et d'expérimentation explorés par le texte moderne, les théories / pratiques idéologiques, la critique systématique du vieil héritage romantique, sentimental et individualiste; de sorte que la poésie moderne du Canada et du Québec donnerait lieu à un pacte nouveau entre l'homme, sa nature physique, son histoire, sa société et son langage. On ne voit pas pourquoi ne prendrait pas fin le règne de l'isolement entre des poètes qui écrivent sans savoir pour qui, des critiques qui font de la critique pour les apprentis-critiques, et des professeurs qui sont parfois poètes, parfois critiques, mais qui en tout cas ne savent que trop à qui ils enseignent, à défaut de savoir quoi exactement.

La réalité des classes sociales s'atténue graduellement, qui met sur des paliers différents poètes, critiques et professeurs. On ne compte plus les poètes qui donnent des cours de création dans les universités. On les identifie d'abord comme écrivains, ensuite comme professeurs; ou encore ce sont des critiques qui sont aussi professeurs. On se demande s'il existe encore de simples professeurs. Il faut en prendre notre parti, l'égalité nous menace tous indistinctement. Pour accélérer la venue de ce monde littéraire sans classe, mais au prestige (et au salaire!) tellement variable, je souhaite que le critique et le professeur fassent un effort égal à celui de l'écrivain pour prendre conscience des *richesses infinies du trésor de la langue*. Cette extrême et exigeante *conscience linguistique* est à la naissance de toutes les œuvres importantes, à l'origine de chaque poème; disons qu'elle doit devenir active dans chaque moment de toute écriture, même dans le moindre texte critique.

Stratégies interactives[1]

Partons de la célèbre définition de la pragmatique donnée par Morris, en 1937, dans *Foundations of the Theory of Signs*: c'est «la science de la relation des signes à leurs interprètes». Ainsi distinguée de la sémantique et de la sémiotique, la pragmatique, en vertu même de la généralité de sa définition, ouvre un champ d'analyse du discours illimité, en préservant la possibilité des définitions restreintes qui n'ont pas manqué de l'orienter: celle, par exemple, de Searle la définissant comme «l'étude du langage en acte, sous l'angle des actes de discours», ou d'Anscombre comme «l'étude des valeurs intentionnelles liées à l'énonciation»; celle encore, plus particularisante, d'Alain Rey, comme «l'étude de l'acte sémiotique sur le plan individuel et social». Pour sa part, Hermann Parret parle de la relation interlocutive fondée sur diverses valeurs illocutoires de l'énoncé, mettant ainsi l'accent sur la réussite de la communication qui s'effectue entre énonciateur et énonciataire. On compte désormais au nombre des concepts fondamentaux de la pragmatique les travaux d'Austin sur les classes d'énonciation, la force illocutoire et les énoncés performatifs, ceux de Searle sur l'information d'arrière-plan, de Ducrot sur la présupposition, le sous-entendu et l'argumentation, et bien d'autres concepts et hypothèses dans les travaux de Grice, Recanati, Flahault, Berrendonner, etc. Les travaux de pragmatique littéraire sont cependant relativement peu nombreux, comparés à ceux des sémiotiques textuelle, narrative et poétique.

Si on pense aux travaux actuels d'Iser, de Warning et de Stierle, on voit que la pragmatique s'intéresse plus que jamais à la fiction, à l'acte de lecture de la fiction, tant romanesque que poétique, à la question du référent aussi. Pour ma part, je m'intéresse depuis quelques années à la question de l'énonciation dans le discours poétique, y cherchant son inscription en termes de marqueurs d'interactivité (sym-

boles indexicaux de personne, de temps et d'espace; marqueurs attitudinaux, cognitifs/émotifs, descriptifs/évaluatifs, modalisations d'énoncés, présupposition, argumentation); en termes aussi de force illocutoire: les performatifs, le rapport de places, la position discursive; en
termes enfin de relation interlocutive: les implicitations, conventionnelles ou intentionnelles; les actes indirects, etc. Voilà pour la structure
conceptuelle de l'inscription de l'énonciation dans le discours poétique.

Pour ce qui est de l'inscription de la fiction dans le discours poétique, nous y étudions la construction de la référence d'abord dans
l'énoncé initial du texte, puis dans l'acte de discours comme acte de
communication, étant donné, comme l'a montré Searle dans *Sens et
expression*[2], que si dans la fiction l'acte illocutoire est simulé ou feint,
l'acte d'énonciation, lui, est bien réel. Le souci majeur de cette démarche méthodologique est de constamment resituer l'énoncé poétique
dans son contexte d'énonciation et dans son effet de fiction[3].

I

Il est certain qu'au point de vue et de l'énonciation et de la fiction,
il n'y a pas, à première vue, une grande différence entre le début de *La
recherche du temps perdu de Proust*: «Longtemps, je me suis couché de
bonne heure», et le premier vers de «La vie antérieure», de Baudelaire:
«J'ai longtemps habité sous de vastes portiques». Dans les deux cas,
l'effet de fiction est immédiat. Un sujet asserte un événement dont nous
ne doutons pas un instant. L'effet de vérité vient de l'adhésion entière
que je donne comme lecteur. Ici s'ouvrent deux récits de fiction qui se
donnent pour la relation véridique d'événements passés. Je n'ai pas de
raison, dans la fiction, de douter d'un fait, comme je peux le faire facilement dans la réalité. À première vue, ces deux phrases sont énonciativement comparables. Poétiquement, elles ne le sont pas. L'énoncé de
Proust ne pourrait, au plus, qu'être un mauvais décasyllabe: «Longtemps, je me suis couché de bonne heure». L'énoncé de Baudelaire,
pour sa part, est un bel alexandrin: «J'ai longtemps habité sous de vastes portiques», avec quatre accents toniques, la césure, le rythme, bref
avec une valeur prosodique ajoutée à la structure syntaxique, à la structure sémantique. Les quatre strophes du sonnet baudelairien ne comportent que trois phrases, donnant l'effet d'une composition serrée, riche
de redondances rythmiques, homophoniques et sémantiques. Chez l'un,

je reconnais la prose, chez l'autre, la poésie; dans les deux cas, la fiction, ce qui, dit-on, peut être substitué à la réalité ou, mieux, ce qui, à partir de la réalité, transfigure, refigure la représentation qu'on en fait, et qui est toujours lacunaire. Le *Trésor de la langue française* définit la fiction comme un «produit de l'imagination qui n'a pas de modèle complet dans la réalité». Tout se passe plus simplement dans la fiction, tout y est plus crédible, nous y frôlons plus étroitement la vérité. Iser définit la fiction comme une médiation entre la conscience et la réalité. Il est également vrai de dire que, comme l'énonciation elle-même, ici donnée en je, la fiction est une médiation entre le sujet écrivant et le sujet lisant. Il surgit, automatiquement, une interaction.

Si on admet, d'une part, avec Anscombre[4], que le sens de l'énoncé est la description des intentions qu'il donne comme celles motivant son énonciation, si on admet, d'autre part, la théorie bakhtinienne du dialogisme qui veut que chaque énoncé soit structuré non seulement par ce qu'il anticipe de la réponse d'un interlocuteur mais aussi par le fait que les mots mêmes qui le constituent ont déjà été utilisés par autrui et appartiennent à autrui, devenant ainsi le lieu d'une véritable interaction socioverbale, soit l'interaction dialogique, il faut admettre aussi que ce qui est perçu dans un texte, primairement, par un lecteur, c'est l'intention de l'énonciation, et même la direction d'intention. Cette structure de perception immédiate de l'énonciation, en marquant l'extrême commencement de la communication, va se consolider graduellement au fil de la lecture. La communication ne pourra être maintenue si l'intention qui préside au sens de l'énoncé est le moindrement perdue de vue. Autrement dit, l'énonciation ne cesse jamais de se motiver dans le déroulement successif des énoncés; sinon, il y aurait rupture de la communication; ce serait à l'évidence l'échec du rapport interactif qui s'établit entre le donateur des énoncés et son destinataire.

II

C'est pourquoi il faut poser à l'origine du texte poétique la mise en place d'une intention qui va présider à toute son énonciation. À la suite de Nguyen[5], appelons cette intention primaire, et en quelque sorte fondatrice d'un sens, *l'intention discursive* du texte; c'est vaguement l'intention globale de l'énonciateur, mais, plus véridiquement, de l'énonciation. Il n'est nullement question ici de décider si cette intention précède la construction du texte, ou la suit; il est certain qu'elle lui est coextensive. Cette première interaction entre l'intention du texte et son actualisation dans les énoncés peut être située au fondement même de l'énonciation. À côté de cette intention discursive, ou plutôt en son centre même, il faut placer *l'intention stratégique*, sorte d'intention annexe qui est soumise à la première. Avant de voir les effets interreliés de ces deux intentions, relisons le poème liminaire des *Fleurs du mal* qui, jusque dans son titre, «Au lecteur», interpelle le destinataire, attire son attention sur l'intention du texte qui consiste à lui faire admettre, à lui: «Hypocrite lecteur — mon semblable — mon frère !» qu'il connaît, lui aussi, «ce monstre délicat» qu'est l'ennui. Le poème commence ainsi: «La sottise, l'erreur, le péché, la lésine, /Occupent nos esprits et travaillent nos corps.» La première personne du pluriel traduit un savoir, sinon une expérience, communément partagés. Suit une longue liste où il est question de nos «aimables remords», de nos péchés têtus, de nos repentirs lâches, nos aveux, nos taches, notre esprit, notre volonté, nos cerveaux, nos poumons, notre âme, nos piteux destins, finalement question de nos vices, ces «monstres glapissants». Pour ce qui est de notre vice le plus laid, le plus immonde, l'Ennui, Baudelaire ne le nomme qu'au début de la dixième et dernière strophe. Il ne dit pas *notre ennui*, comme il a dit *nos vices*, au contraire, il dit *l'Ennui* en sélectionnant ce vice dans «la ménagerie infâme». Nous pouvons repérer avec exactitude l'énoncé qui, s'ajoutant à l'intention discursive du poème, pose et impose l'intention stratégique, et qui correspond aux trois dernières strophes du poème:

Mais parmi les chacals, les panthères, les lices,
Les singes, les scorpions, les vautours, les serpents,
Les monstres glapissants, hurlants, grognants, rampants,
Dans la ménagerie infâme de nos vices,

Il en est un plus laid, plus méchant, plus immonde!
Quoiqu'il ne pousse ni grands gestes, ni grands cris,
Il ferait volontiers de la terre un débris
Et dans un bâillement avalerait le monde;

C'est l'Ennui — l'œil chargé d'un pleur involontaire,
Il rêve d'échafauds en fumant son houka.
Tu le connais, lecteur, ce monstre délicat,
— Hypocrite lecteur, — mon semblable, — mon frère!

«Mais parmi les chacals». C'est ce *mais* qui joue le rôle de connecteur pragmatique, en inaugurant un acte stratégique, en manifestant l'intention énonciative profonde et en dégageant plus de force que l'acte illocutoire général qui caractérise l'intention discursive. Les sept premières strophes du poème créent, chez le lecteur, une obligation à partir du simple fait de la série des assertions, obligation qui précède l'acte d'argumentation. C'est avec la première manifestation de *l'intention stratégique* que commence à se construire une *justification* telle que le destinataire puisse l'accepter. À l'intention discursive correspond donc une *obligation,* également discursive, propre à toute énonciation. En contrepartie, à l'intention stratégique correspond une obligation stratégique. Les quatre caractéristiques de cette dernière consistent: 1) en l'utilisation d'un marqueur d'intention stratégique, ici le *mais* argumentatif, qui marque une transition et une restriction, bref une précision capitale; 2) en la subordination de cet acte stratégique à l'acte illocutoire principal, ordinairement antécédent; 3) dans le fait d'attirer l'attention sur un aspect du contexte discursif que l'énonciateur trouve important; 4) dans le fait de construire une *justification,* donc un redoublement de la *motivation,* en vue d'*imposer* l'obligation discursive antérieure. L'argumentation devient donc, au cœur du discours poétique, un acte illocutoire spécifiquement destiné à opérer une transformation et à créer une obligation chez le destinataire.

III

Cette description d'une stratégie énonciative, fondée sur la distinction opératoire entre intention discursive globale et intention stratégique spécifique, repose, je l'ai dit, sur un connecteur pragmatique marquant l'intention stratégique. C'est là précisément que joue l'interactivité, car rien n'est plus vite décelé, énonciativement parlant, que le surgissement d'une intention. On pourrait même dire que l'intention est susceptible de régimes variables. Là où elle se marque le plus expressément, c'est certes dans la conversation, dans l'utilisation de connecteurs du genre: «*non mais, oui mais*; *certes* il est venu, *mais* il est reparti tout de suite», etc. La langue fournit un éventail de moyens, pourrait-on dire infini, pour permettre à l'intention énonciative de passer aux actes, de sorte qu'on peut se demander si l'énonciation est avant tout *acte,* ou avant tout *intention.* La distinction entre les deux est ténue, étant donné la quantité de moyens discursifs dont nous disposons pour exprimer des réticences, des doutes, ou encore des signes d'assurance dans la moindre de nos assertions. Le discours poétique, quant à lui, ne possède peut-être pas autant de moyens rapides, aussi variés, que l'interaction dans la conversation quotidienne n'en possède pour s'ajuster constamment aux réactions d'un interlocuteur. Mais je dirais qu'il n'a pas besoin d'en avoir autant.

Il ne faut pas oublier non plus que les réactions d'un interlocuteur peuvent être considérées comme des citations à l'intérieur du discours que nous lui tenons. On trouve également dans le roman, sous la forme de discours tenus par des personnages, ou encore dans la différence des points de vue narratifs, une somme de réactions interférentes qu'on peut faire équivaloir à des citations. On sait aussi que le discours critique, ou même théorique, est rempli de citations, explicites ou implicites. Rien de tel en poésie, qui est un discours sans citation. Un dispositif argumentatif général peut donc trouver à se déployer en toute liberté. Le poème, c'est certain, *vise des effets* discursifs; nous avons vu qu'ils répondent à une intention discursive générale. Quand le poète met en œuvre des actes, en général argumentatifs, qui correspondent à l'intention stratégique, il montre qu'il prétend *obtenir ces effets* discursifs par les moyens les plus péremptoires dont il dispose. Il ne fait pas que regarder le but, il veut l'atteindre. Un acte stratégique isolé n'est pas concevable en dehors d'un vaste déploiement de moyens discursifs. Il faut encore ajouter que c'est l'obligation stratégique, issue d'une intention bien définie, qui est le plus susceptible de *transformer les positions* de l'interlocuteur, ici du lecteur, et ainsi d'obtenir son adhésion. Les stratégies énonciatives doivent donc être situées entre un contexte de départ et un contexte d'arrivée, donc être envisagées comme une série de transformations, plus ou moins explicites, plus ou moins perceptibles, et parfois plus que moins, issues de stratégies argumentatives. On sait que le performatif, en général, est l'énoncé qui crée une obligation: question, ordre, menace, promesse, salutation, etc. L'énoncé performatif est le meilleur indicateur du rapport de place qui existe entre deux interlocuteurs: le juge qui condamne à la prison, le prêtre qui baptise, l'ami qui vous offre ses félicitations, etc. C'est dans la vie courante qu'on peut le déceler le plus facilement. En poésie, les énoncés les plus constatifs, descriptifs, informatifs ont une valeur performative qui se fonde sur le caractère déclaratif de l'énoncé poétique; cette plus-value automatique s'explique sans doute par le fait que le discours poétique se déroule indistinctement et simultanément sur les plans de l'expression et du contenu. Ici c'est toute la sémiotique greimassienne qu'il faudrait appeler à la rescousse pour montrer que, finalement, la poésie est toujours l'effet d'un discours qui actualise le rapport d'équivalence entre le plan de la sélection et celui de la combinaison. L'énoncé poétique est un énoncé déclaratif, et cela ne l'empêche pas de recourir, ne serait-ce qu'au minimum, aux échelles argumentatives que toute communication peut utiliser.

Il faut encore remarquer que les *stratégies énonciatives,* telles que décrites à partir d'une distinction entre intention discursive et intention stratégique, sont, par voie de conséquence, des *stratégies interactives.* On pourrait même affirmer que l'interaction est au cœur même du problème de l'énonciation. Les deux peuvent être décrites en termes d'instance, de sorte qu'une homologie heuristique nous permettrait d'affirmer que, de même que l'*instance d'énonciation* est un effet d'énoncé (sans statut métaphysique de pré-existence, sans privilège théorique absolu), l'*instance d'interaction* est un effet de stratégie (également sans statut métaphysique à prédominance théorique). En d'autres termes, il est question dans la visée d'une pragmatique bien construite, de toujours reconstruire autant l'*effet d'énoncé* que l'*effet de stratégie.* On pourrait ici réfuter longuement les discours pragmatiques qui ont tendance à augmenter la part du linguistique aux dépens de l'énonciation: il s'agirait des tenants de l'*énonciation énoncée,* alors que la question des stratégies énonciatives ouvre la théorie de l'énonciation sur un élargissement des moyens discursifs mis à la disposition du locuteur en état de communication et relatifs à ce que j'appellerais volontiers l'*énonciation énonçante.* Le principe dialogique qui est ici en cause renvoie au fait que l'énoncé, dans la dispersion de ses marques empiriques, n'est qu'une infime partie de l'*iceberg énonciatif,* pour reprendre l'expression d'Hermann Parret[6]; autrement dit, l'énoncé ne ressortit pas qu'au niveau cognitif, mais aussi au niveau émotif. Je peux être touché par la valeur d'un énoncé, sans en posséder nécessairement une compréhension parfaite. Il m'importe donc comme interlocuteur, soit empirique (dans l'échange quotidien), soit poétique (dans la lecture de la poésie), de pouvoir faire la différence entre intention discursive et intention stratégique. La stratégie produit un *effet d'énoncé,* l'énonciation produit un *effet d'interactivité.*

C'est ce qu'on peut constater dans un des poèmes-synthèses des *Fleurs du mal* intitulé «Le voyage», long poème composé de huit suites. Le voyage, figure de la vie, engendre un «amer savoir». L'intention discursive revient à la volonté de représenter le monde comme «une oasis d'horreur dans un désert d'ennui». On note, dès la suite III, deux processus énonciatifs qui tentent de construire une justification à l'intérieur de l'argumentation générale. D'abord l'interpellation, c'est-à-dire le passage de la première personne («Notre âme est un trois-mâts cherchant son Icarie») et de la troisième («Mais les vrais voyageurs sont ceux-là seuls qui partent») à la deuxième personne: «Étonnants voyageurs! [...] Montrez-nous les écrins de vos riches mémoires»; «Dites, qu'avez-vous vu?» Les sept strophes de la suite IV détaillent la réponse des voyageurs. Ce qu'il est intéressant de noter, c'est que la suite V n'est composée que d'un demi-vers: «Et puis, et puis encore?», qui, sous forme d'interrogation, *oblige* encore les voyageurs à parler, ce qui donne les six strophes de la suite VI. «Et puis, et puis encore?» peut être vu comme un marqueur d'intention stratégique, fortement coordonné, de par la répétition, à la suite précédente et à la suite qui constitue la réponse. Après quoi, dans la suite VII, Baudelaire revient aux énoncés déclaratifs à la première personne: «Amer savoir, celui qu'on tire du voyage», pour finalement, dans la dernière suite et sous le mode exclamatif, conclure, mais aussi tirer tous les effets des stratégies argumentatives qui parsèment le poème: «Ô Mort! Vieux capitaine, il est temps! levons l'ancre! Ce pays nous ennuie, ô mort! Appareillons!» Il est à peine besoin de souligner que l'*instance d'interaction* n'existe pas ailleurs que dans le jeu alterné des propositions assertives et des propositions exclamatives.

On pourrait vérifier la même structure de stratégies énonciatives dans deux autres poèmes de Baudelaire. D'abord dans le poème «À une passante», où, à une série de phrases assertives, succède une série de phrases interrogatives et exclamatives:

> La rue assourdissante autour de moi hurlait.
> [...] une femme passa [...]
> Moi, je buvais, crispé comme un extravagant,
> Dans son œil, ciel livide où germe l'ouragan,
> La douceur qui fascine et le plaisir qui tue.

Survient un changement de régime énonciatif: «Un éclair... Puis la nuit!», un autre demi-vers comparable à la suite V du poème «Le voyage», et dans les mêmes termes: «Et puis, et puis encore.» Une fois encore, la transition s'opère instantanément par la simple succession de propositions de nature différente. Suit une phrase interrogative:

Fugitive beauté
Dont le regard m'a soudainement fait renaître,
Ne te verrai-je plus que dans l'éternité?

Puis, la dernière strophe, toute en phrases exclamatives:

Ailleurs, bien loin d'ici! trop tard! *jamais* peut-être!
Car j'ignore où tu fuis, tu ne sais où je vais,
Ô toi que j'eusse aimée, ô toi qui le savais!

On retrouve exactement la même structure dans le poème «L'ennemi», où les deux quatrains exposent l'intention discursive générale, sous la forme de phrases assertives: «Ma jeunesse ne fut qu'un ténébreux orage / Traversé çà et là par de brillants soleils», etc. Le premier tercet porte l'interrogation:

Et qui sait si les fleurs nouvelles que je rêve
Trouveront dans ce sol lavé comme une grève
Le mystique aliment qui ferait leur vigueur?

Le dernier tercet, une fois encore, accumule les phrases exclamatives:

Ô douleur! Ô douleur! Le Temps mange la vie,
Et l'obscur Ennemi qui nous ronge le cœur
Du sang que nous perdons croît et se fortifie!

Cette dernière phrase, Baudelaire la conclut sans nécessité par un point d'exclamation. Ce qui compte, c'est plus le régime énonciatif de l'exclamation, expression spontanée d'une émotion, que la nature syntaxique de la proposition.

IV

L'acte de langage, on le sait depuis les recherches d'Austin et de Searle, est rarement parfaitement réussi, soumis qu'il est à un ensemble de conditions multiples. Quand on regarde les conditions de la communication poétique réussie, on ne s'étonne pas que l'énonciation recoure à des stratégies en les hiérarchisant d'instinct, car en passant du langage ordinaire au langage poétique, on est passé du discours utilitaire au discours de la fiction. C'est ici le lieu d'affirmer que la fiction en poésie n'est pas d'abord une question de référent, c'est-à-dire un espace de langage où l'illusion référentielle ne s'établirait que par convention. Cette sorte de fiction est avant tout une question de réussite de la communication. La poésie crée elle-même l'univers dans lequel elle se déploie, bien loin d'être en marge, ou en concurrence, avec l'univers de la réalité quotidienne. La production de sens n'est pas empruntée, mais ressortit à des lois d'autonomie discursive que la lecture a charge de découvrir et de reconstruire. Ce n'est qu'une fois payée, si l'on peut dire, la dette du succès de la communication, que le poème s'ouvre à la question des référents extra-discursifs. Étudier l'énonciation en tant qu'interaction, surtout dans le discours poétique, relève moins de la théorie des actes de discours que de l'examen descriptif des moyens discursifs, des moyens stratégiques, utilisés en vue du succès de la communication. Plutôt que d'une théorie, il s'agit avant tout d'une *empirie*. C'est sans doute la voie la plus assurée dans laquelle peut s'engager une pragmatique poétique.

Pragmatique[1]

En présentant ce livre de pragmatique de la poésie québécoise[1], nous sommes bien conscients que la pragmatique, à l'instar de la sémiotique, est au moins autant une querelle de famille qu'une science[2]. Ce n'est jamais sur les concepts linguistiques que les théoriciens ne s'entendent pas, mais sur la pertinence de leur emploi en valeur critique, bien au-delà de tout ce qui relève de la valeur descriptive. Le Même n'a-t-il pas tendance, même au prix d'un simulacre réducteur, à entraîner l'Autre dans sa clôture?

Plus empiriquement, le linguistique n'a-t-il pas tendance à régenter le sémiotique de façon draconienne? S'agit-il d'une lutte de discours fétichisés où chacun défendrait une primauté sans cesse menacée? Si on peut poser ces questions à propos du rapport entre le linguistique et le sémiotique, on peut en faire autant pour celui entre le linguistique et le pragmatique. Ce qui fait problème dans les deux cas, directement et analogiquement, c'est l'usage de concepts appartenant à la linguistique dans la compréhension de textes littéraires codés comme genres, ou simplement comme pratiques discursives de la communication.

Comme la linguistique étudie la langue, la pragmatique étudie la communication. Dans les deux cas, c'est tout un champ culturel, tout un champ historique qui s'ouvre à leur investigation. L'une ne progresse pas sans se servir des acquis de l'autre. Ainsi Alain Berrendonner a-t-il pu écrire un livre, au titre modeste: *Éléments de pragmatique linguistique*[3], où, cherchant à «se défaire du concept d'illocutoire», il en vient à affirmer que «jusqu'ici, la pragmatique contemporaine semble avoir mis tous ses efforts à élargir les frontières de la langue, en y incluant une image restrictive de l'énonciation. C'était sans doute une étape nécessaire. Pour moi, je voudrais, dorénavant, faire tout le contraire: intégrer une conception restrictive de la langue (comme système de signes à fonction représentationnelle) dans une théorie extensive de l'énonciation (comme processus global de communication)[4].» Ce renversement historique justifié témoigne d'une interincompréhension ancienne et inévitable, mais comme l'interincompréhension est la règle même des discours, il en va de même pour leur tentative de réconciliation dans laquelle il n'y aura jamais perte d'identité, ou de spécificité, mais élargissement, et même franchissement, des limites enfermantes du Même[5].

L'intérêt que la linguistique porte désormais à la question de l'énonciation est tributaire, sur le plan de la communication, de celui que la pragmatique accorde à la même question. C'est dire qu'extensivement les concepts se raffinent en se confrontant, et s'enrichissent de paramètres nouveaux qui, loin de les faire éclater, leur confèrent à la fois une pertinence et une efficacité renforcées. Le concept d'illocutoire, tel qu'étudié par Berrendonner, oblige à revoir les premières typologies classificatoires d'Austin, car depuis la publication de *How to Do Things with Words,* en 1962, la science générale de l'énonciation a progressé. Il devient impérieux, concurremment, de refaire la synthèse de la théorie du performatif, pleine d'intuitions, telle qu'Austin a pu l'amorcer à partir de ses préoccupations philosophiques.

La vision bakhtinienne

Ce premier exemple de linguistique élargie, utile pour jeter les bases d'une pragmatique poétique, pourrait être mis en opposition avec une affirmation de Bakhtine concernant le discours de la poésie. Autant le théoricien de la dialogisation parle avec justesse du discours romanesque, comme quand il affirme: «Un énoncé vivant, significativement surgi à un moment historique et dans un milieu social déterminés, ne peut manquer de toucher à des milliers de fils dialogiques vivants, tissés par la conscience socio-idéologique autour de l'objet de tel énoncé et de participer activement au dialogue social[6]», autant il ne peut, incompréhensiblement, éviter d'errer quand il affirme, au sujet de la poésie: «Dans les genres poétiques (au sens étroit), la dialogisation naturelle du discours n'est pas utilisée littérairement, le discours se suffit à lui-même et ne présume pas, au-delà de ses limites, les énoncés d'autrui. Le style poétique est conventionnellement aliéné de toute action réciproque avec le discours d'autrui, tout "regard" vers le discours d'un autre[7].»

Il est évident que la dimension sociohistorique, et même purement socioculturelle de la poésie, a échappé à Bakhtine. Les signes les plus manifestes, les plus conventionnels, du discours poétique ont constitué un écran pour sa compréhension dialogique de tout discours ou énoncé; il n'a pas su élargir sa conception de l'énoncé en général jusqu'à l'énoncé discursif de la poésie en particulier. Il semble avoir lui-même ressenti cette contradiction, si l'on considère les nombreuses hésitations qui parsèment son exposé dans le chapitre cité. Il affirmera, par exemple, vers la fin: «Naturellement, le discours poétique lui aussi est social, mais les formes poétiques reflètent des processus sociaux plus durables, des "tendances séculaires" pour ainsi dire, de la vie sociale[8].» Dans cette sorte d'éternité du sens, perdurante de siècle en siècle, ne pointe-t-il pas une conception immanentiste, ou essentialiste, de la signification du discours poétique?

Le pragmaticien, pour sa part, relève dans l'étude de Bakhtine suffisamment d'indices généralisants qui, une fois appliqués à la poésie, viennent contrecarrer sa position métaphysique. Il reconnaît aisément la problématique de l'*uptake* illocutionnaire quand il dit: «La compréhension réciproque est une force capitale qui participe à la formation du discours.» Il reconnaît aussi sans difficulté la problématique du «calcul interprétatif» présidant à tout énoncé du discours parlé et du discours écrit, quand il dit: «Tout discours est dirigé sur une réponse, et ne peut échapper à l'influence profonde du discours-réplique prévu[9].» Les réticences de Bakhtine face à la poésie ne diminuent en rien la véracité d'une affirmation aussi axiomatique que la suivante: «L'orientation dialogique du discours est, naturellement, un phénomène propre à tout discours. C'est la fixation naturelle de toute parole vivante[10].»

Pour la pragmatique, rien de plus vrai, et ce n'est pas le sémiotique mis en œuvre dans la poésie qui pourrait restreindre la portée de l'affirmation. Les aspects rythmiques et prosodiques, métriques et homonymiques de tout discours poétique, même plus, son empan métaphorique, et tout son attirail figuratif, et même phonique, ne peuvent jamais fonctionner au-dessus d'un seuil de tolérance grammaticale, a-grammaticale, syntaxique, propre à une époque. L'histoire de la poésie, comme celle d'autres pratiques conventionnelles, pourrait même être l'histoire de ces seuils de tolérance, plus ou moins prévisibles, plus ou moins transgressifs, même s'il est avéré qu'une époque ultérieure, comme dans le cas de Rimbaud, ou de Lautréamont, est la vraie destinataire d'un discours que son auteur avait naïvement cru pouvoir destiner à la sienne. Dire, comme Bakhtine, que la poésie, même au sens étroit, est un discours «qui se suffit à lui-même», c'est isoler de tout contexte historique une production culturelle qui y colle comme un arbre au sol qui le nourrit, ou comme un discours révolté à la situation qui l'a provoqué et qui le rend compréhensible.

Dire également que le discours poétique «ne présume pas, au-delà de ses limites, les énoncés d'autrui», c'est rendre l'auteur d'un tel discours inconscient de toute visée communicationnelle, de toute intertextualité historique et même de tout désir d'une certaine réception sociale. C'est en quelque sorte le rendre irresponsable. Ce que le pragmaticien peut entériner sans réticence dans les théories de Bakhtine, c'est l'orientation dialogique de tout discours, partant de celui de la poésie. La poésie est toujours susceptible d'une mise en situation historique. Siècle après siècle, elle trace sur l'horizon idéologique d'une époque son empreinte langagière; elle retourne, métamorphosé, accentué, au milieu culturel ambiant ce qu'elle lui a emprunté. Non seulement n'est-elle pas étrangère à «l'atmosphère sociale du discours[11]», mais elle la condense, la formule, l'épure, la projette au-delà d'elle-même.

Présentation des travaux

Les travaux de pragmatique poétique qu'on lira dans le présent ouvrage essaient, chacun à sa manière, d'éviter les écueils que constitueraient, à danger égal, autant une approche purement linguistique qu'une approche purement sociologique, comme si la poésie creusait son lit entre ces deux rives identiquement périlleuses. Nous sommes conscients de la nouveauté théorique de notre entreprise. Il existe à ce jour peu de tentatives d'analyses pragmatiques de textes littéraires. Mentionnons quand même les efforts, littérairement intéressants, de Verschueren pour définir une «pragmatique unifiée[12]», de Nef pour jeter les bases d'une «pragmatique textuelle[13]», de Warning en vue d'une «pragmatique du discours fictionnel[14]», et de Hutcheon[15], de Kerbrat-Orecchioni[16] et de Berrendonner[17], pour une approche pragmatique de l'ironie, question limitée certes, mais productive. Il existe encore moins d'analyses, si c'est possible, de pragmatique du texte poétique. Signalons celle de Shoshana Felman sur le *Don Juan* de Molière, dans *Le scandale du corps parlant*[18] et celle de Michel de Fornel sur un poème de René Char[19].

En dépit de ces audaces antécédentes, nous avons l'impression d'ouvrir un champ neuf pour la lecture de la poésie québécoise. L'intérêt du présent ouvrage est surtout d'ordre théorique et méthodologique; nous avons cherché la voie de passage entre l'analyse linguistique, à laquelle une assez longue pratique de la sémiotique poétique nous avait habitués, et l'analyse sociologique de la poésie, qu'on ne peut pas déclarer, au moins dans la critique québécoise, quantitativement importante.

D'une part:

Les deux premiers articles mettent en œuvre une approche méthodologique qu'on pourrait situer sur deux plans. Celui d'Agnès Bastin[20], écrit à partir d'une longue recherche élaborée dans notre projet et soumise à de nombreuses discussions, brosse à grands traits une théorie généralisée de l'analyse pragmatique applicable au discours poétique. La double division qui met sur un pied d'égalité l'inscription de l'énonciation et celle de la fiction dans le discours est symptomatique de la préoccupation qui nous a guidé dans notre recherche. Nous avons autant évité de dissocier l'énoncé de l'énonciation que la fiction du discours, dans la poésie. Cette procédure méthodologique s'imposait, si on voulait échapper à la tentation qui a pratiquement ruiné la sémiotique poétique, du moins greimassienne: la tentation d'enfermer le discours poétique dans les plans de l'expression et du contenu, apories aussi dangereuses que l'ancienne dichotomie signifié/signifiant qui resta, à toutes fins pratiques, étrangère aux marques énonciatives de la fiction qu'aux théories fictionnelles de l'énonciation, cela encore plus en poésie qu'en roman.

On voit dans le tableau qui conclut l'article d'Agnès Bastin une série d'emboîtements qui, dans un sens, de gauche à droite, ont valeur multiplicatrice (exemple: énonciation / interactivité / marqueurs attitudinaux) et qui, dans l'autre, de droite à gauche, ont valeur intégratrice (exemple: information d'arrière-plan / construction de la référence /

inscription de la fiction). Les acquis de la sémiotique poétique ne sont pas explicitement distribués dans ce tableau, mais il est facile de rattacher la syntaxe aux marqueurs logico-argumentatifs, la métaphore à la construction de la référence, le rythme à la force illocutoire de l'énoncé. Dans l'horizon pragmatico-énonciatif se marquent les composantes socio-idéologiques et socioculturelles, tout le travail matériel d'un poème en témoigne, et même les conventions codées qui produisent l'effet dit poétique. La narrativité poétique subsume tout cet appareil conceptuel et figural pour produire une fiction temporelle radicalement différente de celle produite par la narrativité romanesque.

L'article d'André Marquis sur «deixis et fiction poétique[21]» exploite la théorie restreinte de la fiction, à partir de la déictisation des personnes et de divers indices de l'ostension. La deixis démonstrative crée parfois une réalité poétique par le moyen d'«embrayeurs métaphoriques puissants»; les déictiques littéraux, avec fonction de désignation, ou anaphoriques, avec référent antérieur, organisent la dispositio, tandis qu'un démonstratif purement rhétorique (sans référent rapporté) constitue un performatif qui relève de l'inventio. Entre mémoration et projection (analepse et prolepse, rappel et anticipation), on retrouve la direction d'ajustement world to word / word to world. Performative par essence, la poésie crée un monde nouveau; c'est cette réalité langagière nouvelle, tributaire du monde extérieur, que la poésie a charge d'inventer, à travers des subjectivités aussi différentes, ici, que celle de Nelligan, Saint-Denys Garneau, Grandbois et Miron. La poésie est autant histoire que discours.

D'autre part:

Après ces deux articles à prédominance méthodologique, et présentant le nécessaire outillage conceptuel, on lit deux articles axés sur la fiction à l'œuvre dans un discours poétique et centrés sur l'énonciation comme processus global de la communication.

Dans le recueil Antre (1978) de Madeleine Gagnon, au titre paronymiquement suggestif, Ghislaine Pesant[22] décèle les marques de l'interlocutivité définissant l'espace de la communication, et de l'intersubjectivité rendant possible cette communication. L'analyse privilégie la figure de l'interstice, comme intervalle entre des points, des espaces, des énoncés, et par le jeu de dérives paronomastiques (entre / antre / autre) montre que le discours remplit l'entre-deux d'un espace illocutionnaire qui intègre les personnages de l'énonciation, intra- et extratextuels. Ici, la relation interlocutionnaire, faite d'interactivité énonciativement marquée, manifeste le fait de la réciprocité qui investit, au sens bakhtinien, tout discours; l'horizon individuel dessine en clair l'horizon social qui le mesure et le sustente. L'idée de fiction frauduleuse entre dans la logique d'une communication intense.

Un type analogue d'interlocutivité se retrouve dans l'article de Pauline Adam[23] consacré à l'interpellation dans «La marche» (1980), de France Théoret. Ici la locutrice met en scène le doute et l'énigme, auxquels tout le texte cherchera à répondre. Comment identifier le *elle* à la fois si personnel et si impersonnel? Les indices de solution s'appliquent autant à une personne qu'à des non-personnes. S'agit-il d'une femme? ou de l'écriture? ou de la poésie? La richesse du référent potentiel crée une dynamique non seulement inter- mais plurilocutionnaire, le texte accumulant dans son déroulement les passerelles entre fiction et réalité, multipliant les jonctions possibles, mais aussi les déceptions.

Il est ici évident qu'une étude sémiotique des énoncés aboutirait à un constat d'éparpillement, alors que l'étude pragmatique de l'énonciation reverse la variété et la richesse des métaphores dans la surabondance d'une subjectivité constamment interactive. Bref, seul le contexte culturel permet de suggérer qui, d'une personne, d'un acte, d'un geste ou d'une chose, est *en marche*. Le texte de Théoret n'impose pas de référent ou, s'il le fait, il le déconstruit, l'irréalise au fur et à mesure. L'énonciation exploite des marqueurs logico-argumentatifs (cependant, pourtant, car), interroge des présupposés, des nuances de modalisations, des possibilités de sous-entendus, pour finalement laisser l'allocutaire en face d'une polyréférence qui serait inacceptable partout, sauf dans un texte de fiction.

D'autre part encore:

À ces deux études qui ramènent au jour des stratégies énonciatives de la fiction dans le discours poétique, en manifestant l'horizon social de tout discours, succèdent deux autres études portant sur des textes dont l'énonciation est marquée par la violence, ou le rapport de forces.

L'horizon sociohistorique capté par le poème de Paul-Marie Lapointe, «Kimono de fleurs blanches», tiré du *Vierge incendié* (1948), André Marquis[24] le définit comme contexte d'énonciation de refus, de révolte, de singularité. Un jeune poète se dresse contre les structures religieuses, politiques, culturelles d'une époque. Ses énoncés brillent d'une force illocutionnaire inhabituelle. Acteur intradiégétique, ce poète devient un locuteur dont la seule arme est son discours, sa seule stratégie, les jeux de l'énonciation, sa seule puissance, celle d'une relation dialogique dévastatrice, claquante. Texte illisible, a décrété la première réception de l'œuvre; et on le comprend.

La société québécoise de 1948 ne pouvait pas lire ce qui la sapait sans ménagement. Aujourd'hui, après bientôt quarante ans, la réalité sociohistorique du Québec peut entrer dans la lecture de ce poème, reconnaître son énonciation subversive et non seulement, grâce à lui, mieux lire l'époque (un texte contemporain comme *Refus global*, de Paul-Émile Borduas, pourrait s'y prêter autant) mais aussi mieux lire la fiction critique, satirique, qui est également l'apanage du discours poétique. Comment une approche sémiotique formelle aurait-elle pu considérer aussi franchement le rapport subjectivité-socialité?

L'horizon socioculturel qui se dégage du texte «Que je déparle», de France Théoret, tiré de son *Bloody Mary* (1977), ne reflète pas un rapport moins violent que le poème de Paul-Marie Lapointe. Dans ce dernier texte, la violence relève de la structure sociale, tandis que dans celui de France Théoret, elle relève de la structure familiale. Par une étude détaillée de la déictisation personnelle, Agnès Bastin[25] montre la relation illocutionnaire entre un «je» et un «tu» fortement dialectisés par la relation pouvoir/soumission, raison/déraison, mutisme/parole, et rendus universels par l'absence de référents individualisés. Le texte met en scène deux acteurs, l'un masculin, l'autre féminin et, dans son déroulement, propose une inversion des rôles. Ici, c'est tout rapport de pouvoir dans la parole qui est dénoncé, dans une fiction réaliste qui acquiert une valeur de représentation symbolique propre à l'écrit de fiction.

Les déictiques de personnes, plus que ceux du temps et de l'espace, sont des facteurs d'universalisation. La force illocutionnaire, ici exercive, marque chaque énoncé, tant de l'acteur masculin que de l'acteur féminin. Mais les mêmes déictiques sont aussi des facteurs de singularisation. On n'échappe pas à la clôture absolue de la confrontation entre un «je» et un «tu». Parce que ce discours poétique est créateur de sa propre temporalité, il produit une fiction «en effet», de sorte que, pragmatiquement parlant, la fiction est un *shifter* d'universalisation. Les marques, coefficients et facteurs de fiction, parce qu'elles fonctionnent bien linguistiquement, deviennent indices, marques et facteurs de vérité, c'est-à-dire conformes au savoir commun. Ce n'est que par l'étude de l'énonciation, avec son arrière-scène socioculturelle, que le texte de France Théoret crée, en l'appelant, l'espace du désir et le droit à la parole, et l'insère, comme dit Agnès Bastin, dans «la structure sociale ambiante», d'où il vient et où il retourne.

Enfin:

Un septième article, signé par Sylvie Bergeron et Sylvie Faure[26], offre une bibliographie fondamentale de pragmatique, avant tout destinée à la recherche et couvrant en principe les titres accessibles en anglais et en français. Le classement des entrées reflète une préoccupation méthodologique d'ouverture de la question: on procède des acquis théoriques généraux de la linguistique, de la sémantique et de la sémiotique vers ceux de la pragmatique, présentée d'abord comme champ analytique global et, graduellement, comme kaléidoscope conceptuel allant toujours vers des problématiques plus spécifiques: énonciation, discours, argumentation, interaction, assertion, modalisation, présupposition, etc. Les valeurs indicatives et heuristiques de cette bibliographie reflètent l'importance de la pragmatique comme approche méthodologique.

Nouvelles perspectives méthodologiques

Les sept articles du présent ouvrage reflètent l'état d'avancement de nos recherches en tentant de manifester l'inscription de l'énonciation dans le discours en même temps que l'inscription de la fiction dans le discours. On voit donc que les préoccupations majeures de la pragmatique poétique sont présentement rattachées aux valeurs de communication qu'on trouve dans le discours poétique en tant qu'énonciation et que fiction. Il s'agit là d'une direction d'ajustement qui cherche à intégrer des concepts linguistiques (sémantique, morphologie, syntaxe, argumentation) aux divers acquis de la pragmatique du discours, et qu'on doit à Austin, Searle, Flahault, Récanati, Berrendonner, Ducrot, Parret, de Cornulier, Kerbrat-Orecchioni, de Fornel, Encrevé, Bourdieu, etc. Cette procédure méthodologique a de la valeur par elle-même, mais nous pourrions, dans la suite de nos recherches, lui apporter une nouvelle extension, qui se traduirait simplement par une inversion de la problématique.

Aussi aurions-nous, en plus de l'énonciation dans le discours, l'inscription du discours dans l'énonciation. En plus de l'inscription de la fiction dans le discours, l'inscription du discours dans la fiction. Cette procédure nous permettrait d'aller plus loin dans le sens d'une approche bakhtinienne du discours. Si l'on est d'accord avec la définition du discours donnée par Dominique Maingueneau, entendant par là «une dispersion de textes que leur mode d'inscription historique permet de définir comme un espace de régularités énonciatives[27]», on voit que la perspective a changé. On ne va plus du texte à son horizon social, on fait le chemin inverse. Dans un texte, on n'étudie plus d'abord l'énonciation, mais le discours. On privilégie le caractère de production sociale plutôt que celui de production individuelle. Il faut cependant remarquer que la définition de Maingueneau est idéalement opératoire pour ce qu'on peut appeler un macrodiscours, ou le discours dominant d'un siècle, ou d'une époque littéraire. En ce qui concerne les microdiscours de l'époque contemporaine, sans distanciation idéologique, sans objectivation critique, la définition reste pratique et, conceptuellement, très productive.

On peut trouver dans des écrits signés par un même poète, Miron, par exemple, des «régularités énonciatives»: cela s'explique par la subjectivité du locuteur, par sa formation sociale, par sa volonté d'intervention, etc. Mais ces constantes singularisées de son énonciation restent sans valeur hors d'une «inscription historique», soit présupposée, soit fabriquée de toute pièce, soit antécédente ou conséquente. Ce qu'il faut affirmer, c'est que ces «régularités énonciatives» (pensons à celles d'un Nelligan, à celles d'un Saint-Denys Garneau) appartiennent davantage à une époque et à un milieu social déterminés, qu'à un individu en particulier.

Même dans son écart le plus grand, un discours reste relié à l'arrière-fond sociohistorique sur lequel il prend appui; sous peine de nullité, ou de réception indéfiniment reportée, il ne peut nier un espace d'interrelation porteur, que celui-ci soit de reproduction et de renforcement, ou de rupture et de saccage. La primauté théorique qu'on peut accorder au discours dans une énonciation, et encore plus dans la fiction, n'est sans doute pas un absolu littéraire: elle a plutôt valeur heuristique, comme direction d'ajustement comparable au surgissement toujours renouvelé d'une conscience sociale à mettre en œuvre dans l'appréciation (et encore plus dans la réception) des productions culturelles.

La désacralisation du discours poétique ne restera, soyons-en certains, que virtuelle, car les échos d'un texte dans la subjectivité d'un sujet lecteur échapperont toujours aux effets prévisibles voulus par un sujet écrivant. Le texte est un idiolecte mis en circulation dans une société. Il ne devient fétiche que dans l'oubli de cette vérité première. Le texte est émis par un individu, mais c'est à la collectivité qu'il revient. Le retour fétichiste du texte sur son auteur n'est qu'un effet leurrant, temporaire et, somme toute, inintéressant, comme si le discours n'était pas communication et mise en circulation d'un savoir largement répandu, d'une pratique universellement admise et d'une unanimité en principe largement assurée.

Quand Benveniste assure que tout discours manifeste l'intention d'un parleur d'influencer un auditeur, il affirme une vérité commune, mais que la pragmatique prend au pied de la lettre dans l'étude qu'elle fait des dispositifs performatifs qu'elle y trouve. On dit volontiers que la langue appartient à tout le monde, mais que le discours, fruit d'un travail, est une propriété privée en quelque sorte monnayable. Le travail du langage étant prépondérant en poésie, on peut dire que cette dernière est une propriété sacrée. Pourquoi alors une pragmatique poétique est-elle si nécessaire, sinon pour démythifier ce caractère sacré d'une propriété privée qui, tout compte fait, revient à tout le monde? Bakhtine lui-même est tombé dans l'erreur d'accorder au discours poétique une autosuffisance, donc une étrangeté sociale inassimilable, qu'il ne confère en aucun moment au discours romanesque. N'est-ce pas là une conséquence tardive de la conception romantique du poète et de la poésie qui a été véhiculée au XVIIIe siècle, ironiquement à l'époque où la philosophie des Lumières amorçait une réflexion, ou plutôt une pratique, sur le discours comme propriété privée, et même sur le texte entraînant des «droits d'auteur»?

Vers une sociopragmatique poétique

La pragmatique poétique, régissant prioritairement le rapport social entre le destinateur et le destinataire de la poésie, prétend posséder quelque compétence pour analyser le rapport commun, quoique différent, de ce même destinateur et de ce même destinataire avec la société dans laquelle non seulement ils évoluent, mais qu'ils construisent et transforment tout aussi bien. En un sens, elle est sémiotique appliquée, jamais idéologiquement neutre, pas plus qu'un énoncé, *a fortiori* une énonciation, ne peut l'être. «Chez Morris, la pragmatique est une des composantes de la sémiotique: la sémantique est l'analyse des propositions; la syntaxe, l'analyse des phrases; la pragmatique, l'analyse des énoncés par rapport à leur référent, au locuteur et au destinataire[28].» On voit par ces distinctions méthodologiques de quelle vanité serait le moindre établissement d'une hiérarchie des approches théoriques en ce qui concerne le discours poétique.

Cela dit, il reste que la linguistique possède quand même une autonomie méthodologique à laquelle ne saurait prétendre la pragmatique, même s'il faut préciser qu'il n'y a entre elles ni séparation ni confusion. On continuera longtemps encore à entendre, et à lire, parce qu'elles sont justifiées, des distinctions du type suivant: «Si je n'ai produit aucune interprétation théorique dans les domaines du "discours" ou des "idéologies", c'était précisément par souci de m'en tenir à une étude strictement linguistique de faits linguistiques. Il est clair pourtant que l'analyse linguistique des faits énonciatifs caractéristiques d'un texte (ou de la reformulation d'un texte par un autre) ouvre la voie à des considérations idéologicodiscursives[29].» Peu importe la définition de la pragmatique qu'on retient (Searle la définit comme l'étude du langage en acte, sous l'angle des actes de discours; Morris, comme la science de la relation des signes à leurs usagers; Anscombre, comme l'étude des valeurs intentionnelles liées à la communication; Rey, comme l'étude de l'acte sémiotique au plan individuel et social), on en arrive toujours, pratiquement, au concept bakhtinien de dialogisation sociale, lequel concerne le référent socio-idéologique du discours de fiction, dont la poésie. «La fiction ne garde pas seulement la trace du monde pratique sur le fond duquel elle se détache, elle réoriente le regard vers les traits de l'expérience qu'elle "invente", c'est-à-dire tout à la fois découvre et crée[30].» L'acte de langage est aussi acte de discours et acte de communication. Il faut ajouter que dans le langage poétique, l'acte de discours est aussi acte de fiction.

Il y avait (et il y a toujours) un certain défi à passer d'une théorie des actes de discours à une analyse pratique des actes d'énonciation, telle la mise en œuvre dans un type d'écrit spécifique comme la poésie. Citons, pour terminer, un vers de Nelligan, Saint-

Denys Garneau et de Miron, trois poètes québécois d'époques différentes:

> Je rêve de marcher comme un conquistador[31];
> Nelligan

> Je ne suis pas bien du tout assis sur cette chaise[32];
> Saint-Denys Garneau

> Je suis sur la place publique avec les miens[33].
> Miron

Dans chacun de ces énoncés sur le mode personnel transparaît une énonciation subjective, caractéristique d'une époque peut-être davantage que d'un individu. Mais l'inverse est aussi vrai, d'où la nécessité de délimiter et de mesurer la part de fiction qu'un tel discours peut mettre de l'avant. Nous inspirant des recherches de Searle, nous dirions que, dans ces énoncés, si l'acte illocutoire est simulé, ou feint, même mimo-gestuellement, l'acte d'énonciation est bien réel. Ajoutons que la pragmatique, ne séparant pas l'énoncé de son contexte d'énonciation, ne sépare pas non plus la production des textes de son contexte sociohistorique[34].

Parcours des œuvres

Écrire n'a finalement nul rapport avec la vie, si ce n'est par l'insécurité nécessaire que l'écriture reçoit de la vie, comme la vie la reçoit de l'écriture.

MAURICE BLANCHOT

«Le tout dernier mot», *L'amitié*, Éditions Gallimard, 1971, p. 308.

La réalité sans l'énergie disloquante de la poésie, qu'est-ce?

RENÉ CHAR

«La parole en archipel», *Œuvres complètes*, Éditions Gallimard, coll. Bibliothèque de la Pléiade, 1983, p. 399.

Maintenant, j'ai une répulsion physique pour la poésie, car je n'ai jamais aimé en «faire». Quand je fais le compte, je crois que l'Hexagone m'intéresse en autant que c'est une action, et comme action.

GASTON MIRON

À Claude Haeffely, le 19 janvier 1960, *À bout portant*, Éditions Leméac, 1989, p. 129.

Crémazie et Nelligan
sous le signe du romantisme[1]

Crémazie et Nelligan ont été lus à leur époque à travers le filtre du romantisme français, à travers ses formes et ses thèmes. Cette parenté a dû s'imposer à leurs contemporains, qui la trouvaient naturelle. Mais à nous, elle apparaît bien relative, voire factice; en tout cas, elle appelle des nuances.

Quel fut globalement, pour chaque poète, son rapport au romantisme?

Crémazie libraire est au courant de la production française contemporaine. Il lit les auteurs qu'il vend. On sait qu'il admire Lamartine, Hugo et Musset.

> Pour moi, écrira-t-il en 1867, lors de son exil parisien, tout en admirant les immortels chefs-d'œuvre du XVIIe siècle, j'aime de toutes mes forces cette école romantique qui a fait éprouver à mon âme les jouissances les plus pures et les plus douces qu'elle ait jamais senties.

Ses thèmes préférés: le sol canadien, la langue, la foi, la patrie sont moins empruntés que celui de la mort et du macabre, sa véritable marque poétique. L'amour et la nature sont presque absents de son œuvre. On a l'impression que les influences françaises furent d'autant plus contraignantes que moins nombreuses. Il s'est laissé paralyser, limiter par elles, contrairement à Nelligan qui a subi un plus grand nombre d'influences, mais les a davantage assimilées, en a fait un humus fécond, même s'il ne s'en est jamais débarrassé. Le romantisme de Crémazie poète apparaît étriqué, appauvri, et, pour nous, plus ésotérique que jamais; sa poésie a mal vieilli.

Pour ce qui est de Nelligan, je citerai la conclusion de Paul Wyczynski à son livre *Émile Nelligan. Sources et originalité de son œuvre*:

> Après Millevoye et Chénier, nous aurons Verlaine, Baude-
> laire, Rodenbach et Rollinat, ordre qui correspond à la chrono-
> logie des principales influences subies. Mais, outre ses auteurs
> de chevet, un nombre considérable d'emprunts, quant à la
> forme et au fond, vient de Gautier, de Catulle Mendès, de
> François Coppée, de Leconte de Lisle, de Heredia, de Nerval,
> de Mallarmé, de Rimbaud, d'Edgar Poe, de Joseph Melançon
> et d'Arthur Bussières. Liste incomplète, car Nelligan imite
> souvent au hasard des livres empruntés et des morceaux aper-
> çus dans *Le samedi* ou dans *Le monde illustré*. Viennent alors
> un Pierre Dupont, un Auguste Barbier, un Joseph Autran, un
> Eugène Manuel, un Louis Veuillot, un Théodore de Banville,
> un Camille Natal et plusieurs autres.

De cette nomenclature je conclus que Nelligan a beaucoup lu, et
que la lecture appelle l'écriture. Je n'aurai pas la prétention de repas-
ser derrière P. Wyczynski: mon apport risquerait d'être maigre et je ne
saurais que faire de trois ou de dix influences encore jamais aperçues.

On ne peut reprocher à Nelligan d'avoir beaucoup lu, ni d'avoir
mal lu, ou trop bien lu. Je ne me sens pas d'accord avec Dantin qui
regrettait que Nelligan «n'ait pas au moins démarqué la part imitative
de son œuvre en donnant un cachet canadien à ses ressouvenirs étrangers, ou, plus généralement, qu'il n'ait pas pris plus près de lui ses
sources habituelles d'inspiration». Faudrait-il souhaiter que Nelligan
ait puisé dans Le May et dans Fréchette plutôt que dans Rodenbach ou
Rollinat? La chose semble impensable. Dantin déplore qu'il manque à
Nelligan «un cachet canadien». Comme ce cachet peut donc nous
réchauffer le cœur aujourd'hui! Crémazie, lui, a un terrible «cachet
canadien», et c'est peut-être ce qui passe le moins bien. Un cachet personnel ne vaut-il pas mieux? Une marque à soi, un sceau de sujet?

Dans une théorie de l'écriture, il est intéressant de sonder la
genèse de l'œuvre: cette genèse fut et reste la passion de l'histoire littéraire. Mais les lectures d'un écrivain sont une chose; son milieu culturel, l'état de la société où il vit, ses conditions d'apprentissage, de
travail et de vie en sont une autre, plus vaste. Dans une théorie de la
lecture, il est nécessaire, après avoir remonté aux sources, de descendre jusqu'à l'œuvre et à ses conséquences. Je veux dire que Jean-

Aubert Loranger, Claude Gauvreau, Hubert Aquin ou Réjean Ducharme m'aident plus à lire Nelligan que les écrivains européens du XIXᵉ siècle. La lecture des sources et des influences, des parentés et des renforcements littéraires ne peut se limiter aux prédécesseurs ou aux contemporains de Crémazie et de Nelligan; elle doit se prolonger jusqu'à leurs successeurs qui sont une nombre restreint d'écrivains et un nombre considérable de lecteurs, dont nous sommes. Autrement dit, une œuvre doit être mise en relation avec d'autres œuvres, un texte avec d'autres textes, les uns antérieurs, les autres postérieurs.

L'histoire littéraire s'intéresse aux *énoncés* poétiques de Crémazie et de Nelligan; elle met au jour un code, maintenant figé, qu'on dit avec raison appartenir au romantisme. Un code fait autant de formes que de thèmes, de contenus que d'expressions. Pour sa part, la théorie littéraire s'intéresse davantage à l'*énonciation*, c'est-à-dire à cette instance de discours où un sujet se débat avec une langue et avec une culture. L'énonciation défige le code, redistribue au sujet écrivant — et au sujet lisant — sa part individuelle d'une forme ou d'un thème; elle est un travail dans le temps présent, au moins théoriquement, alors que l'énoncé est toujours une forme fixe passée. Sous ce rapport, il faut dire que l'énoncé de Crémazie est plus rigide et que son code est plus figé que celui de Nelligan; plus ancien aussi, plus daté. Au niveau de l'énonciation, le texte de Nelligan est moderne alors que celui de Crémazie ne l'est pas. Non seulement Nelligan se bat avec la langue, mais il lutte contre la névrose. La quête de raison le dispute à la quête d'œuvre. Nelligan est sans cesse déséquilibré et remis d'aplomb par son texte, dispersé et réuni, vaincu et vainqueur, défait et refait. Rien de plus juste de dire que sa poésie est souplesse et invention: elle est littéralement une musique en quête de mots, une mélodie en quête de son texte, une déraison en quête de sa propre mesure. L'étude de P. Wyczynski sur *Nelligan et la musique* apporte sous ce rapport beaucoup de nouveau, ouvre des voies du côté de l'énonciation individuelle.

Le romantisme de Crémazie, de Nelligan est inextirpable de leur œuvre: il est le premier et inévitable horizon de référence qui limite, tout en l'illimitant, une production obligée de payer un lourd tribut à un code et à un style d'époque. On n'a pas à déplorer cette tyrannie qui trempe le lyrisme dans la nature, l'amour dans la souffrance et dans la mort, l'idée dans les sentiments et le présent dans les ruines. On n'a pas à déplorer que Nelligan ne soit pas un écrivain de maintenant, car il appartenait à son époque, comme nous à la nôtre. Peut-on jamais objectiver ou reculer l'époque qui fournit à un écrivain un code, un tamis, un instrument, et qui lui assure une lisibilité immédiate?

Parlant du surréalisme, Borduas écrivait à Gauvreau qu'avant 1950, il était foisonnement et explosion de nouvelles valeurs poétiques. «Après 1950, ajoutait-il, le surréalisme ne veut plus dire qu'un académisme formel désagréable.» Ainsi en est-il du romantisme, que Crémazie a assumé après qu'il fût devenu un académisme; ainsi en est-il du symbolisme et de l'esthétique décadente que Nelligan a pratiqués, de 1896 à 1899, dans leur période de dessèchement. Charles Grivel dit que le sens d'un texte, ou d'une œuvre, est le rapport de son dire à sa pratique, c'est-à-dire à son utilisation institutionnelle. D'où la relativité des écritures d'époque, et leur relativisation grandissante sous l'influence des nouvelles lectures. Dans le même sens, Borduas disait encore, à propos du surréalisme, mais nous appliquerons sa définition au romantisme: «Une école, ou mouvement, au nom précis n'exprime — en dehors de ses personnalités — qu'un "rapport momentané" d'une forme (en temps et lieu déterminés) à un fond poétique absolu.» On peut ajouter, en paraphrase, que notre propre lecture de Nelligan est un rapport momentané entre les formes de notre époque et celles de la sienne, entre des dires successifs.

Mon plus grand étonnement quand je lis Nelligan, c'est de voir jusqu'à quel point il s'est laissé prendre dans le corset des formes traditionnelles, surtout du sonnet; jusqu'à quel point il a été incapable d'enfreindre les règles de la versification classique. Pourquoi Nelligan n'a-t-il pas écrit des proses libres, ou encore des poèmes en prose? Je sais qu'il est trop facile de comparer Nelligan à Rimbaud dont on a pu dire que son œuvre est «une succession rapide de ruptures conscientes» (Y. Benot). Rimbaud n'est que rupture et déchirure. Serait-ce parce qu'il avait une mère terrible, une mère-typhon, masculine à souhait, agressive et coléreuse, acariâtre et ambitieuse, alors que celle de Nelligan était douce et angélique? Nelligan est resté dans une continuité formelle désespérante; la poésie est restée pour lui un exercice sans cesse recommencé; en ce sens il est valéryen. Nelligan n'a jamais renoncé à ses modèles; ses exercices gardent un respect scolaire, fermé, non évolutif, autant dans ses rondels que dans ses sonnets; il ne s'est pas dépassé comme adolescent imitateur, contrairement à Rimbaud qui l'a fait constamment. Avant sa folie, ces moules et ces carcans ont donné une raison à Nelligan; après, il a pu délirer un bon coup. Pour l'inconscient, cette folie était une libération; une fois à l'asile ou à l'hôpital, il se souvenait de ces formes comme de la réalité contraignante d'autrefois, mais il en était exclu. Ces formes ordonnaient la réalité du poète sain d'esprit; pour lui, sortir de la réalité, c'était entrer dans l'absence de formes, c'était opérer la grande rupture, jusque dans l'absence d'écriture; une seule rupture, mais totale, alors que Rimbaud a multiplié les ruptures partielles.

Un autre objet d'étonnement, c'est de savoir si Nelligan a vraiment choisi la folie. Je donne deux citations. La première, de Paul Wyczynski: «Nelligan est un exilé volontaire dans le monde du rêve; c'est en n'écoutant que lui-même qu'il découvre son époque pour la dépasser aussitôt.» La seconde, de Jacques Ferron: «Il est devenu fou comme de nos jours on devient hippie.» Donc Nelligan a choisi son destin; il est entré en folie comme en religion. Ne touche-t-on pas ici du doigt une vue critique mythologique? On ne peut comparer les nuits de folie de Musset, les abîmes de désespoir de Chateaubriand à celles et ceux de Nelligan? La folie est-elle une vocation? Chez Rimbaud, le silence en fut une, encore que ce silence ait donné lieu à une correspondance étonnante de poète devenu négociant. Bien sûr, le meilleur Rimbaud n'est pas là. Mais le poète Crémazie, devenu libraire en France (1862-1879), fait place à un remarquable prosateur, que pour ma part je situe plus haut que le poète. Crémazie et Rimbaud écrivent quelque chose jusqu'à la fin de leur vie. Nelligan, lui, rien de régulier, pour ainsi dire. Ce mutisme est en soi une catastrophe, une déchéance. Le rêve n'est bon que si l'on peut en revenir, l'harmoniser avec la vie. L'état de Nelligan, au contraire, accuse une détérioration progressive. Cette démence peut-elle avoir été le moindrement choisie, serait-ce dans son extrême commencement? Je crois qu'il faut la mettre sur le même pied que la fuite de Crémazie: ce sont deux tragédies qui enfoncent dans la mort vivante, lentement, inexorablement, deux poètes qui avaient goûté à la gloire. Chez Rimbaud et Crémazie, le négoce est une nouvelle activité, un gagne-pain; chez Nerval et Nelligan, le rêve est une nouvelle vie, un cache-misère. On ne peut pas mythifier le négoce, librement choisi, on veut mythifier le rêve, fatalement subi. On ne peut faire de ces léthargies intermittentes un vrai lieu d'illuminations ni une saison au paradis.

Pressentant la folie, Nelligan lui-même cependant ne l'a-t-il pas souhaitée? C'est possible, encore que cette explication soit simpliste. Je cite:

> Je veux m'éluder dans les rires
> Dans les tourbes de gaîté brusque
> Oui, je voudrais me tromper jusque
> En des ouragans de délires.
>
> Ô je veux être fou ne fût-ce que
> Pour narguer mes Détresses pires!

Certes la volonté s'affirme, un souhait prend forme et se module: *Je veux, oui je voudrais* et *ô je veux être fou.* Mais ce désir ne doit-il pas être tempéré par la peur de l'effacement («m'éluder»), de l'enlisement («les tourbes»), de la disparition («les ouragans»), de la folie elle-même («délires») et de la détresse, mise en majuscule et au pluriel? La volonté d'anéantissement est romantique, on pourrait dire poétique. Mais elle est avant tout existentielle. En voulant s'éluder, passer à côté de soi, s'escamoter dans les marges blanches de l'avenir, Nelligan ne cherchait-il pas à fuir un passé ou un présent invivable: une famille, une culture d'importation? Souhaiter la folie, c'était s'attendre au pire et essayer de l'exorciser en même temps. En la souhaitant, en l'appelant, Nelligan exprime en clair une intention impossible qui n'est qu'une recherche de sécurité. Cette intention ne peut être une clé de l'œuvre nelliganienne. Ne faut-il pas se méfier des intentions de l'écrivain? La critique ne peut pas dire: Nelligan a choisi la folie et il a été exaucé. Il ne s'en est jamais réjoui, mais nous réjouissons-nous pour lui? Ce serait mettre sur le même pied la folie et le suicide, confondre passivité et activité. Tant que ces thèmes restent littéraires, ils travaillent bien l'imaginaire du poète et de son lecteur. C'est pourquoi ils doivent rester littéraires. Mais quand la folie est une expérience quotidienne, je ne vois pas comment on pourrait l'utiliser pour expliquer le sens de la poésie. C'est l'œuvre qui éclaire la vie, et non la vie l'œuvre. Il ne faut pas chercher dans la vie le sens d'un poème. Autrement dit, la poésie a un pouvoir symbolique, non thérapeutique. La vraie démence est trop différente du rêve des bien-portants.

Ceci dit, il faut ajouter que la folie et la névrose ne sont pas chez Nelligan des thèmes proprement romantiques. Nerval et Lautréamont, Rimbaud et Rollinat en furent plutôt les instigateurs. Ces thèmes ont pu paraître nouveaux à Nelligan. Il a pu y glisser son énonciation, la promouvoir dans le cadre de l'énoncé poétique parnassien. Lisons le poème «Je plaque» en abordant un autre sujet, celui du style romantique dans un de ses aspects: la qualification.

> Je plaque lentement les doigts de mes névroses,
> Chargés des anneaux noirs de mes dégoûts mondains
> Sur le sombre clavier de la vie et des choses.

Ce qui frappe d'abord, c'est la qualification surdéterminée. Nelligan doit cette manie au style romantique, par-dessus Nerval et Rimbaud. C'est en vertu de ce style qu'il nous fait lire ailleurs de «vagues profondeurs», d'«ardents regrets», du «sinistre frisson», une «volupté sordide», une «tristesse profonde», une «fierté farouche». Parfois l'adjectivation est double: «fins vases fantasques», «brune enfant pâle», «grands yeux purs», «soirs révolus et latents», «monde menteur, flétri, blasé, pervers», etc. Ces chapelets d'adjectifs signifient la couleur, l'intensité, l'émotion, rarement des substances. C'est le substantif nu qui pourrait le mieux faire image, déplacer le sens, comme dans la métaphore et la métonymie. Cela, nous le savons bien depuis les surréalistes. Ce qui est admirable chez Nelligan, ce qui en fait un génie de l'écriture, je veux dire un artisan habile du langage, c'est que sa propre énonciation reste intacte derrière la vieillerie romantique de la qualification excessive. Ainsi peut-on enlever les adjectifs, déromantiser le poème «Je plaque», se permettre une permutation. Tronqué, le poème devient comme plus total. Il se lit ainsi:

> Je plaque lentement les doigts de mes névroses
> Chargés des anneaux de mes dégoûts
> Sur le clavier de la vie et des choses.

Bien sûr, le rythme est défait; c'est un autre texte. Et ce qui s'y montre à l'évidence, c'est une métaphore redondante construite sur un attelage: «doigts des névroses, anneaux des dégoûts, clavier des choses». C'est une sorte de métaphore ancienne, mais moins noyée dans les couleurs et les ornements adjectivaux. C'est le surréalisme qui nous a appris que le substantif nu suffit à la pleine substance.

Il y a des poèmes de Nelligan comme «Soir d'hiver», «Clair de lune intellectuel», «La romance du vin», «Rêve d'artiste» et surtout «Le vaisseau d'or» qui ont acquis une vie autonome, comme certains alexandrins monosyllabiques de la poésie classique. Sans doute grâce

à des rapports inédits entre les matériels sonore et prosodique, sémantique et syntaxique. Ces réussites verbales supposent par définition de
nombreux échecs; mais cette rareté de la pièce à succès est constante
chez tous les poètes. N'est-ce pas par là que tout poète authentique
devance son temps, autrement dit propose un nouveau codage problématique, surtout au niveau des contenus latents?

Je crois que l'analyse sémiologique et idéologique de ses poèmes
pourra nous révéler une modernité surprenante de Nelligan. À la fin
d'une analyse de «La poétique de Nelligan», Jacques Michon a pu
écrire que l'auteur «n'en demeure pas moins le premier représentant
québécois de ce qu'il est convenu d'appeler aujourd'hui la modernité[2]». «Nous déjeunions d'aurore et nous soupions d'étoiles», écrit
Nelligan. Cela ne fait-il pas penser à Rimbaud: «Je me suis séché à
l'air du crime/ Et j'ai joué de bons tours à la folie», ou encore: «Je
fixais des vertiges»; «je devins un opéra fabuleux».

Il n'y a aucune chance qu'on parle jamais de la modernité de
Crémazie. C'est qu'il est irrémédiablement astreint au romantisme de
son époque et que son énonciation est tout à fait impersonnelle (alors
que l'impersonnalité d'un Mallarmé est subjective, stimulante, volontaire, esthétique). La modernité de Nelligan au contraire va en grandis-
sant, faite qu'elle est de tensions et de dissonances, d'éclatements et
de déraisons. Sous ce que Robert Mélançon a appelé la «surface
démodée», on trouve un monde de pulsions, de désirs et de craintes,
de frayeurs et d'ivresses qui fraient leur chemin jusqu'à nous[3]. La poésie est d'abord une affaire de mots. L'écriture d'époque, le code littéraire daté, le style romantique, toute l'enveloppe historique de la poésie, ce n'est pas l'essentiel. Ezra Pound définit la poésie comme «une
danse de l'intellect parmi les mots».

Les mots, les rythmes, la musique de Nelligan nous rejoignent;
nous les entendons. Si nous disons que cette poésie est moderne, nous
voulons dire qu'elle est authentiquement nôtre. Nous la percevons,
nous nous l'approprions.

Cent ans après sa mort, Crémazie apparaît bien lointain. Cent ans
après sa naissance, Nelligan est plus nouveau que jamais, grâce aux
nouvelles lectures que nous faisons de son œuvre. En déplaçant notre
lecture d'autrefois à maintenant, d'ailleurs à ici, nous pouvons établir
avec cette œuvre une nouvelle entente, une nouvelle lisibilité. Crémazie restera englouti sous le signe du romantisme, Nelligan émergera
pleinement sous le signe de la modernité.

Grandbois
ou l'incantation des temps[1]

La poésie de Grandbois, on l'a dit, explore davantage l'espace cosmique que le territoire québécois, l'histoire du monde que l'histoire du Canada français. Elle aurait plus d'affinité avec l'étoile de la nuit qu'avec l'espace du pays, croit-on couramment. Dix ans après la mort de Grandbois, peut-on formuler une problématique en termes aussi antinomiques? Il semble qu'avec le recul on puisse lire cette œuvre d'une façon nouvelle. On ne parle plus au Québec de poésie du pays, et cela, depuis longtemps. Qu'est-ce qui est disparu de notre horizon littéraire pour qu'on puisse mieux voir, ou vraiment lire — si cette illusion est tolérable — l'itinéraire poétique de Grandbois? Je parle des transformations qui ont modifié notre lecture, changé notre évaluation, touché en nous des points réceptifs, curieux, interrogateurs. Je ne peux aujourd'hui lire cette œuvre que comme une réponse à mes questions de 1985: qu'est-ce que la poésie? qu'est-ce que la fiction? qu'est-ce qu'un discours?

La critique thématique est une approche de l'œuvre historiquement datée. C'est ce qui explique qu'elle n'ait jamais trouvé dans Grandbois ce qu'elle y cherchait (le thème du pays), ou, analogiquement, que la critique sociologique n'ait pas trouvé dans son œuvre le reflet de la société québécoise dominante des années 1940 et 1950. Le changement d'attitude qu'on observe avec les années, c'est que le discours de la poésie donne maintenant lieu plus à de *l'analyse* qu'à de *la critique*. Analyses relevant de la linguistique, de la sémiotique, et maintenant de la pragmatique. J'ai trouvé dans Dominique Maingueneau[2], qui convient à mon propos et m'inspire, une définition pragmatique du discours: «Une dispersion de textes que leur mode d'inscription historique permet de définir comme un espace de régularités énonciatives.» Ce qui semble primordial, c'est l'inscription de la fiction dans le temps de l'histoire; ce qui s'impose en second lieu, c'est l'étude de l'énonciation.

Une étude complète de l'énonciation chez Grandbois relèverait, par exemple, la construction du sujet de l'énonciation par la personne-je, verticale, séparante, fondement du discours; les marqueurs de subjectivité, tels les *ô* et les *ah!* si nombreux, si constants chez Grandbois; les marqueurs de temps et d'espace, les embrayeurs logico-argumentatifs, comme *pourtant, mais, alors,* etc., encore que l'argumentation chez Grandbois doive beaucoup au procédé systématique de l'énumération, ou des tours anaphoriques. Une telle étude relèverait encore les traces de la présupposition, c'est-à-dire de la présomption de savoir commun, ou de savoir-faire biologique et universel. On arriverait à des «régularités énonciatives» qui prendraient tout leur sens dans une inscription historique.

Qu'est-ce à dire? Au sens large, cette inscription concerne la date. Grandbois publie *Les îles de la nuit* en 1944, un an après la mort de Saint-Denys Garneau, trois après celle de Nelligan. Elle concerne aussi l'époque d'*Avant le chaos*. Les poèmes d'Hankéou, repris dans *Les îles de la nuit* s'ouvrent sur la profondeur historique des années 1930, le fragile équilibre des nations européennes, le statisme du milieu culturel québécois, la dispersion intercontinentale, l'exploration de la planète, le retour au Canada, et le filtrage des événements de la Deuxième Guerre. En un sens, on pourrait voir cette inscription historique de manière extérieure, ou dans les référents, les voyages, ou même les anecdotes. Mais il ne s'agit pas de cela.

L'inscription historique m'apparaît davantage comme le récit de l'histoire de l'homme contemporain. Grandbois a beaucoup voyagé; il a énormément à raconter. On connaît son goût pour les récits: *Né à Québec* (1933), *Les voyages de Marco Polo* (1941), *Avant le chaos* (1945) et, plus tard, *Visages du monde* (1971). Dans l'ensemble de son œuvre, également de sa poésie, on trouve un *monde raconté* ou décrit. Mais la poésie n'est pas que récit, elle est aussi discours, c'est-à-dire monde commenté. Un poème comme «Les tunnels planétaires» est entièrement écrit au passé, ici l'imparfait: «Les tunnels planétaires jouaient le jeu quotidien / Le sang se mêlait à des couleurs jamais perçues / [...] Tes paumes ouvertes recréaient les destins abolis[3].» Dans ce poème, la dimension narrative prédomine, mitigée par l'usage de l'imparfait et de la personne-je, alors qu'on sait que le récit pur privilégie le passé simple et la troisième personne. Il est rare de trouver chez Grandbois des poèmes entièrement écrits au passé, ou entièrement écrits au présent. En d'autres termes, on trouve toujours l'alternance du *monde raconté* (le plus souvent au passé) et du *monde commenté*. C'est le monde représenté, et rendu présent, dans le temps de l'écriture.

Un poème comme «Ah toutes ces rues» est le long récit des anciennes errances à travers «les rues de mille villes». Le système adverbial schématise finement la narration, comme dans :«*Et soudain* mon coeur battait si fort [...] *Et* la pluie m'enveloppait [...] *Et* je trouvais *et* je poursuivais d'autres recherches illusoires [...] *Et* j'égrenais ma solitude comme la dévote son rosaire [...] Ah je cherchais les hommes dans l'ombre [...] *Mais* ils ne me répondaient pas[4].» Comment Grandbois intègre-t-il son récit dans le discours? En l'entrecoupant, entre autres, par une de ses assertions préférées: «je sais [...] Ah je sais». Ce passage du passé au présent montre l'imbrication du récit dans le discours. Un récit au passé simple mettrait fortement en relief la progression du récit. Ici nous avons l'imparfait, dont le rôle est de faire glisser à l'arrière-plan les contenus racontés. L'imparfait immobilise la pensée, alors que le prétérit l'accélère. Mais même dans un poème qui raconte autant, Grandbois trouve moyen, par le jeu des temps, de garder à son discours sa marque la plus forte, ou sa sur-référentialité, qui est celle du présent.

Même dans une séquence comme: «Je n'ai rien vu / Je n'ai rien goûté / Je n'ai rien souffert / *Et soudain* l'âge bondit sur moi comme une panthère noire[5]», on voit un passage instantané du parfait (qui a un lien fort avec le présent) au présent, par la coordination et l'adverbe «Et soudain», qui font varier brusquement le tempo narratif. Il n'est même pas nécessaire d'avoir changement de temps pour avoir changement de tempo. Exemple: «Orgues moussues des souvenirs / Houles voraces de la mer / Fureur du lancinant murmure / *Et soudain* ce haut jet droit / De fleur de cristal émerveillée[6].» Grandbois sait jouer à fond des variations de temps entre récit et discours, ou des *variations de voix entre énoncé et énonciation*.

Dans *Rivages de l'homme*[7] il parle d'un «homme de fièvre trop franche/ De son long voyage insolite / À travers l'incantation du temps.» On est tenté de parler de *l'incantation des temps* dans le discours de fiction poétique chez Grandbois, c'est-à-dire de cet enchantement issu des temps verbaux et marquant fortement l'expérience fictive du temps. L'expérience passée est réelle, autant que ses visions, ses espaces, sa durée et ses formes imprévisibles, mais dans l'instance de discours, en vertu de la médiation de la fiction, cette expérience devient le fondement, ou le référent, de la temporalité fictive.

Je veux surtout souligner que cette expérience n'est pas que le poids du passé, ou n'est pas constituée que de passé. Dans l'écriture poétique, Grandbois ne peut pas utiliser que le passé; la dimension narrative tuerait la poésie. Weinrich[8] a montré que l'utilisation du passé dans le récit permet au locuteur et au lecteur d'établir une distance bienfaisante par rapport à l'événement rapporté. Le passé est nécessaire, car il marque l'entrée en récit, dans le genre: «Il était une fois», ou encore le premier temps verbal dans un texte. Mais que se passe-t-il dans un poème entièrement écrit au présent?

Dans *Les îles de la nuit,* le poème «Pris et protégé[9]» est entièrement écrit au présent: «Pris et protégé et condamné par la mer / Je flotte au creux des houles / Les colonnes du ciel pressent mes épaules [...] Je suis seul et nu / Je suis seul et sel / Je flotte à la dérive sur la mer», etc. L'énonciation est angoissée, la tension est cumulative, il n'y a pas de distance temporelle possible, car rien du passé n'est raconté. Le présent et l'énoncé-je emprisonnent le sujet dans sa solitude et dans ses assertions. Aucun recul, aucune perspective n'est possible: le discours devient intolérable (le poème comporte d'ailleurs seulement 11 vers). Il en est toujours ainsi chez Grandbois, quand le présent prédomine. L'écriture poétique a dû correspondre chez lui à une tentative constante de distanciation, à une recherche de détente. Dans le récit au passé, ce n'est pas l'expérience du passé qui importe, mais l'attitude de détente, étant donné que, grâce à la fiction, le temps vécu s'éclaircit.

Le temps raconté et le temps mis à raconter entrent dans un certain rapport harmonieux par la vertu des transitions temporelles, comme *puis, enfin, de nouveau, peu à peu, tout à coup.* Je ne fais qu'une hypothèse, mais il m'apparaît globalement que la transition temporelle privilégiée chez Grandbois serait le *et,* comme dans «Ces murs protecteurs[10]» où il revient 14 fois en début de vers. Ces transitions homogènes, et d'autres apparentées *(puis, alors, car),* toutes de type jonctif, concourent à la consistance du texte et au renforcement de la détente, alors que les transitions de type disjonctif *(or, soudain, une fois, pourtant),* présentes aussi chez Grandbois, mais minoritairement, contribuent surtout à la richesse de l'information et à la variété des points de vue narratifs. Ces transitions facilitent les jeux de temps et permettent au narrateur fictif de focaliser le jeu du temps sur le récit ou sur le discours.

Chez Grandbois, la variété des temps est plus qu'une performance syntaxique ou qu'une affaire de transitivité discursive. Elle se manifeste souvent dans des successivités thématiques comme: «Parmi les heures mortes et les heures présentes / Parmi le jour accompli pareil à demain / Parmi les racines naissantes des lendemains / Parmi les racines défuntes», etc. Ou encore: «Les aurores de nacre / Les midis de miel / Les soirs de délices / Les nuits de feux tendres[12]». L'expérience du temps, plus qu'un découpage du successif, est ici au cœur de ce qui est raconté, et au cœur du discours lui-même, qui est l'instance racontante.

L'assertion de certitude, si fréquente (sous la forme du *je sais,* ou *je savais*), élève un fier rempart contre l'écroulement des événements passés, comme si le savoir sur l'amour devait l'emporter sur le souvenir de l'amour, le savoir sur la mort l'emporter sur l'imminence de la mort. Savoir, c'est opposer la plus forte résistance. Le narrateur qui dit *je sais* a perdu toutes ses illusions sur le vouloir et sur le croire, sur le faire, sur le vivre. *Je sais* signifie une forte anticipation d'avenir: «Je sais que vous [beaux Visages de mon passé] entendrez ma voix de pierre sourde / Je sais que vous surgirez de l'ombre aux destins engloutis / Je sais que vos ardentes prunelles viendront incendier mes ultimes nuits[13]».

L'inscription historique du récit dans le discours de fiction, chez Grandbois, ne se voit pas que dans la compétence narrative qui donne à cette poésie toute son ampleur. La successivité du temps et la concordance des temps tissent les liens indéfaisables du contenu de la pensée et de l'expression syntaxique. On peut cependant voir ce tissage du récit et du discours dans des segments beaucoup plus courts. Je choisis des exemples dans les deux derniers poèmes des *Îles de la nuit.* D'abord: «Que surtout mes mains...». Dans ce poème du désir et du regret, je lis: «Vous lèvres absentes / Je vous ai *trop* vues trembler dans d'adorables mensonges / J'ai *trop* cerné le domaine de votre gel / J'ai *trop* pleuré pour vous». Puis dans «Fermons l'armoire», le dernier poème du recueil, trois phrases comparables: «J'ai *trop* aimé le regard extraordinairement fixe de l'amour pour ne pas regretter l'amour / J'ai *trop* paré mes femmes d'auréoles sans rivages / J'ai *trop* cultivé de *trop* miraculeux jardins.» On trouve dans ces deux poèmes des retours directs au discours, comme «*Je sais* qu'il est trop tard», ou «*Je veux* la vie même de mon songe». Les passages du *raconté* au *commenté* sont constants, et impromptus. Mais dans les exemples cités plus haut («J'ai *trop* aimé le regard»), et dans ces six cas qui sont tous des énoncés-je, l'adverbe évaluatif *trop* est intégré dans la forme du passé composé. *J'ai aimé* raconte, *j'ai trop aimé* raconte et commente. Pourrait-on soutenir que le discours est noyé dans le récit? Ici, le passage du raconté au commenté se fait sans transition temporelle, sans variation de temps: *J'ai aimé* informe, *j'ai trop aimé* évalue. L'instance du discours aspire l'instance du récit. Le temps actuel de l'écriture affiche un privilège sur le temps passé de l'amour.

Dans un tel cas, l'inscription historique signifie davantage que l'inscription du sujet parlant dans son discours. Elle signifie surtout que *le sujet assume son discours*. C'est si vrai que nous n'oserions jamais dire: «le narrateur a trop aimé», mais nous dirions: «le narrateur affirme qu'il a trop aimé». Ce qui veut dire que, dans son récit, le passé composé a servi au narrateur à prendre une distance par rapport à l'événement rapporté. Ce qui veut dire aussi que, dans son discours, l'adverbe *trop* a servi au narrateur à prendre une plus grande distance par rapport à l'histoire racontée. Ce qui veut dire encore que moi, lecteur, qui rapporte son assertion, puisque je ne peux la prendre pour vérité historique, mais seulement comme fait de discours, je prends une autre distance. Cette compliquée concordance des temps joue donc au niveau du discours produit par le narrateur, mais aussi à celui de la lecture, ou de la réception, que je fais de ce discours. Les «régularités énonciatives» issues de cette inscription historique sont ainsi des constantes qui nous montrent, chez le poète Grandbois, un sujet parlant à partir d'une histoire racontable et communicable.

Comme il n'y a pas de récit sans histoire, il n'y a pas davantage de discours sans arrière-plan historique. L'histoire est remplie par l'anecdotique, l'accessoire, le contingent, qu'il s'agisse de groupes ou d'individus, ou qu'il s'agisse de Grandbois. Or la fiction, qu'on définit comme du réel construit, est peut-être, plus précisément, de l'histoire construite, déconstruite, reconstruite. Poète, Grandbois avait *quelque chose à raconter* en même temps que *quelque chose à dire*. Il avait à dire le monde. Il a raconté, poétiquement, l'histoire du monde. L'actualisation historique qu'on lit dans l'œuvre de Grandbois est la raison même de son actualité poétique.

L'ombre de Mallarmé
sur la poésie de Saint-Denys Garneau
et de Miron

Depuis Saint-Denys Garneau, la poésie québécoise n'a cessé de formuler son malheur et de se heurter aux contradictions qui tentaient de définir ce malheur, comme si le fait de les rendre innombrables était un moyen de ne pas s'y empêtrer, comme si la reprise continuelle des mêmes réalités inconciliables pouvait être un sujet ou un fondement de la poésie. On peut se demander si la poésie doit d'abord tenir compte de ce qui semble toujours l'empêcher? Doit-elle se dire elle-même ou parler d'autre chose? Si par hasard elle était un discours ordinaire, on admettrait qu'elle prenne pour objet, par exemple, le pays avec toutes ses contradictions historiques, son ambiguïté culturelle, sa condition sociale. Certes, notre poésie n'a pas eu tort de parler de quelque chose. Encore faut-il commencer par voir qu'elle a tout simplement parlé. Les contradictions et empêchements qu'elle disait trouver hors d'elle, comment a-t-elle pu si longtemps ne pas les voir comme inhérents à son propre exercice? Comment en est-elle venue à se ridiculiser elle-même comme poésie? À trouver son sujet hors d'elle-même? Chamberland écrit: «Tant pis si j'assassine la poésie.» Et encore: «On cisèle l'aboli bibelot on sonorise ses névroses[1].» Le poète (je, on) cherche un recul, il veut se faire le sujet de la poésie, s'excuse et s'accuse à la fois de son activité, se fait le pitre de sa propre honte, oubliant que la poésie possède ses propres contradictions qui sont bien suffisantes. Elle porte seulement à leur plus haut point les contradictions du langage qui s'annule ou s'abolit, qu'il y ait ou non travail de cisellement, et peu importe la forme du bibelot. Si cette affirmation a du sens, la poésie serait indifférente à celui qui parle à travers elle en même temps qu'à ce qu'elle dit. Par quelle aberration la ramène-t-on toujours à son sujet ou à son objet? Quand elle se désespère de parler d'un pays impossible, ne peut-on pas voir dans ce malheur (qu'elle affirme) d'une autre chose «son propre» malheur et sa propre impossibilité? Si la poésie est *la chose même*, le pays serait *l'autre chose* avec laquelle elle entre dans un rapport extérieur. L'impossibilité de la poésie serait alors le nom de ce rapport. Miron n'affirmait pas autre chose quand il écrivait que «le poème ne peut se faire qu'en dehors du non-poème[2]». Nous y reviendrons.

C'est avec Mallarmé que la poésie a pris conscience d'elle-même. Elle l'a fait d'abord en marquant sa dissidence. En s'appelant l'œuvre. En se voulant *l'autre*. Le même serait ici l'espace social et culturel en marge duquel elle s'établissait, mais sans nier ses rapports. Elle s'affirmait autre en s'appropriant un contenu, le rendant ainsi étranger à celui du culturel. Puis elle s'est approprié une essence, pourrait-on dire, qui lui venait de sa forme ou de son opération. Enfin, beaucoup plus haut qu'au niveau du signifié et du signifiant, la poésie a pris conscience d'elle-même en s'ouvrant à la possibilité des systèmes de relations permises par le langage. On sait bien que c'est l'impossibilité de ces systèmes qui est devenue plus évidente et que le mot ou l'idée le plus fréquemment utilisé pour nommer cette impossibilité a été celui de *manque*. Par là, la poésie s'assignait une tâche démesurée qui l'obligeait soit à avouer son *échec,* soit à établir un *tout autre* rapport avec l'informulable et l'inconnaissable. Devenue extrêmement consciente de ses limites matérielles, ou de la matérialité de ses pauvres moyens, elle s'est perçue en même temps comme «instrument spirituel» d'une pensée sans limites. La poésie est devenue le lieu de l'impensable. Cernant toujours mieux son identité, elle s'est établie dans *le même*. On voit l'inversion du premier rapport. Elle n'est plus — prenons le sens neutre des mots — *l'autre* poétique du *même* culturel: c'est le culturel qui est devenu l'extériorité, le dehors de la poésie. La poésie se saisit *elle-même* dans sa différence avec l'étrange, l'autre, l'étranger. Quand on dit que la poésie a comme objet la poésie, on la définit dans son essence comme pensée et opération sur elle-même. Le thème est le rapport avec le dehors, le pré-texte ou le hors-texte; le texte de la poésie ne s'épuise pas dans le thème, ou le non-poème. Le non-poème est l'impensable du poème. D'où la nécessité pour la poésie de ne prendre conscience d'elle-même qu'en établissant de nouveaux rapports qui la mettent en échec, ou d'admettre que ces rapports sont les formes qu'elle prend pour surmonter l'échec qui est au centre de sa prise de conscience.

Je voudrais ici poser quelques jalons dans l'évolution historique de notre poésie concernant cette prise de conscience. Quand et de quelle manière la poésie québécoise se pense-t-elle comme poésie sans se nier comme québécoise? A-t-elle même jamais pris conscience que ses contradictions sont celles du langage? Je pourrais même m'interroger sur la légitimité de cette question et me demander si l'on peut parler de notre poésie sans tenir compte de la *thématique* et de la *problématique* de la dépossession et de l'appartenance, pour reprendre les termes de Chamberland[3]. Rien ne m'en empêche, mais rien ne m'y oblige. Cette référence peut être mise entre parenthèses. Elle n'est pas décrite, seulement toujours indiquée. Cela revient à poser le problème de notre poésie dans les perspectives mallarméennes. En somme, essayer de n'y voir que le problème du langage.

Commençons par le plus explicite. Deux poètes d'ici ont nettement pris leurs distances vis-à-vis de Mallarmé. Ouvertement, passionnément. Chamberland a écrit:

> Adieu Mallarmé, je te laisse à ton coup de dés, au sonnant minuit de l'absence, et je reprends «ma bohème» avec le sombre et fougueux gamin de «Charlestown»[4].

Deux autres textes de Chamberland tirent leur sens de leur titre: «Les fleurs consolatrices et leur agonie» et «Conversion au monde ou l'anti-Mallarmé». À les lire, on ne sait plus si l'adieu à Mallarmé est possible réellement. L'évocation du poète français ne sert-elle pas plutôt à dénoncer la stérilité québécoise, d'abord à la reconnaître, puis à s'en délivrer? Soit le paragraphe suivant:

> Il suffit d'un souffle chaud contre la vitre de l'hiver pour que l'égale buée blanche dissolve l'apparence même et m'enferme dans l'écrin-miroir. Je m'aperçois captif insisté au sein de la grinçante rotation des images, insubstantielle chaleur panique au milieu des idoles hiérarchiques assemblées dans l'insoluble cercle magique[5].

Chamberland exorcise son double mallarméen, ce double maléfique qui l'empêche de se convertir au monde. Sortir du cercle des miroirs devient une tentative d'ouvrir les possibilités de la poésie. Pourrait-on affirmer que l'opposition à Mallarmé a du sens par elle-même? Autrement dit, que la négation de l'entreprise mallarméenne puisse n'être vue que comme négation? Cela a peut-être du sens au point de vue de l'intentionnalité poétique. Poétiquement parlant, être coupé du monde ou se convertir à lui sont deux choses incompréhensibles, et l'opposition renvoie les poètes dos à dos. Les images viennent du monde et retournent à lui dans le même acte poétique. Rien ne peut les enfermer dans la rotation d'un cercle. La position de Chamberland a un sens culturel évident, compréhensible. Elle ne me révèle rien d'important sur ce que sa poésie en retire pour devenir plus consciente d'elle-même. J'ajouterais même que la tournure négative et consciente de cette prise de position ne donne pas le change sur l'intérêt et la valeur des éléments étrangers d'une pensée quand il est question de fonder ou de raffermir la sienne propre.

Miron également s'est fait l'iconoclaste des fleurs mallarméennes:

> ...tu vois pour ton compte se lever les couchers de soleil de la
> beauté et les oiseaux et les fleurs faire cui-cui et belles hampes
> avec corolles à cinq rangées dans tes vers[6]...

Pauvres fleurs! Pas celles de rhétorique, mais les «absentes de tout bouquet». Il faudrait tout reprendre à zéro et dire pourquoi, dans la présence ou dans l'absence, nous avons la même fleur dans le poème que dans le jardin. Beauté futile des fleurs poétiques, semble dire Miron. Pourtant son «Matin d'obus lilas[7]» est beau, poétique. En est-il pour cela moins futile? Le problème est de savoir si, en poésie, on s'arrête au signifié, au signifiant, ou aux rapports nouveaux qui les dépassent tous les deux.

Beaucoup plus intéressant, sous ce rapport, nous apparaît un poème de Miron qu'on passe habituellement sous silence, et pour cause, car, ô merveille, il semble ne rien dire:

COROLLES Ô FLEUR
(sur un ton faussement mallarméen)

Corolles ô fleur ton sourire
Ouvertes échappent des abeilles d'or
reviennent les soirs bruns ivres
Infante des jeux du sort
née la beauté aux arches de tes rives
nos yeux marée sur ton corps
enfante pour eux les perles de vivre.

On reconnaît le lexique, la syntaxe, le tour elliptique et peut-être le ton propres à Mallarmé. Miron explique qu'il a écrit ce poème pour se venger d'une femme qui, critiquant le recueil *Deux sangs,* avait trouvé certains poèmes plus hermétiques que ceux de Mallarmé[8]. Ce poème est important dans l'œuvre de Miron parce qu'il situe toute sa poésie dans *une* différence. Le poème «Cantique des horizons (sur un ton faussement valéryen)»[9], fausse imitation du «Cantique des colonnes», établit *une autre* différence. Combien de nos poètes n'ont pas écrit de ces poèmes sur des tons faussement ceci ou cela: Éluard, Claudel, Péguy, Char, etc. L'important est de reconnaître comment et pourquoi un poète dit la différence. Si Miron avait écrit: «sur un ton mallarméen», il aurait affiché la naïveté, l'impuissance ou la prétention. En disant: ton «faussement mallarméen», il fait montre de finesse, d'ironie, voire de dérision. Il ne prétend ni imiter, ni piller Mallarmé. Il délivre sa poésie d'un modèle étranger, d'un faux éclat. Ce n'est vraiment pas un adieu à Mallarmé, mais, comme il est dit dans le poème «En une seule phrase nombreuse», où Miron «demande pardon aux poètes [qu'il a] pillés[10]», plutôt une reconnaissance, «un bien grand hommage», un salut fraternel. Miron indique, entre tous les mots, ceux qui sont «fil conducteur de l'homme». Comme Chamberland, Miron se libère des caricatures de la poésie mallarméenne. Il délivre sa poésie d'un résidu culturel tellement anémié qu'il lui était d'autant plus facile de le faire. Mais aucun poète ne peut se libérer de la question essentielle retournée dans tous les sens par Mallarmé et présente partout dans sa poésie: la question de «ce jeu insensé d'écrire», qui parle de l'écriture en termes de nécessité et de futilité, le rapport avec l'obscur et l'inconnu, le possible et l'impossible, le commencement et l'éternel inachèvement de la réponse, le retour à la question et son retournement dans tous les sens, les détours et les détournements de sens jusqu'à l'affirmation du *manque de sens* total, la fragmentation de l'œuvre en sens aléatoires, leur mutuelle neutralisation et parfois la chance fortuite des sens accumulés qui laisse percevoir ce que pourrait être une *surabondance de sens.* Bien avant la critique, la poésie a dévoilé son envers et son endroit; jamais elle n'a saisi *la* Chose; du moins s'est-elle saisie *comme* Chose.

D'une manière réelle mais voilée, la poésie québécoise a pris conscience d'elle-même selon des modes différents. Considérons-en quelques aspects plus implicites, moins conscients. Tous ne vont pas dans le même sens, mais contradictoirement, ils prennent tous leur origine dans une sorte de point central de l'œuvre qu'on pourrait décrire comme sans références externes ou littéraires. Mallarmé est bien absent de cette zone de hantise quand une œuvre s'approfondit vers son centre. Si la poésie est la grande question abordée par la poésie de Mallarmé, autant dire que toute écriture qui réfléchit sur elle-même renvoie à cette poésie qui est à elle-même sa propre question. Non plus l'œuvre de Mallarmé comme référence, mais la question de l'écriture comme telle. L'écriture s'offrant à l'écriture.

*   *   *

La poésie de Saint-Denys Garneau est parfois arrivée à un comble de malheur qu'on pourrait désigner comme un centre de réflexion et situer à l'extrême commencement d'une pensée poétique. Ce malheur ne peut être considéré comme pure négativité car dans sa pureté il se décrit lui-même sans référence au bonheur. Ce serait le malheur de la lucidité qui est à la fois manque et surcroît de lumière. C'est une sorte de malheur neutre qui ouvre l'inconnaissable à la réflexion et qui d'aucune manière ne pourrait renvoyer à l'idée commune qu'on s'en fait dans le souvenir ou dans la vie quotidienne. C'est une sorte de malheur proprement inconnaissable, nouveau, qui se nie lui-même en se rapportant au centre d'une absence. Il faut citer un texte de l'oubli et de l'absence, un texte intitulé par ses premiers mots: «Non, je ne veux pas le soleil», et dont la progression n'est pas logique ou pensable.

> Et moi, je n'existe pas. Et quand je dis soleil je détruis le soleil
> sur le monde entier autour de moi parce que j'attaque le soleil
> par son nom et que le soleil ainsi quant à moi crève et
> s'embrume et se fond et disparaît dans je ne sais quel trou de
> sable qui ne se souvient de rien[11].

Saint-Denys Garneau parle de cette dé-création qui est attachée à toute nomination. On peut rappeler des textes de Maurice Blanchot, célèbres, sur le sujet: «Le mot me donne ce qu'il signifie, mais d'abord il le supprime [...] Le mot me donne l'être, mais il me le donne privé d'être. Il est l'absence de cet être, son néant, ce qui demeure de lui lorsqu'il a perdu l'être, c'est-à-dire le seul fait qu'il n'est pas. [...] Le langage ne commence qu'avec le vide; nulle plénitude, nulle certitude ne parle; à qui s'exprime, quelque chose d'essentiel fait défaut. La négation est liée au langage[12].» «Attaquer le soleil par son nom», produire son absence, faire le vide avec les mots, oublier ce que les mots désignent. Ces actes de pensée émanent de l'activité poétique essentielle: celle de la nomination. Mais nomination toujours décevante si l'on ne voit pas en elle l'acharnement à répondre à l'impossible, à s'ouvrir sur l'impensable. Les mots font table rase du monde connu. Ce texte sur l'oubli se prolonge en un texte sur l'absence.

> Mais ceux qui ont vu le mur savent qu'il y a le soleil. Ils veillent, eux, et conservent une présence permanente de lumière en eux et la lumière n'est pas perdue. Mais je n'arrête rien du soleil sur son passage et les murs crèvent dans mes yeux et s'effacent jusqu'au désert complet. Il n'y a pas de murs ni de soleil[13].

Le soleil détruit, les murs disparus, il reste la lumière. Même pas; le soleil disparaît dans le trou de sable. L'obscurité a surgi, lieu de l'inconnaissable, rupture du souvenir. Saint-Denys Garneau voit que le langage ne détruit rien, ne tue personne, mais il affirme quand même: «Mais nous, en disant: "que le soleil ne soit pas au ciel pour nous, parce que le soleil crevait au ciel pour nous", nous sommes morts.» C'est toute «disparition élocutoire» de lui qui parle, éminemment celle du poète. Tout sens doit mourir avant de naître, comme si la condition du sens exigeait l'effacement de toute commune mesure. Négation, absence, oubli, mort se disent dans tout commencement de sens. L'aube du texte se lève sur cette hécatombe. Témoin cet autre extrait du même texte:

> Alors cette espèce d'attente et cette espèce de soif, cet appel de pouvoir appeler le soleil, de pouvoir appeler la lumière, d'avoir le droit d'être ensoleillé et de voir le soleil au ciel comme tout le monde, sans mourir.

On pourrait ici multiplier les rapports entre écrire et mourir qui naissent si spontanément sous la plume des écrivains. La poésie, ou la mort différée. Ou la mort attendue. «Tu te suicides sans mourir[14]», écrit Miron. «Écrire, c'est quand même mourir[15]», écrit Jean Basile. «Toute véritable tentative de connaissance par l'écriture est vouée tôt ou tard au silence, à la mort[16]», écrit Nicole Brossard. L'écriture est une mise en forme de l'attente, de l'attente de la mort, comme le fait Maurice Blanchot: «La mort, considérée comme un événement attendu, n'est pas capable de mettre fin à l'attente. [...] L'attente est ce qui nous permet de savoir que la mort ne peut être attendue[17]», car elle mettrait fin à l'attente. Ce qui revient à dire que la mort est un terme facile à poser. Cela est bien compréhensible, car la mort est impensable. Mais ce que désigne la mort, c'est l'impensable lui-même. Il faut toujours voir dans l'allusion à la mort dont parle la littérature la hantise qu'elle ressent devant l'inconnaissable et qui s'avive continuellement dans l'exercice de toute écriture. C'est pourquoi l'obscur est le mot immédiat de l'impensable. Saint-Denys Garneau a bien saisi tous ces rapports nouveaux, ou ces ponts impossibles, que la poésie jetait sur le passage des mots.

> Chacun interrogeant des signes. Le poète pour qui toute chose, toute la vie est signe. Et lui cherche des signes intelligibles, des signes formés pour présenter le sens trouvé, le sens obscur, profond. Il nous offre des signes à son tour, ces signes et cette obscurité, cherchant à comprendre cet autre, cet étranger, à reconnaître en nous le sens qu'il a trouvé. Il participe à cette obscurité de la création pour nous, il nous ouvre des fenêtres sur une obscurité plus profonde, plus exigeante et plus significative. Il participe au mystère, à sa lumière et à son obscurité. Il nous emmène à l'invisible, nous ouvre des portes sur l'au-delà[18].

Ce que Marcel Raymond appelle l'informulable, ce que Blanchot appelle l'impensable, Saint-Denys Garneau, en peintre qu'il était, l'appelle l'invisible. «Cherchant à comprendre cet autre.» Il s'agit d'une tentative. L'obscur est par définition ce qui ne peut être révélé; il faut le préserver en tant qu'obscur. L'invisible, ce qui ne peut être vu; l'impensable, ce qui ne peut être pensé. Tout se passe comme si après avoir parcouru mille circuits possibles l'écriture devait renoncer à ses hantises et les accepter comme telles, ne signifiant rien d'autre qu'elles-mêmes, et même pas un malheur, condamnées au ressassement, travaillées sans cesse par un appel sans espoir ni désespoir, un appel neutre qui ne repose ni sur l'affirmation ni sur la négation, mais qui libère du sens, soit fantôme, soit simulacre, un appel indifférent à sa propre impatience ou aux réponses qui pourraient lui venir. Mais d'où? Si c'est d'un au-delà, il ne se situe pas en dehors de l'appel qui ainsi se nierait en accueillant une effraction étrangère.

L'œuvre de Saint-Denys Garneau pourrait passer pour le déploiement de ce rapport entre les signes et le sens obscur, entre le tangible et l'invisible. On y verrait l'alternance entre ce que le jugement commun appelle du nom de bonheur et de malheur. Un poème comme «Monde irrémédiable désert» serait un poème malheureux.

Dans ma main
Le bout cassé de tous les chemins
[...]
La distance infranchissable
Ponts rompus
Chemins perdus
[...]
Trouver peut-être les visages tournés
Et me heurter d'un grand coup sourd
Contre l'absence[19].

Mais l'entreprise poétique ne saurait être malheureuse. Camus n'affirmait-il pas qu'une pensée absurde est une contradiction dans les termes? Le danger est toujours d'appliquer à la poésie ou à la pensée sur la poésie des critères qui leur sont extérieurs, c'est-à-dire d'oublier ce qui les caractérise chacune selon les formes du langage auxquelles elles recourent et ce qui les spécifie littérairement. Ce qui veut dire que la familiarité que nous avons acquise de leur objet ne doit pas nous cacher ce qu'on appelait autrefois leur nature, ce que nous désignerions mieux maintenant par le nom d'opération. La poésie est une opération, une mise en forme et en œuvre, du langage, ni plus fermée ni plus ouverte que lui.

* * *

Miron représente une autre sorte de prise de conscience. Dans une perspective mallarméenne, son œuvre se présente d'une manière incohérente, reliée qu'elle est au hasard d'un moment historique aigu. S'enfonce-t-elle dans les apparences absurdes de ce hasard, le désignant, le décrivant, le dénonçant, ou réussit-elle à l'aplanir en le pliant à la nécessité de la poésie? Il est probable que les circonstances qui entourent l'activité poétique puissent longtemps prédominer sur ce qu'elle devient dans sa production et dans sa réflexion. On voit encore beaucoup la convenance historique de cette poésie, sa justesse et sa force, sa fierté et son élan exemplaires, ses humilités et ses humiliations. Mais comment peut-on ne pas voir que ce que dit *cette* poésie, parce que c'est vrai, c'est aussi *la* poésie qui le dit. Nous sentons bien qu'il y a une vérité particulière dans l'affirmation suivante:

> Je marche dans mon manque de mots et de pensée
> hors du cercle de ma conscience, hors de portée
> père, mère, je n'ai plus mes yeux de fil en aiguille[20].

Quelle poésie ne manque de mots ou de pensée? Le problème est-il plus grave que chez Saint-Denys Garneau? De même quand Miron dit qu'un homme (il le désigne par «il») vous regarde «par à travers les tunnels de son absence», est-ce différent de l'absence dont parlait son aîné? «À travers cette absence je me désoleille» ne renvoie-t-il pas directement au «droit d'être ensoleillé» que Saint-Denys Garneau évoquait plus haut? Pour l'un et l'autre, le soleil est la métaphore de la plénitude. Miron préfère dire amnésie plutôt qu'oubli. Cette amnésie évoque le grand manque. Et reparaît l'image du soleil.

> Ce sont les trous noirs de mon esprit (mon esprit cette passoire), ce qui faisait dire à Gilles Leclerc, au cours d'une conversation où je titubais sur mes néants, que j'avais des taches solaires sur le cerveau[21].

Le même manque de mots appelle les même images. Il faut parler surtout du manque des mots, du manque qu'ils sont. «À qui parle, quelque chose d'essentiel fait défaut». C'est ce défaut que la poésie cherche à combler.

Ce qui me frappe le plus dans la poésie de Miron, c'est la tentative interminable de chercher les causes du manque, de connaître le pourquoi de la rupture originelle. Or cette tentative semble vouée à l'échec. D'où la rage qu'elle met dans sa poursuite. On pourrait établir un long lexique de la rupture: «dépoétisé dans ma langue», «déphasé et décentré dans ma coïncidence», «couple désassemblé», «monde décollé de la rétine», «vies désamorcées de leur être», «fixité discontinue», «poésie désespérée», «phrases détachées», «ce qui déraille», «ce qui déboussole», «je déparle à voix haute». Nous sommes dans un monde de la rupture qui est proprement celui de «l'homme carencé[22]», l'homme des manques, le poète «vrai de vrai dépossédé». On retrouve aussi les mots: désintégrer, décomposition, déréliction, déraison, détresse, désarroi, déchirure, démence, dérision. La force de la poésie de Miron repose sur une préoccupation de l'homme québécois. Tout ce que sa poésie affirme de ce dernier, elle l'affirme aussi d'elle-même. Les raisons historiques sont *une* et non *la* raison de la poésie. Chez Miron, la dépoétisation voulue et assumée autant et aussi héroïquement que chez Chamberland menace et consolide l'opération poétique.

Un autre trait de la poésie de Miron est la négativité, je dirais, comme condition d'une parole neutre, située ailleurs qu'on ne la situe habituellement. Une négativité propre au langage mais conjointe à une situation historique et, dans le poème, s'équilibrant avec la positivité de l'affirmation. Il était naturel que celui qui a écrit: «Je mis le meilleur de moi-même à détruire ma condition de poète, à me caricaturer, à me ridiculiser, voire en public[23]» ajoute à cette affirmation-négation (à cette parole neutre, apoétique) l'illustration, ou plutôt l'expérience, du «non-amour sans espace» qui renvoie à «l'en dehors du temps de l'amour[24]». Ce ne sont pas des concepts ni des équilibres de haute voltige. Sont-ce davantage des images? Je ne crois pas. Ici rien de métaphorique, mais le langage qui se retourne contre tout ce qui le nie et qu'il nie, s'affirmant comme puissance négative et permettant la pensée, ouvrant l'inconnaissable sur lui-même. Il faudrait ici, dans cette perspective, étudier longuement les «Notes sur le non-poème et le poème[25]» où *le même* et *l'autre* sont nommés, opposés puis dialectisés. C'est le neutre qui vocalise ce poème. Quand Miron écrit: «Poème, je te salue dans l'unité refaite du dedans et du dehors», il surmonte les contradictions du «ceci» agonique de l'extériorité et de «ce poème-là»; l'unité du poème, c'est l'existence même du poème, si peu «normal» soit-il.

On trouve dans ces notes manifestaires la mention capitale de l'irréel. C'est logique. Déjà Saint-Denys Garneau avait posé le problème du rapport des mots avec le réel. Il écrivait: «Tous mes voyages, je les ai faits par les mots. On les envoie en reconnaissance et ils rapportent tous les pays. On voit si les pays rapportés sont réels, assez réels, surréels[26].» Miron, lui, trouve que le pays rapporté du voyage par les mots est irréel; cela d'une manière générale. Plus précisément, il applique à lui-même le qualificatif:

> mon poème
> entre haleines et syncopes
> ce faible souffle phénix d'un homme cerné d'irréel
> dans l'extinction de voix d'un peuple granulé.

Mais il est toujours près d'appliquer cette irréalité à sa poésie. C'est ici qu'il faut comprendre que la poésie parle au nom de celui qui l'écrit et de ceux qui la lisent. Ce faisant, elle parle d'elle-même, elle ne peut affirmer qu'elle-même; et quand il est question, à son propre sujet, d'irréalité, cette négation d'on ne sait quoi, elle accuse le manque des mots et de la pensée. Miron interpelle sa poésie, il lui parle pour mieux la faire parler.

> Poème, mon regard, j'ai tenté que tu existes
> luttant contre mon irréalité dans ce monde
> nous voici ballottés dans un destin en dérive
> encore nous agrippant à nos signes méconnaissables
> notre visage disparu, s'effaceront tes images.

Avant de signifier, le poème est. Son équilibre d'existence est difficile à obtenir. Les signes et les images sur lesquels il s'appuie tombent dans l'oubli. Le poème devient le lieu d'une vision insaisissable, fugace repère de réalité mais stable espace de vérité. Plutôt qu'elle ne la précède, cette vision s'échappe de la poésie, rend son opération et son action permanentes et se dessine comme simulacre d'un sens qui serait une réponse offerte à l'impossible entrevu.

> Cette vision me devance: un homme de néant
> silence, avec déjà mon corps de grange vide, avec
> une âme pareillement lointaine et maintenue minimale
> par la meute vacante de l'aliénation, d'où parfois
> d'un fin fond inconnu arrive une onde perceptible...[27]

Dans cette prise de conscience que la poésie réussit, mieux, qu'elle ne peut empêcher, en paraissant parler d'autre chose, le langage arrive à appréhender et à dévoiler ses limites. Il ne trouve plus son appui dans un *je* ou ses références dans le culturel. Il se met lui-même en situation d'œuvre, en opération poétique. Ce n'est pas l'«individu Miron» qui se prête à «ce détournement de fonds de lui-même par lui-même[28]».

Ce n'est pas le «sujet Miron» qui compte dans cette parole que Miron s'adresse à lui-même: «Tu t'avances titubant de plus en plus dans la plus gigantesque saoulerie d'irréel ô mon schizophrène dans le plus fantomatique des mondes[29].» Non, c'est le langage qui est menacé d'irréalité, qui détourne le sens à son avantage autant qu'à son détriment et qui donne lieu à un sens fantomatique. L'entreprise échoue d'attendre de l'impensable autre chose qu'*une* onde perceptible.

* * *

Voilà, seulement esquissée, la description d'un aspect de la pensée de Mallarmé, à savoir la réflexion, au sens large et à partir du langage, que la poésie peut faire d'elle-même. Nous sommes partis de la dimension du langage qu'on peut relier aux contradictions, c'est-à-dire des possibilités d'affirmation ou de négation qu'il recèle et qu'il exerce soit pour se refermer sur lui-même, soit pour se disperser dans ses références. La poésie de Saint-Denys Garneau et de Miron, on le sait, est fortement marquée par un contenu historique qu'on pourrait appeler des incidences extérieures. Nous n'avons pas établi le rapport entre les thèmes contradictoires que chacune de ces poésies entretient avec elle-même, ou qu'elles entretiennent l'une vis-à-vis de l'autre, ou chacune, en son temps, avec les formes précises d'une culture. Nous avons seulement voulu montrer la force de ces deux poésies, escamoter l'affirmation que chacune fait de son «échec», rendre évident qu'un sens ne peut commencer qu'avec l'affirmation du manque de sens.

Il y a trois autres aspects de la pensée mallarméenne qui pourraient permettre une nouvelle description de la poésie québécoise: la matérialité du livre, l'anonymat de l'œuvre, le jeu insensé de l'écriture. Chacun d'eux permettrait d'ouvrir la réflexion à la conscience poétique absolue. Miron aime répéter qu'il n'est pas un poète; il faut prendre ce qu'il dit au pied de la lettre. Certes il écrit des vers; tout s'arrête là. Il reste que la poésie trouve en lui son lieu et sa forme, que le langage connaît avec lui certaines aventures dont il ne sort pas innocent. Il faut croire Miron quand il se renie comme poète. Il faut bien ajouter foi à ce qu'affirme un sujet parlant. Mais cela fait, il faut se tourner vers sa poésie et essayer de comprendre pourquoi elle-même se renie sans pouvoir s'effacer. On rejoint ainsi, après quelques mouvements incertains de doute et de soupçon, la vérité incompréhensible énoncée par Mallarmé dans un moment de conscience poétique aiguë: «Oui, que la Littérature existe et, si l'on veut, seule, à l'exception de tout.»

Dimensions iconiques
de la poésie de Lasnier

Dans la salle de concert, le critique de musique n'aime pas être reconnu. Perdu dans ses rêves, il écoute l'invisible, il regarde ce qui ne s'entend pas. Il se surprend à penser sans concept. Il est atterré, pourquoi pas, par la perspective de son compte rendu critique. Ainsi en est-il pour le lecteur que je veux rester au long de cette étude; je veux parler à d'autres lecteurs, si possible en écoutant le poète qui a écrit les vers; je veux seulement catalyser, non le mien, mais son enthousiasme; et à travers mon texte, retrouver le sien; l'offrir, déconstruit, lu d'une certaine manière, à qui en veut, l'espace d'une bonne intention. Pour cela je relis:

> Nuit de la substance insatiable et le cœur s'est arrêté [...]
> entends, entends la salle du rêve concerter l'invisible et nul
> songe n'habite à l'étroit la seule note éternelle...[1]

S'agit-il de la foi, de la musique, de la poésie, de la lecture? Parce que les lectures sont aussi différentes que les œuvres de la poésie, et les auditions que celles de la musique, il faut prêter attention aux signes que propose l'œuvre. Il faut découvrir la manière qu'elle adopte de se signifier. Ici, nous apercevons la figure «sensible» de la musique. La nécessité s'impose d'écouter et de comprendre. L'oreille voit ce qu'elle entend, comme le regard écoute la nuit. Ces échanges synesthésiques définissent le concert. La nuit est le temps du monde invisible; le regard tourné vers l'invisible aspire à la nuit qui ouvre l'espace de l'attention et de l'écoute. S'ajoute la figure «logique» de la durée: la note éternelle crée la vaste nuit, espace durable de la totalité invisible. C'est l'espace même du songe, dans sa substance. Même ce qui toujours dure laisse le cœur insatiable. La substance du songe est peut-être la mort, ou la nuit, ou l'attention. L'amateur de concert est le lecteur de poésie. L'enthousiasme emporte mais interrompt aussi le cœur. C'est le silence qui parle et qui ouvre le monde. Le songe n'habite pas l'étroite lecture, l'étroite salle du rêve. Il dure lui aussi. Le cœur s'est arrêté... pour mieux voir, pour mieux se rassasier. La figure de la musique, celle du songe aussi, seraient appauvries si l'ordre n'était pas signifié, doublement, d'entendre. Mais ici, entendre, c'est voir; ici, voir, c'est lire. La poésie de Rina Lasnier ne module-t-elle pas «la seule note éternelle»? «En poésie, écrit Paul Ricœur, l'ouverture au texte est l'ouverture à l'imaginaire que le sens libère[2].» Comment pénétrer dans cette «salle des rêves»?

Existe-t-il au Québec une seule œuvre qui ait donné lieu à autant de malentendus? Chose surprenante, personne n'accuse ce discours poétique de facilité, d'inégalité, d'hésitation; on lui reproche volontiers la densité, ou la complexité, mais jamais l'incohérence; une certaine uniformité, mais jamais qu'il ne produise pas l'effet magique de maintenir son destinataire dans l'univers du songe. Cherchant à lever les malentendus, Rina Lasnier elle-même a cherché une explication dans le fait qu'au Québec «nous manquons totalement de contre-critique [...] ce frein à la souveraineté périlleuse des tribunes d'autorité»[3]. La remarque est juste et doit faire réfléchir. Mais qui oserait s'immiscer dans le secret conseil de Victor Barbeau, d'Eva Kushner, de Jean Éthier-Blais, de Gilles Marcotte, de Gustave Lamarche, de Clément Lockquell? Même s'ils sont la critique officielle, ils n'ont pas toujours erré. D'ailleurs, Rina Lasnier voulait-elle parler d'eux?

La raison doit être cherchée ailleurs. Dans le même avant-dire, Rina Lasnier fait un sort aux accusations dont son œuvre a été l'objet. Elle affirme de l'amour qu'il «a le secret de la vie et de la mort». À propos de l'aliénation, elle précise, à propos de «ce Québec [...]: c'est ma terre, la terre de ces quatre saisons qui me donnent quatre pays en un an». À propos du mysticisme, elle le maintient comme l'exigence de «la supraconscience qui avive ce besoin inguérissable dans l'homme que coïncident la parole belle et la parole vraie[4]». Cette auto-défense n'est pas inutile si l'on pense aux allusions malicieuses, aux jugements erronés, aux préjugés féroces qui ont souvent accueilli cette œuvre. Il faut chercher à voir cette œuvre de l'intérieur, dans son propre rayonnement énergétique.

On ne reproche pas carrément à l'auteur sa foi en Dieu, son amour du Christ, sa fréquente référence aux Écritures; on cherche plutôt à fausser la nature d'une expérience profonde de la saisie de la foi comme acte et comme contenu, comme cheminement et comme illumination. Comme si on voulait à toute force en réduire le contenu à des fariboles, le détourner, le mitiger. Dans un tel cas, le signifiant s'hypertrophie, la métaphore s'échappe de la réalité, et d'autant plus aisément s'il s'agit du monde invisible; la rhétorique évite alors de justesse le proche de l'enflure. Ainsi se multiplient les malentendus, jusqu'à l'aberration ou l'indifférence, presque toujours d'une manière sommaire, cela va de soi. La source d'incompréhension peut être idéologique et elle l'est certainement. Dans ce cas, on n'a pas à se tourmenter longtemps; on n'a qu'à penser à tous ceux qui ne comprendront jamais rien à ce qu'a révélé des mystères du Christ saint Jean, saint Jean le poète, que la tradition orthodoxe appelle le théologien, ce qu'il a révélé comme vérité dans son évangile et ses épîtres et comme beauté dans l'Apocalypse, sur la manifestation de Dieu en Jésus-Christ comme objet de la foi, et sur la foi elle-même comme saisie obscure de cette manifestation.

Chez Rina Lasnier, la fréquentation de la Bible est constante, la référence à la parole de révélation intime et efficace. Sa poésie d'inspiration biblique la plus caractéristique restera sans doute toujours *Le chant de la montée* (1947). On y rencontre, comme figures de Marie-Sagesse, ces femmes de stature que sont Sarah, Rébecca et Rachel, elles-mêmes respectivement figures de la beauté, de la sagesse et de l'amour. Déjà pointe l'idée que «les labeurs de Jacob» valent bien «les travaux d'Hercule», et celle d'un rapprochement à faire entre les phénomènes antiques de la présence divine dans le monde, grec et biblique. Par la suite, la pensée de Rina Lasnier restera imprégnée par le caractère immédiat de la *conversatio in cœlis,* par le dialogue qui s'établit entre les mythes grecs, de fabrication humaine, et la parole du Dieu qui se révèle en intervenant dans l'histoire des hommes. *L'échelle des anges* (1975) marque le sommet de ce discours familier avec Dieu. Dès l'Exode, Dieu ne voulait-il pas parler avec l'homme comme avec un ami[5]?

*   *   *

À partir de ce texte récent, on peut affirmer que l'œuvre de Rina Lasnier a sans cesse évolué, depuis ses débuts, de la référence à la substance et, plus précisément, du signe au symbole. La critique doit tirer une leçon de cette traversée des signes, de ce passage des multiples significations de la nuit aux divers symboles de la lumière. C'est dire que cette poésie, pas plus qu'une autre, ne relève purement de la sémiologie, encore moins d'une approche qui ne serait que structurale. En même temps qu'elle soudait ses formes à des substances, la poésie de Rina Lasnier s'est développée dans la ligne d'un dévoilement de la beauté. Comme ses références étaient avant tout bibliques, cette poésie a élaboré ce qu'il n'est pas exagéré d'appeler une «théologie de la beauté», pour emprunter le sous-titre que Paul Evdokimov a donné à un de ses livres: *L'art de l'icône,* et où l'on rencontre cette définition de l'icône: «C'est l'art ressuscité en Christ: ni signe ni tableau, mais icône, symbole de la présence et son lieu éclatant, vision liturgique du mystère fait image[6].»

La poésie de Rina Lasnier a retrouvé l'émerveillement contemplatif des premières générations chrétiennes devant la face du Christ Pantocrator, devant la présence des anges, devant l'attitude de Marie médiatrice. «L'icône, précise Evdokimov, traduit une présence énergétique qui n'est point localisée ni enfermée, mais rayonne autour de son point de condensation.» Elle ne démontre rien, elle montre. «Évidence éclatante, elle se pose en argument "kalokagathique" de l'existence de Dieu[7].» Dans ce qu'est devenu le christianisme au Québec, toujours plus étriqué, toujours plus confondu avec des formes religieuses qui relèvent de la sociologie, toujours plus identifié à des croyances et à des habitudes qu'à une foi et à une expérience, il est évident que l'œuvre de Rina Lasnier est un scandale permanent. Évident aussi qu'une approche critique de type purement historique, thématique ou sémiologique, a beaucoup de chances de rester déficitaire, déformante ou réductrice. Evdokimov le pose en ces termes: «Descartes substitue le "rationnel" au "raisonnable" et assure le triomphe de la pure sémiologie, c'est-à-dire la victoire du signe sur le symbole, de "l'esprit géométrique" sur "l'esprit de finesse", et instaure le règne de l'algorithme mathématique[8].» Ces remarques rejoignent pleinement certaines mises en garde de Fernand Ouellette contre l'analyse structurale[9].

Mais il faudrait encore instituer un débat de fond sur la critique québécoise où cette dernière, dévoilant ses présupposés et marquant ses limites, se définirait plus comme lecture que comme champ d'application méthodique, plus comme réécriture que comme analyse; car le déchiffrement va moins loin que l'interprétation, la description que l'intuition, en dépit de leur nécessité empirique. L'œuvre de Rina Lasnier a été victime d'une critique généralement située hors de ces deux pôles, victime de discours redondants *ou* parcellaires, descriptifs *ou* lyriques, qui nous laissent sur notre faim. L'œuvre, dans son ensemble, n'a jamais été située par rapport à elle-même; on l'a découpée en bribes rattachables à d'autres bribes, on a changé son originalité en étrangeté. La foi est apparue comme hermétique au songe. On n'a pas aimé que l'invisible jette de l'ombre sur le visible, que l'inactuel soit aussi passionnant que l'éphémère. André Brochu a bien marqué l'ampleur de cette poésie, sinon la diversité de ses discours, en écrivant: «Cette poésie est ensemble métaphysique, théologique, morale, didactique et pourtant, ne l'oublions pas, dévoilement et prospection très réelle de l'univers matériel[10]»; Rina Lasnier ouvre cependant une autre perspective quand elle écrit: «Un poète a osé comparer la poésie au regard de Dieu, car la poésie, comme le regard, interpelle tout le visible et l'invisible, le nommé et l'innommé. Et qu'est-ce que l'invisible? Peut-être les yeux béants de Dieu sur sa créature[11]...» Le type d'un discours est toujours restreint; son objet est plus vaste. Mais qu'y a-t-il de plus haut, de plus profond que le regard de Dieu, de plus uni que sa parole multiforme? De ce regard naît toute beauté; la beauté de l'univers informe cette parole, divine ou poétique. La poésie de Rina Lasnier, ivre de la beauté divine, est proprement iconique.

Notre petite formation philosophique nous avait habitués, autrefois, à parler de l'être à partir des modes du bon et surtout du vrai. Le beau entrait forcément en ligne de compte, mais avec quel pauvre retentissement. L'intellect se mouvait à l'aise dans les labyrinthes de la vérité, la volonté possédait une évidente accointance avec la bonté; mais que savions-nous faire de notre regard créé pour la beauté? Les références à la peinture ont été les plus faciles à faire; l'ordre de la création se déployait à travers l'ample verset claudélien; mais devenus lecteurs de notre poésie, que pouvions-nous déchiffrer de beau venant des confins de notre expérience et de nos connaissances? La poésie était le discours du beau, mais la poésie de quel thème? Quelle poésie pouvait nous révéler, outre sa propre beauté, celle du monde, celle de tout le connaissable? Tant de nos poètes croyants, autrefois, avaient obnubilé notre regard, parce que leur langage poétisait. Trop lyrique, leur parole n'était plus vraie; trop volontaire, elle n'était plus bonne. Quant à la beauté, on pouvait toujours la chercher. L'œuvre de Rina Lasnier, dans ce sens, s'est élevée au-dessus d'un désert de bonnes

intentions. La Bible a été le livre premier, est resté le livre unique,
parce que c'est le seul «beau» livre de l'humanité, le seul qui porte
l'action, le seul où perce le regard, le seul qui donne la parole de Dieu;
l'action-Incarnation; le regard du Christ ressuscité et transfiguré; la
parole du Dieu fait homme et connu comme Esprit. On l'a répété,
c'est la nouvelle création. *C'est la parole nouvelle*. La poésie de Rina
Lasnier est tributaire de cette novation totale, plus que toute autre poésie, par sa conscience et par son objet, par toutes ses configurations.

En un sens, c'est une poésie théologique, mais qui déborde de
tous côtés l'élaboration intellectuelle. Qui remonte à la source vivante
que le regard de foi décèle derrière les affirmations dogmatiques. Le
théologien allemand Von Balthasar a consacré plusieurs années de sa
vie à élaborer les prolégomènes d'une esthétique théologique dans *La
gloire et la croix*[12]. Cet ouvrage magistral montre constamment ce
qu'est la manifestation historique et cosmique de Dieu en Jésus-
Christ, mais aussi comment toute parole située à l'intérieur de la foi
concourt à cette manifestation. Crucifié avec le Christ, le monde aussi
est ressuscité et resplendit de la gloire divine; la nature n'offre plus
une beauté indifférente puisque la révélation trinitaire doit toujours
avoir lieu et posséder ce lieu; l'harmonie des mondes se réalise, mais
incomplètement jusqu'à maintenant; la beauté divine inonde l'univers.
C'est elle que plusieurs poètes perçoivent naturellement, laïquement;
Rina Lasnier, pour sa part, la ressaisit à travers les alliances séculaires,
l'ancienne et la nouvelle; sa poésie s'en nourrit, l'organise dans son
propre langage.

On pourrait citer des penseurs du christianisme orthodoxe, auxquels se rattache largement Balthasar, pour effacer les préjugés qui
cloisonnent notre expérience religieuse. Paul Evdokimov: «La tradition orientale n'a jamais distingué nettement entre mystique et théologie, entre l'expérience personnelle des mystères divins et le dogme
confessé par l'Église [...]. La théologie est mystique et la vie mystique
est théologique, celle-ci est le sommet de la théologie, théologie par
excellence, contemplation de la Trinité[13].» On entrerait mieux dans
l'univers poétique de Rina Lasnier si on reconnaissait, tout simplement, à la parole biblique son authenticité d'expérience humaine, car
le mystique, ou la connaissance mystique du réel, est avant tout une
expérience naturelle. Mais le théologique intègre ces plans divers. Oli-
vier Clément: «L'authentique parole théologique jaillit du cœur de
pierre devenu cœur de chair, de ce cœur conscient où se réconcilient la

nature et l'hypostase, où, par la grâce de la croix vivifiante, la mémoire de la mort se transforme en mémoire de Dieu[14].» Il dit encore la même chose autrement: «L'homme n'approche l'Inaccessible que par une inconnaissance adorante[15].» Il serait dommage de ne percevoir de l'œuvre de Rina Lasnier que des éclats accidentels de la beauté; ici, parole belle se confond avec parole vraie; l'icône, comme langage, métamorphose l'image; le symbole se gonfle de réalité, participe de l'indivisibilité du regard divin.

Comme dévoilement de significations lumineuses, toute poésie peut être dite iconique. Éminemment, celle de Rina Lasnier. Cette poésie donne plus qu'une autre «la connaissance de l'inconnu». Ce n'est pas tout d'affirmer qu'elle fait sa part au mystère; c'est aussi de mystères divins qu'il s'agit. L'humanité a créé des mythes pour donner des visages à l'inconnaissable. Nulle plus que Simone Weil n'a cherché à rapprocher les mythes grecs de la révélation judéo-chrétienne. Elle n'est pas parvenue à ce qu'on appelle la lumière de la foi. Mais parlant d'elle, l'incroyant Maurice Blanchot, décrivant sa démarche, écrit une phrase utile à notre propos. Il la cite d'abord: «L'abandon où Dieu nous laisse, c'est sa manière à lui de nous caresser. Le temps qui est notre unique misère, c'est le contact même de sa main. C'est l'abdication par laquelle il nous fait exister.» Blanchot commente: «Ainsi en tout, partout, nous "avons" Dieu, aussi bien dans son absence que dans sa présence qui n'est que la forme éminente de l'absence. D'où une certitude invincible. Certitude qui est toutefois toujours prête à se retourner. Car, du moment que je *sais* cela, le détachement par lequel je puis seulement rejoindre la vérité, le renoncement qui est ma part divine, cesse d'être pur, et je ne renonce à rien, ayant la certitude que, renonçant, je serai tout et davantage: Dieu même[16].» Ce qui fait la différence entre Rina Lasnier et Simone Weil, c'est que la première accepte le mystère d'amour (et non seulement de souffrance) que représente le Christ, qui est Dieu lui-même s'aimant à travers nous. Simone Weil ne comprenait pas cela; personne ne peut le comprendre sans doute. Rina Lasnier consent à ce mystère, l'accueille comme le don impossible mais réel, met cette vérité à contre-jour de l'expérience que tente de signifier sa poésie. En soi, Dieu est l'absence même; par la foi, il devient présence; dans le Christ, comme pour Marie, il devient, selon le beau mot de Rina Lasnier, la «toute-proximité»[17].

Parlant de sa «naissance spirituelle», Fernand Ouellette a évoqué «le long combat avec l'Ange, qui, un jour ou l'autre, nous projette en face de Dieu». Il est tant de chemins pour chercher Dieu, à condition qu'on l'ait d'abord trouvé. Dans ce sens, la poésie peut être «une région profane de la vie mystique», et tout ce qu'elle implique, «toute cette recherche n'est pas sans analogie avec la vie mystique elle-même». Fernand Ouellette ajoute une réflexion aux répercussions illimitées, allant jusqu'à affirmer: «Car si l'on ne peut aller au Père sans passer par le Fils, l'on ne peut aller à soi ni au Fils, sans passer par l'autre[18].» C'est un exemple parfait de représentation iconique d'une démarche; à une visée logique (le Verbe est le Logos du Père) s'entremêle une médiation sensible, ou l'implication corporelle. On en trouve un autre exemple chez Blanchot dont la démarche iconique est désignation du lien entre lumière, autrui et Dieu, aussi invraisemblable que cela paraisse. Parlant de Levinas, il pense: «Il y a dans le monde une présence manifeste qui n'est pas le fait du jour, une découverte qui découvre avant tout *fiat lux*, parole qui, nous le pressentons maintenant, serait la révélation d'autrui. Seulement cet autrui, je l'avoue, reste pour moi un mystère.» Et il ajoute, citant Levinas, que ce dernier «dit qu'Autrui doit toujours être considéré par moi comme plus près de Dieu que moi»[19]. Voilà une démarche qui se décrit en clair comme un passage par l'autre pour aller à soi, au Fils, au Père. Nous sommes dans la familiarité de la ressemblance. Dieu dit: «Créons l'homme à notre image, comme notre ressemblance.» Cette image, c'est *l'icône* de l'Un (tandis que l'âme du monde est appelée *idole* de l'intelligence)[20]. Ouellette relie «spirituel» à esprit plutôt qu'à surnature, mais l'Ange qui traverse sa poésie est autant icône du Christ, mystérieusement, que chez Rina Lasnier. Celle-ci note dans sa préface à *L'échelle des anges:* «Ainsi, regarder le Christ avec l'Ange, et parfois à sa place, c'est remonter et descendre l'échelle de l'Amour dont la douleur est une nuit, et la mort un parfum[21].» L'homme, l'ange, l'autre, le Christ, autant d'icônes de Dieu. La poésie de Rina Lasnier est aussi une icône de la parole divine.

*　*　*

L'œuvre de Rina Lasnier accorde une large part à la partie invisible de la réalité, tant naturelle que surnaturelle; aucun domaine du connu et du connaissable ne lui reste fermé. Cette œuvre poursuit l'œuvre d'incarnation du Logos, autant dans la tradition judéo-chrétienne que dans la tradition platonicienne. Ce qu'il était pertinent de souligner, c'est que la dimension iconique de sa poésie, étant donné son ouverture sur le domaine de la totalité, tant vérifiable que croyable, tant historique que cosmique, tant logique que sensible, que cette dimension est à la fois une nécessité et un résultat. Nécessité qui perçait déjà dans les *Madones canadiennes,* qui s'affermissait dans *Le chant de la montée* pour s'affirmer littéralement dans *Présence de l'absence* — ce titre révélateur — qui résume tous les aspects de la Révélation. Résultat, également, qui se voit dans *Escales,* dans *Mémoires sans jours* et dans *L'arbre blanc,* et autant dans la poésie que dans l'œuvre de prose. Est-il nécessaire de rappeler que dès le début de son œuvre, Rina Lasnier — quelle prémonition! — a intitulé un recueil: *Images et proses?*

Les mots, les images de Rina Lasnier, font rêver. Mais surtout ils rêvent. Quelle œuvre, patiemment élaborée loin des bruits criards de l'actualité, nous donne plus généreusement le songe, et la patience du corps qui attend, de l'esprit qui écoute? Quelle œuvre multiplie davantage les figures sensibles qui permettent à la nuit de subsister dans le jour, et au jour de cheminer dans toutes les nuits, celles de l'amour, celles de l'esprit, celles du temps? La poésie, c'est aussi «le sensuel du langage». Il en émane des sens comme de la rose un parfum. Rina Lasnier écrit: «La rose elle-même sait-elle si son parfum augmente sa présence ou précise son absence[22]? » Il faudra toujours partir de la nature, du sensible, de la lumière pour comprendre quelque chose à cette poésie: ce sont ses icônes primordiales, où des réalités deviennent des symboles pour faire accéder à plus de réalité. Cette poésie est fascinée par l'icône de la ressemblance; elle fait de parole visage, et de visage regard lumineux.

Principes d'unité dans l'œuvre
de Ouellette

La recherche théorique, en littérature, est à son commencement. On pourrait dire, d'une manière générale, que la *critique littéraire,* jusqu'à maintenant, se présente et se laisse comprendre comme un discours interminablement long sur la littérature, discours qui affirme ses présupposés et ses perspectives, les corrige et les relance au fil de sa traversée des œuvres littéraires. La *théorie littéraire,* en revanche, ne part pas de présupposés, par exemple que l'œuvre, dans telle perspective, offre un surcroît de signification; elle crée plutôt des procédures descriptives aptes à vérifier l'efficacité littéraire qu'elle a d'abord saisie par intuition. Ainsi l'efficacité poétique d'un texte ne donne pas lieu à un discours paraphrastique mais incite à distinguer, par exemple, des corrélations ou des équivalences entre la phrase prosodique comme unité (syntaxe phrasique) et la série des phrases en articulations (syntaxe discursive). Cette terminologie empruntée à Greimas[1] sous-entend que le discours poétique est le lieu idéal de la corrélation du plan de l'expression et du plan du contenu, ou du rapport entre prosodie et syntaxe.

Au commencement, il y a donc l'intuition complexe de rapports qui serviraient à l'élaboration d'une description des textes poétiques. On retrace cette intuition autant chez les sémioticiens de la poésie que chez les poètes eux-mêmes. Voici les termes propres de Fernand Ouellette: «L'unicité du signifiant m'apparaît bien comme la manifestation d'une nouvelle révélation, le dévoilement d'un nouveau signifié, indissociables l'un de l'autre[2].» Dans le mot *indissociables,* il y a la reconnaissance de rapports qu'on peut rendre par les termes d'*équivalences* et d'*isotopies,* moins heureusement par celui d'*isomorphismes.* On arrive très vite à des restrictions après avoir accumulé des précisions, des nuances et signalé des distorsions. Concernant *le* poétique, la théorie littéraire en est encore au stade de l'apophatisme. Et pourtant les objets poétiques sont là; ils se prêtent à la lecture.

Selon les contextes socioculturels, ce sont des objets connotés poétiquement avec plus ou moins de certitude, ou de pertinence. Pour parer à ce flottement métacritique, on a tendance à tenir un discours sur la finalité d'un texte ou d'une œuvre poétique et non sur le langage qui a été, sur un double plan, économiquement finalisé. On identifie les contenus, même sous leur forme symbolique ou dans leur teneur sentimentale, idéologique ou autre, et on les fait parler par eux-mêmes; ainsi espère-t-on dégager *la* poétique sous-jacente d'une œuvre. Sous ce rapport, il est intéressant de noter que le texte de Ouellette cité plus haut appartient à un discours intitulé «Le poème et *le* poétique». Mais Ouellette illustre une autre fois l'impasse théorique actuelle en se laissant emporter vers les contenus poétiques. Il indique que «le poème est une blessure ouverte», «une soif sur le sable, un feu sur la pierre». Plus loin, il ajoute: «J'édifie, que je le veuille ou non, *une* poétique sur de telles assises»; je souligne, car les autres contenus intermédiaires étaient: «l'éclatement de l'âme en éveil», et surtout ces formulations redondantes d'une expérience: «Libération de mon être par la différenciation, et extension de la blessure à la fois, extension du réel, extension du monde.» Ouellette parle avec abondance de *sa* poétique; mais il a à sa décharge et à son honneur le mérite de nous offrir des objets textuels poétiques; pour plusieurs raisons j'ai le droit de les trouver beaux; mais si j'affirme qu'ils sont bien faits, je constate que je suis allé trop loin et qu'il m'aurait d'abord fallu dire qu'ils étaient construits. En remontant la chaîne des répercussions et des effets de sens, j'arrive à des éléments simples, à des traits distinctifs, à des articulations logiques, soit dans l'expression soit dans le contenu; c'est là que je reconnais l'accomplissement pratique *du* poétique.

Ces mises au point méthodologiques ne rendent pas ma tâche plus facile de présenter un aspect de l'œuvre de Fernand Ouellette. L'explication d'un seul poème conviendrait davantage à l'illustration des éléments théoriques évoqués jusqu'ici. Elle permettrait l'évaluation de deux discours parallèles imbriqués, l'un phonémique, l'autre sémantique, se déroulant simultanément dans un système de contraintes équivalentes, chacun de manière autonome mais sans déconstruction analytique. Les lois de chaque discours, justiciables d'un fonctionnement physique (celui des mots) et d'un fonctionnement logique (celui du sens) ne pourraient s'estomper ou s'accuser (tout dépendant du point de vue, soit la démarche de la lecture, soit celle de l'analyse) qu'au niveau de la manifestation. C'est ce que Ouellette appelle le «forcement de dévoilement». Ce serait la voie la plus directe vers l'appréhension de ce qu'il y a de spécifique dans *le poétique* chez Ouellette; la voie la plus directe, mais celle aussi qui est la plus hérissée de pièges.

Je choisis d'effleurer un aspect se rattachant à *la poétique:* l'unité, ou le principe de totalisation. Il m'est impossible de justifier mon choix, surtout si je considère que l'opposition sémique de la totalisation n'est pas la fragmentation de l'œuvre poétique en poèmes différents. L'unité serait plutôt, sémantiquement, l'hypostase du principe d'identité qui fournit, en analyse structurale, les concepts opératoires de conjonction et de disjonction. L'unité serait elle-même la figure a-poétique qui s'appliquerait le mieux au dévoilement de la spécificité poétique, puisque la capacité (et le devoir) de disjoindre les plans de l'expression et du contenu, si elle entraîne l'illusion d'une dichotomie provisoire, donne lieu finalement à l'intégration des deux plans, cette fois-ci non seulement pour les fins de l'analyse, mais pour la validité d'une lecture exacte. *L'unité se voit donc comme désir, de la même manière que le poème se laisse décrire comme objet et se laisse lire comme texte unique.* Il s'agit tout simplement de savoir que cette notion d'unité, non seulement ne répugne pas à la corrélation des plans, mais équivaut, à l'usage, à l'instauration d'une procédure de description qui va plus loin que l'intention: elle révèle son efficacité dans l'évaluation du discours critique que Fernand Ouellette présente comme accompagnement à son discours poétique. C'est le jumelage de ces deux discours que je tiens à faire percevoir ici. En d'autres termes, je cherche à retrouver l'unité de discours spécifiquement différents tenus par le même poète.

* * *

Le poète est volontiers un homme secret. Il ne répond pas facilement, même quand il écrit spontanément *sur* la poésie, aux questions qui le concernent, lui et son œuvre. Peut-on soutenir qu'il n'a pas raison? Ce qu'il dirait sur sa vie n'aurait pas nécessairement un rapport manifeste avec la vérité dont s'entoure la poésie. Nous savons bien que chaque poème a sa petite histoire, ses prétextes et circonstances, que cela n'est pas négligeable et peut même présenter un intérêt certain. Une connaissance élémentaire du discours poétique devrait nous empêcher de recourir aux autres discours du poète. Mais ce qui est dit reste dit. Le poème relève d'une écriture et constitue un objet propre; dans ce sens, il est un être de parole qui possède plus de perfection que toute théorie poétique, ou que tout commentaire, même venant de son auteur.

Si Fernand Ouellette n'avait rien écrit sur sa poésie, ce que je viens d'affirmer n'en serait que plus vrai. Il se trouve que cette œuvre poétique s'accompagne d'un long discours métalinguistique. Ouellette ne veut jamais expliquer sa poésie, en donner les clés, les structures ou les lectures possibles, rendre sa compréhension plus facile. Il ne se place jamais en deçà de son œuvre, dirigeant sur elle un faisceau lumineux ou désignant ses ouvertures et ses messages. Ce qu'il dit appartient plutôt à une parole poétique située à d'autres niveaux que ceux qui fonctionnent dans le texte poétique; sa théorie vient après l'œuvre, sa perspective se situe au-delà de l'œuvre. C'est cela qui m'a frappé quand il a refusé le prix du Gouverneur général du Canada en mars 1971: «Il est bien connu que le poète n'a pas de pouvoir. Mais il n'en demeure pas moins qu'à mes yeux l'écriture doit être un *acte total* et singulièrement cette parole concentrée qu'est le poème.» Parole de force et d'humilité, consciente de la *densité* du fait poétique, lucidité courageuse de celui qui sait que «sa fonction sociale éminente est de veiller sur l'âme des mots». Le poète exerce une fonction sociale; il est responsable de la poésie. Les honneurs qu'il reçoit réveillent en lui le sens de cette responsabilité.

Je me demande d'où vient cette force de la poésie de Ouellette. Pourquoi elle s'impose unanimement à l'admiration. Je ne m'étonne pas que Pierre Emmanuel voie en lui «un poète admirable, dans l'ordre à la fois de la puissance imaginaire et de l'organisation formelle». De toutes les manières je cherche l'origine, je sollicite les correspondances. Je cherche un mot qui serait peut-être le mot de lumière et d'ombre, de vie et de mort, le mot de la réalité absolue que je pourrais trouver dans le poème. Quel rêve que celui de trouver l'unité! Pourquoi cet espoir de trouver le sens? Une seule image, ou un seul poème, ou un seul système, pourrait-il me donner toute cette poésie?

Rien n'est plus frappant dans la pensée et la poésie de Ouellette que le besoin de *faire l'unité*. On peut tout de suite affirmer l'unité de cette pensée et de cette poésie, et constater que c'est par une longue réflexion sur le dualisme, individuel ou collectif, que s'est précisé le souci de cette unité. Rien n'est abstrait dans ce mot. Je n'affirmerais pas que cette réflexion a d'abord porté sur l'instinct et l'esprit: ne resterions-nous pas alors dans une perspective philosophique? Selon moi, tout commence, chez Ouellette, par la vie imaginaire, par ces grandes pulsions de la psyché qui orientent tout l'univers. L'imagination habite l'univers, mais c'est d'abord l'univers qui vient se rêver dans l'imagination d'un poète. Ce n'est pas le soleil qui serait premier chez Ouellette, mais la chute et l'ascension. Le soleil est appelé, vécu d'avance, dans le dynamisme imaginaire; la chute coïncide avec l'entrée dans la nuit et l'ascension correspond à l'envahissement de la lumière. La lumière et la nuit sont les deux premiers visages du monde; elles se traduisent dynamiquement en termes d'ascension et de chute. Quand Ouellette affirme: «Je ne connais pas cette belle marche continue vers le soleil. Je ne sais que les déchirures de l'éclair et les plongées dans le noir», il saisit des dynamismes, il décrit son univers; mais ici s'ajoute un nouvel aspect qui est le tragique. «Devenir conscient de ces deux pôles, c'est ce que j'appelle une naissance spirituelle. *Naître* c'est sentir le tragique de son être.»

Si écrire est un événement spirituel, parler de sa propre naissance sera le commencement de l'écriture. Chez Ouellette, cette naissance est *l'illumination* de l'esprit; l'être porte la marque du feu. Les expressions ne se comptent plus. «J'ai cru que mon être éclaterait sous la pression de la fulgurance»; «j'étais de la nature des foudroyés qui, dès le premier regard, sont brûlés par l'éclair»; «toujours je suis dominé par mon amour. Il a l'intensité d'une flamme»; «illumination qui en fera d'authentiques êtres humains»; «ensemble nous avons reçu la révélation d'un golfe de lumière immense»; «ce mal qui étreint le cœur entre deux instants fugaces de révélation[3]». La pensée de Ouellette est sous le signe de *l'éclair*, de son apparition subite et de sa lumière soudaine. C'est ce qu'on peut vérifier dans les textes théoriques sur la poésie au début des *Actes retrouvés*[4] et principalement dans le texte condensé qui s'intitule «Le poème et le poétique», où le poème est défini comme «un cheminement libre, humble et temporel de la Fulgurance à l'Être». Nous sommes au commencement, car sans elle «le poétique ne se ressource pas, ne m'imprègne pas»: une distinction s'ensuit entre signifiant et signifié, mais l'unité poétique se retrouve dans le poème qui est *«son-sens-mouvement»*. «On sent bien que la lumière totalisante foudroie.» On ne compte plus, chez Ouellette, les sèmes, sinon les mots, de l'unité, et toujours on la trouve reliée à la fulgurance et au soleil. On pourrait dire que la lumière révèle l'unité et que, toute illumination étant un acte de naissance, toute cette œuvre glorifie la *naissance de la lumière*. Naître à la lumière serait l'unique affirmation. «Ma marche vers le soleil.» «Comme une force de gloire et d'espace.»

Une phrase de Ouellette pourrait servir de fil d'Ariane dans le parcours de l'œuvre. Analysant ou plutôt reliant entre elles chacune de ses œuvres, il parle de la souffrance et de la mort, du mal et de l'angoisse qui «semblent contredire, entraver ou détruire ma marche vers le soleil, la femme, mon *moi*, mon peuple et Dieu». Phrase surprenante à cause de l'expression «marche vers». Ne s'agit-il pas d'une quête? Ne voit-on pas un dynamisme de l'être, de l'imagination? Un bref parcours des œuvres devrait montrer l'unité de cette poésie, partant son authenticité, sa force, sa nouveauté. C'est d'ailleurs Ouellette lui-même qui a le premier dégagé les lignes de force de son œuvre. Il a été plus que tout autre son premier lecteur, illustrant la vérité de cette assertion d'Henri Meschonnic: «La pratique de l'écriture, quelle qu'en soit l'idéologie, est un monisme.»

Voici comment il présente ses quatre premiers recueils. *Ces anges de sang* est identifié à «une lutte contre le dualisme et le manichéisme». Il ajoute, quelques pages plus loin, trouvant le thème de l'unification à même l'opposition sémique unité-dualisme: «Le premier geste de ma lutte contre le dualisme fut de prendre le soleil dans mes mains, de l'apprivoiser, de me laisser brûler; alors j'ai pu l'enfouir au profond de ma poitrine, au noyau de mon être.» La poésie est perçue dès le début comme une expérience vitale. C'est peut-être ce que Ouellette veut dire quand il affirme que «le poème est une chose essentiellement simple». Il est une *révélation totale;* il illumine la vie. Pour Ouellette, en effet, *jamais le poème n'est qu'une affaire de langage.* Rien chez lui du théoricien des formes, des figures et des fonctions poétiques. Il peut bien faire allusion aux études de Bachelard ou de Cohen sur la poésie, ou sur le choix et la sélection chers à Valéry, jamais il ne donne dans la formalisation à laquelle nous habituent les recherches sémiotiques. Il voit toujours un poème comme forme-sens fondée sur le parcours de la prosodie-métaphore à la composition-syntaxe.

Le deuxième livre, *Séquences de l'aile,* toujours au niveau du contenu poétique, est plus qu'une glorification de l'espace et «de l'infini de la vie et de l'homme». Il marque la nouvelle étape, ou la suite de l'expérience: «je me suis laissé envahir par ce deuxième soleil qu'est la femme»; «j'accueillis Ève avec toute la puissance d'amour que peut avoir un homme qui vient de naître». Naissance spirituelle, lumière, amour, tout se tient dans *ce tout indissociable* que sont l'expérience *et* la poésie, mais, faut-il le préciser, il s'agit de l'expérience *de* la poésie. Dans sa perspicacité critique, Ouellette avait établi le rapport entre le soleil et l'amour en ces termes: «Dès l'instant où le soleil se liquéfie dans le sang d'un homme, le sexe, l'amour sont aussi acceptés. La dualité est morte.» Cela peut être considéré comme une transition entre les deux premiers livres; mais c'en est plutôt *l'unité,* sinon la saisie de nouvelles équivalences. Plus loin, il ajoute: «Il faut donc pouvoir se nourrir de la femme comme on se nourrit du soleil.» Arcane du fait poétique: cela ne peut être une théorie ni une analyse; c'est une vision de soi et du monde dans la pratique textuelle. C'est l'appropriation de l'univers matériel et humain; c'est le don de la parole qu'un poète réalise dans la générosité du poème.

Ce qui est implicite dans ces deux premiers recueils, c'est l'acceptation du *Moi,* mais dans ses relations universelles. Cette acceptation devient manifeste dans *Le soleil sous la mort.* Elle est désignée d'une manière double: moi et mon peuple. Les relations se laissent nommer dans un rapport immédiat d'individu à collectivité[5]. Ouellette va même jusqu'à inclure Dieu dans cet autre qu'on n'accepte pas différemment de soi-même, ou en vertu d'une autre expérience. «La vision de libération», au-delà des dualismes personnels et nationaux, exprime la quête et le bonheur de l'unité.

Ouellette n'a pas cédé à la tentation de faire la psychanalyse de son moi et de son peuple dans sa poésie. Il l'a contournée en approfondissant une expérience personnelle qui le situait toujours mieux vis-à-vis de l'amour et de la mort. Assez curieusement, le quatrième recueil, *Dans le sombre,* est aussi, sur le plan des contenus, une réussite surprenante. Il s'agit là, peut-être, d'un tournant dans l'œuvre. Non pas que le langage érotique apparaisse tardivement comme forme d'une passion et comme fidélité à une expérience qu'on peut trouver dès le second recueil. Mais en même temps qu'il décrit le corps et l'amour du couple, Ouellette découvre, si l'on peut dire, une vaste fraternité humaine, beaucoup plus large que celle qu'il reconnaît volontiers quand il avoue les noms de Charles d'Orléans, Baudelaire, Trakl, Donne, Hölderlin, Nerval, Rimbaud, Mallarmé, Jouve, Bonnefoy,

Marteau ou Saint-John Perse. Le phénomène intéressant de *Dans le sombre* est le nombre et la variété des épigraphes. Sont cités à la barre Montaigne, Cercamon, Ronsard, Deschamps, Villon, Guillaume de Machaut, Lao Tseu, Jean de la Croix, etc. Une vaste culture? Si l'on veut. «Une tradition de langage érotique»? Sûrement.

Le plus intéressant est l'affirmation d'une certitude victorieuse: «La poésie est la fille de cette puissance érotique.» L'implicite est ici l'affirmation de la mort au sein même de l'exaltation de la vie et en même temps, de l'expérience poétique. Dans le recueil collectif de tous ses poèmes, Ouellette a nettement désigné cette triple association du *soleil,* de *l'amour* et *de la mort* dans le choix de trois épigraphes. Dante: «Tous mes pensers s'en vont parlant d'Amour.» Hölderlin: «[...] et pourquoi, dans ce temps d'ombre misérable, des poètes?»; et encore: «Être seul / et sans Dieux, voilà la mort». Il ne servirait à rien de chercher ici une fausse unité, par les voies d'un concordisme échevelé. Nous arrivons à l'affirmation unique de la poésie. «Pourquoi des poètes? » sinon pour qu'ils apportent l'illumination aux hommes, pour qu'ils révèlent la puissance d'amour et de mort? La poésie de Ouellette est cette illumination même. La poésie des poètes-frères l'est également.

On pourrait se méprendre sur certains textes en prose de Ouellette sur la poésie. On peut et on doit accorder beaucoup d'importance certes à ce qu'il affirme de la primauté du «pouvoir de sentir» pour entrer dans l'univers poétique; quand il décrit le poète comme «un *spécialiste* de la douleur et de la joie» ou «de l'homme total»; quand il parle du symbole, du signifiant, du «langage à l'état pur», de la «texture imprévisible de mots» dans la «matière textuelle» du poème, de «l'objet unique tissé par les mots», de la «parole anti-prose», etc., Ouellette est le premier commentateur de son œuvre. Il donne des indications de lecture capitales et très sûres. Mais je crois cependant que tout cela ne doit pas donner lieu à une lecture innocente de ses poèmes. Une lecture qui se satisferait de peu. C'est-à-dire qui rationaliserait la poésie en désignant les thèmes et les structures sans faire l'effort de les mettre en corrélation. Ces «raisons» sont d'importance secondaire. La vraie tâche du lecteur, et c'est encore Ouellette qui le précise, c'est de révéler le «surplus de sens qui échappe au poète». Non pas révéler l'inconscient de la poésie, l'obnubilation du sens. Mais être attentif au mystère (ce mot a encore du sens, au niveau de la lecture) et à la médiation du poème. Or, chaque poème est unique. Il est nouveau et incomparable. Cela est vrai théoriquement; comment se fait-il que je préfère tel poème? et que je ne mette pas en doute mon découpage de l'œuvre? Même si je voulais, je ne parviendrais peut-être jamais à faire comprendre cette préférence. Expliquer un poème pourrait être une ambition futile; je pourrais ne rien démontrer. Tout poème de Ouellette pose tout le mystère de la poésie. Quelle attitude prendre? Je dois d'abord subir, éprouver le fait poétique; ensuite seulement je peux m'enfoncer dans son fonctionnement logique et ses riches intrications sémantiques, dévoiler ses isotopies aux niveaux jumelés de l'expression et du contenu.

Parmi les quelque 140 poèmes, lequel choisir? Quels critères prendre? Puis-je, dans ce choix arbitraire, isoler un poème? En faire un noyau d'œuvre? Aucune importance. Je lis et relis tous les poèmes. En moi, ils deviennent un seul univers. Dans chacun je retrouve la source d'une émotion constante, variable. Chaque poème vient s'unir, à travers la lecture, à chaque poème. Je remarque des similitudes et des contrastes, des tours, des images, des rythmes, des figures, curieusement imbriqués dans *un seul sens*. Chaque recueil fonctionne à l'intérieur de lui-même et en rapport avec les autres. Même chose pour chaque poème. Même chose pour des extraits de poèmes. Trois exemples:

Est-ce déjà la mort fraîche
Montante plus que naissance?

La mort n'est-elle pas la parole?

Les mots souvent se mesurent
contre la noirceur du tain.

Ils ne franchissent les larges aires
germinantes s'ils n'acceptent l'errance
si en nos morts ne se dédoublent.

Phrases de trois poèmes différents, dans *La terre d'où...* Le sens repose sur un rapport entre écrire et mourir. La question radicale de la poésie s'y trouve. Mais le rapport prend des formes différentes. Dans la première phrase, la parole n'est pas nommée, bien qu'elle soit présente. Elle l'est dans la seconde. Dans les deux dernières phrases, le même rapport prend une forme plurielle: mots et morts.

Comme lecteur, je suis témoin d'une image qui revient sous des formes et dans des poèmes différents. Ce qui frappe d'abord mon attention peut justement passer pour n'être pas le plus important. Il ne m'est pas défendu de trouver des rapports; mais parce qu'ils se donnent immédiatement, j'ai le devoir de résister à cette facilité. Là où l'entreprise devient difficile, c'est quand je veux éprouver chaque image séparément sans l'isoler de ses tenants et aboutissants fonctionnels ou l'agrandir dans quelque forme de comparaison que ce soit. C'est la différence qui me frappe dans ces trois images; chacune se révèle comme unique, possédant un sens propre, et doit se laisser oublier quand le tour de l'autre vient. Être attentif à ce qu'on lit signifie aussi prendre chaque image pour elle-même et non pour une autre. N'est-ce pas aussi dans la figure poétique que résident le plaisir et l'admiration de la lecture? Ce que je dis de la figure pourrait s'appliquer au vers, au poème et peut-être aussi au recueil lui-même, tant il est vrai qu'un poète qui est capable de rendre sensible l'unité indique toujours les traces du centre dans le moindre acte poétique. C'est dans la poésie qu'on apprend à voir *une figure*. Cela est certes une vérité générale.

Mais si je tiens à l'affirmer à propos de Fernand Ouellette, c'est que cette œuvre ne cesse pas de m'impressionner par son unité. Une cohérence — nous l'avons vu plus haut — pourrait n'être que thématique; une pertinence pourrait ne s'appliquer qu'aux déterminations; elle n'échapperait même pas totalement à tout soupçon d'organisation logique. Mais il ne s'agit pas de cela. *Ce que j'appelle unité est un fait poétique d'expression et de contenu qui nous renvoie à ce qu'est une intégration de l'expérience et de la forme. Chaque poème est un «objet construit», un «acte poétique constitué», selon les termes mêmes de Ouellette.* Il faut y reconnaître un langage, et pas seulement une limite du langage que certains stylisticiens appellent distorsion, déviation, infraction, violation, ou plus généralement écart par rapport à une norme. Le langage poétique est aussi un langage normal, même s'il n'est pas normatif.

Lire un poème

DOIGTS FUSÉES

1   Et sur son ventre dormant mes doigts fusées dou-
2   loureux, de doux sourires de clown aux coulisses
3   du vertige.

4   Prodige d'un signe! et sa peau ondule et danse
5   mon œil plume.

6   Mais les mains meurent marines et coulent
7   au grand fleuve noir électrisé de mouettes.

8   Prodige de gloire! Feux d'artifice dans ses cheveux,
9   mes longs bras éclatent.

10   Mais les lèvres lentes comme des ailes malades
11   au ciel végétal prolongent la plongée.

12   Prodige d'un corps! pour la fête des membres les
13   seins s'enflent d'espace.

14   Dense d'attente, ceinturé de soleils, son ventre
15   s'éveille au récit du monde.

(Tiré de *Séquences de l'aile,* 1958, de Fernand Ouellette, dans *Poésie,* l'Hexagone, 1972, p. 50.)

La recherche poétique

Sans remonter au déluge, commençons par poser la question qui manifeste l'impasse à laquelle sont arrivés les meilleurs théoriciens de la poétique structurale, Levin, Ruwet, Jakobson, Greimas: quelle est la signification des formes poétiques? Ici les bonnes questions importent plus que les réponses définitives. Personne, à ce jour, n'a réussi à mettre en œuvre et à exploiter jusqu'à leurs limites extrêmes toutes les implications du fameux principe de Jakobson: «La fonction poétique projette le principe d'équivalence de l'axe de la sélection sur l'axe de la combinaison[1]». Énoncé capital aux répercussions indéfinies.

Deux plans sont ainsi dégagés et mis en corrélation. L'axe de sélection du plan paradigmatique et l'axe de combinaison du plan syntagmatique comportent chacun une série d'articulations distribuées en niveaux: ce n'est pas le plus difficile à établir, car on retrouve la vieille dichotomie entre fond et forme. Mais *le poétique va plus loin que le littéraire* qui s'accommodait de cette grossière distinction. En poétique structurale, on préfère parler d'expression et de contenu, mais surtout de niveaux articulables entre eux dans un incessant va-et-vient de vérification. Ces deux plans font du discours poétique un discours double à structures complexes. On dit volontiers que le poème est un haut lieu de signification: cela veut dire, pour reprendre les termes de Greimas, que nous sommes en présence d'un «raccourcissement de distance entre le signifiant et la signifié[2]». Plus cette distance est courte, plus le poème se resserre dans un être de nécessité. Et à la limite c'est l'adéquation du contenu et de l'expression définissant cette nécessité qu'on revêt de la «signification vérité[3]».

En théorie générale, ces postulats ne posent pas de problèmes. Ils se situent à la base de la recherche d'un sens dans un acte de lecture. Mais le poème se donne indivisément comme système clos (nous reviendrons plus loin sur le concept de clôture). On pourrait dire que dans son pôle pratique le poème demande une lecture incessante jusqu'à l'épuisement de la saisie de toutes ses articulations. Mais comment passer du pôle théorique au pôle pratique? Comment faire coïncider la recherche et la lecture, obtenir que la théorie ouvre la lecture et que cette dernière valide la théorie? On pourrait ici suggérer que le poème, comme la nature, n'est pas entièrement justiciable de l'observable, de la démarche empirique de la description. Chose certaine, les concepts linguistiques et les descriptions sémantiques, tout scientifiques qu'ils puissent sembler dans leur nature et dans leur opération, ne prétendent pas rendre compte de tout leur objet. Ce sont autant des instruments que des hypothèses.

Plus loin, dans le détail de l'analyse, l'on pourra mieux voir la pertinence et la fécondité des voies empruntées ici. Qu'il suffise d'ajouter un signe de la validité de cette méthode: le plaisir que nous avons pris à cette étude. Plaisir franchement naïf, enthousiaste, qui s'est gardé de la complication. Il est plus difficile de confesser notre inexpérience dans cette sorte de tentative. Nous le faisons sans fausse honte, avec la certitude que ce n'est pas la méthode qu'il faut censurer. L'application de voies et de procédures nouvelles nous fait douter fortement de la validité des méthodes et des discours anciens, plus d'ordre critique que théorique, très dichotomisés, parcellaires, approximatifs. Un lecteur sans préjugé voudra faire avec nous ce parcours structural: qu'il soit mis en garde contre une déception facilement prévisible: celle de trouver si peu de descriptions et d'articulations schématisées. En effet, l'analyse structurale pourrait entièrement donner à voir le résultat de ces découpages et de ces corrélations; ainsi, faire la preuve qu'aucun phénomène rattaché à l'objet poétique n'est étranger à un fait structurel. Il n'est pas exagéré de dire que l'analyse structurale est la manière moderne d'apprendre un poème par cœur. Non pas un psittacisme, mais la maîtrise du poème dans la mémorisation. Un poème est fait pour la mémoire: toutes ses lois sont soumises à cette régulation. Autre remarque: la voie structurale ouvre sur la plus large et la plus profonde opération de lecture qu'on puisse imaginer. Ceci est vrai en principe et en pratique, nonobstant la naïveté et les manques avoués plus haut.

La littérature québécoise n'a pas encore été l'objet d'analyses structurales, même dans les aspects historiques et idéologiques qui auraient semblé les plus aptes à révéler du nouveau. On a cherché par d'autres moyens — toujours des facteurs référentiels, métacritiques ou paralittéraires — à saisir des coordonnées d'œuvre: on n'a saisi que les plus externes, les plus dérivées et les plus circonstancielles. Ce fut le règne du plan des contenus. On avait oublié celui de l'expression; plus grave encore, les corrélations qui les unissent dans un acte indivisible de texte. Certes tous les textes, tous les discours privilégient des niveaux. Des poèmes ont des valeurs variables, s'engagent sur certains axes, phonique, prosodique ou encore paradigmatique; j'entends des cas extrêmes où joue l'exclusivité. Mais structuralement les omissions (ou le non-manifesté) sont importantes; elles jouent un rôle indispensable; savoir les déceler permet de décrire le fonctionnement de facteurs implicites ou non; l'axe de la sélection est en effet le plus riche poétiquement: mais sélection implique choix, refus, parti pris, censure, omission, toute la gamme de l'acte. Si donc le poème peut avouer ses partis pris et ses limitations, à plus forte raison l'analyse peut-elle et doit-elle le faire, surtout la structurale qui ambitionne de parcourir tous les sentiers communicants d'un système clos. Voie nouvelle pour un plaisir renouvelé, lecture plurielle de toutes les relations observables, perception de tous les éléments composant un objet construit, poème point de départ et point d'arrivée parcouru dans tous ses sens, cela constitue la visée d'un acte simple, conforme à cette chose «essentiellement simple» qu'est un poème.

Le choix du poème

«Doigts fusées» n'est pas le meilleur poème de Fernand Ouellette. Du moins en principe. Il date de 1958 et appartient au second recueil, *Séquences de l'aile*[4]. Ouellette a décrit son itinéraire spirituel et poétique dans *Les actes retrouvés:* il a considéré les étapes représentées par chacun des quatre recueils et établi entre les unes et les autres des relations hiérarchiques telles qu'on pourrait appeler ce périple une entreprise de structuration d'un univers et des formes poétiques. Le plus intéressant est l'attention qu'il a accordée aux facteurs de transformation qui ont joué dans l'engendrement de l'œuvre. Son discours autocritique s'est donc préoccupé des macrostructures. On pourrait, considérant les poèmes comme des microstructures, établir entre eux et tel recueil des séries de relations intéressantes. Même chose possible entre tel recueil et tel autre. Ouellette lui-même a tenu à esquisser ce système de relations structurales et transformationnelles qui visent à mettre en relief l'acte total, un et indivis, de l'expérience poétique[5].
　　Mais ce poème est bon pour plusieurs raisons. D'abord il est construit comme le sont les meilleurs, citons «Le couple», «Le périple», «Géologie», «Et nous aimions». Il représente avec exactitude l'univers poétique dont il fait partie: une étude des classes paradigmatiques, même par coups de sonde, le prouverait aisément. Chose plus importante, on retrouve dans le modèle narratif la présence des actants indéfectibles — les amants — qui hanteront la majorité des poèmes. Mais, pour ce qui est de l'actant monde, s'il est présent à partir de *Le soleil sous la mort,* il est, dans notre poème, seulement indiqué. Mais il est indiqué comme la grande ouverture, l'aube du renouveau et de la

lumière, de la connaissance et du recommencement. En un sens, «Doigts fusées» est à la fois au commencement de toute l'œuvre poétique et à mi-chemin de son déroulement: un vrai point d'intersection. Les plus importants paradigmes du corps et de l'amour sont trouvés; également ceux de la fête et du monde, de la poésie et du vertige.

Le plus grand avantage, c'est, non sa facilité, mais sa maniabilité dans plusieurs sens. Il est de facture simple. Quelques symétries apparaissent à la première lecture, s'enrichissent, se multiplient. Également, le principe de la projection du principe d'équivalence d'un axe sur l'autre nous est apparu assez évident; c'est par intuition que nous parlons ainsi, n'ayant nullement la prétention de pouvoir le démontrer. Enfin, ce poème est d'une simplicité exemplaire, concentrée, surtout sur le plan syntagmatique: c'est l'opération «découpage» qui le fera le mieux voir. Les vraies raisons de notre choix ont été justifiées *a posteriori* par une formulation clé de Greimas parfaitement applicable à «Doigts fusées». Il écrit: «Si l'on considère que la manifestation discursive du langage consiste le plus souvent dans l'établissement de relations hiérarchiques, la prise en charge de ces relations hypotaxiques par la communication poétique les transforme en relations d'équivalence, c'est-à-dire, en somme, en relations de conjonction et de disjonction[6].» L'essentiel de notre analyse sort de cette matrice théorique.

Le titre

La théorie poétique sur le titre d'un poème est désespérément rare. Il faut affirmer que le poème entretient avec *son titre un rapport d'équivalence,* si le titre est autre chose que l'incipit. En effet, le poème est le prédicat du titre; il est prédicatif au sens où il décrit l'action et les propriétés d'un sujet quelconque. De plus, le titre présent signale une formation syntagmatique qu'on trouvera dans le poème abondamment redondante; également, *le titre donne une information* paradigmatique sur l'axe de sélection qui traverse le poème et donc sur la lecture qui doit en être faite; encore ici, la redondance qui va s'épandre dans le poème est donnée de *manière elliptique.* Le premier principe d'équivalence est donc entre le poème et son titre; c'est déjà une redondance qui amplifie l'effet de sens du titre.

En effet, le titre se compose de deux mots mis en apposition, dont l'un est équivalent de l'autre. «Fusées» joue un rôle prédicatif par rapport à «doigts», car il définit, décrit et caractérise une chose désignée. Cette différence de fonction ne disparaît pas derrière l'emploi du même nombre (le pluriel) ni sous l'aspect du facteur concret. De plus le sujet «doigts» est dénominatif, le prédicat «fusées» est métaphorique. Du fait que la métaphore crée une compatibilité sémantique, elle manifeste un fait de création lexicale. Voilà pourquoi on peut affirmer que le poème est poème *jusque dans son titre*. Le titre donne également *un renseignement permanent;* la métaphore qu'il affiche se transporte, ou s'allonge, dans le poème. La métaphore n'est pas une substitution du sens, mais «une modification au contenu sémantique d'un terme[7]»; aucune précaution ne l'annonce; un titre est l'image première que le poème a pour charge d'amplifier et de rectifier. De justifier surtout. La redondance métaphorique signalée entre le titre et le poème est donc un phénomène d'abord restreint au seul titre. Cela nous aide à mieux sentir que la métaphore est une «figure d'analogie», un «déplacement de sens», donc le fondement même de toute équivalence. Les plans plus vastes de sens déplacés, ou analogues, seront, sur les deux axes du discours poétique, les éléments fondateurs du poème et constitueront de ce fait le poème comme entité structurelle. Pas plus que dans le poème, la métaphore-titre n'est «explicitée ou motivée[8]» sous la forme de la comparaison; elle ouvre subrepticement le champ de la communication poétique, par l'instauration d'une relation sémantique courante. Le prodige et le mérite poétiques vont consister dans l'homologation des relations s'établissant entre divers niveaux. Autrement dit, le poème reprend le même système structurel que le titre. Cet aspect ressortira de notre étude des rapports sémantiques des paradigmes du poème.

Le découpage du texte

«La lecture du texte exige son découpage en séquences, c'est-à-dire la projection d'une organisation paradigmatique sur le déroulement syntagmatique du discours poétique[9]». Il est impossible de contester le bien-fondé de ce postulat de Zilberberg, fondé en théorie et en pratique. Nous allons en effet découper le poème en séquences; mais comme tout poème est un cas d'espèce, nous dirons pourquoi nous n'appliquerons pas distinctement à chaque séquence l'étude récurrente de chaque niveau pertinent. Démarquons d'abord les séquences.

La deuxième séquence est la plus facile à identifier: elle va des lignes 4 à 13. Elle est comprise à l'intérieur de 3 versets qui commencent par 1 syntagme exclamatif; de plus, 2 versets sont suivis d'une proposition introduite par une coordination disjonctive. Ce qui donne:

> prodige d'un signe!... Mais...
> prodige de gloire!... Mais...

Quant au troisième verset, il accomplit une continuité syntagmatique, cela est évident, et une rupture paradigmatique, car le corps est nommé: c'est une clôture interne, en ce sens que «corps» est dénominatif et marque le pôle d'arrivée vers lequel tendaient les emplois métaphoriques, au sens large, de «signe» et de «gloire». L'étude du niveau syntaxique multipliera les preuves de la cohérence syntagmatique de cette séquence.

La première séquence coïncide avec le premier verset (1-3). Essentiellement à cause de la coordination conjonctive *et* en tête de phrase. Ce *et* est étonnant du point de vue du discours. Mais syntaxiquement, il prouve l'assertion, faite plus haut, d'une continuité forte entre le titre et le poème. Le thème corporel est repris du titre et transporté dans le premier verset: ce qui permet d'annoncer la présence d'un actant qui dit «mes doigts fusées»; l'autre actant est présenté indirectement par l'expression «sur mon ventre dormant»: ce thème corporel s'appliquant à l'autre actant sera repris par l'expression «son ventre» dans la dernière séquence. On voit donc dès maintenant une redondance équivalente entre le titre et le premier verset («doigts fusées») et une autre de même type entre la première et la dernière séquence: «son ventre». Ce qu'il faut remarquer ici, c'est un principe d'équivalence, à l'intérieur de la première séquence, entre le modèle narratif (la désignation des deux actants) et ces redondances syntagmatiques. *A priori* on ne pourrait jamais justifier de telles équivalences; mais le fait poétique est là, impérieux. Le principe de Jakobson se vérifie dans le discours poétique. Autre phénomène à remarquer dans cette séquence 1: la redondance syntaxique des deux énoncés sans syntagme verbal, ce qui redouble l'absence de verbe dans le titre. Ces trois énoncés sans procès instaurent un mode de communication poétique, c'est-à-dire qu'ils masquent une expression exclamative qu'on va retrouver manifestée, éclatante, dès l'ouverture de la deuxième séquence. «Prodige d'un signe» est donc continuité et rupture, fin du cycle syntaxique de la première séquence. Dans ce rebondissement de l'expressivité s'opère un changement de régime syntaxique qui est aussi le début d'un nouveau régime sémantique. Tous les niveaux que nous étudierons sortent de cette redondance poétique: le niveau phonique, le niveau syntaxique, le niveau sémantique, le niveau paradigmatique. On pourrait en ajouter d'autres que *l'espace nous empêche d'étudier:* le niveau prosodique et le niveau narratif, que nous effleurerons seulement. On voit que l'analogie spontanée du titre multiplie son rayonnement plurivalent dans tout le poème.

Le dernier verset (14-15) forme la troisième séquence. Aucune coordination ne l'introduit; aucune liaison hypotaxique ne s'y trouve comme c'était le cas entre les propositions de la deuxième séquence. Le tour adopté est donc récapitulatif. De plus, la reprise de «son ventre» comme noyau d'un large syntagme nominal permet la clôture du texte et manifeste une fermeture ferme, c'est-à-dire une sorte d'accomplissement des règles de totalité, de transformation et d'autorégulation qui définissent le système, le code et le message du poème et en font un ensemble structuré. Cette séquence comporte donc une dernière information; elle manifeste l'épuisement de l'information propre à toute communication, lequel est corrélatif de l'épuisement du discours. Greimas écrit à ce sujet: «Ce phénomène général se trouve systématisé dans la clôture du discours: celle-ci, arrêtant le flot des informations, donne une nouvelle signification à la redondance qui, au lieu de constituer une perte d'information, va au contraire valoriser les contenus sélectionnés et clôturés. La clôture transforme donc ici le discours en objet structurel et l'histoire en permanence[10].» Cette séquence marque donc le terme d'un parcours narratif coextensif à un discours et à un système qui prennent forcément fin en même temps.

Dans le poème, la première et la dernière séquences sont dans une telle continuité discursive que nous n'avons pas jugé bon de tenir compte de ce découpage dans l'étude des divers niveaux qui vont suivre. Ces séquences donnent un état initial et un état final du récit inhérent au poème; et l'étude du schéma narratif ferait voir l'utilité du découpage; mais en ce qui concerne les niveaux nous ne trouvons pas en elles assez de particularités structurelles autonomes; la complexité leur fait défaut, pourrait-on dire. De plus, le rapport sémique qui les unit s'établit en termes de sommeil et d'éveil; mais il est atténué par l'expression «dense d'attente». Cette ambiguïté peut être interprétée par la présence d'autres réseaux sémiques dans le poème, ce qui montre la prévalence de la deuxième séquence, ou encore par leurs corrélations. Ce qui, soit dit en passant, correspond à l'ambivalence de toute interprétation mais suggère aussi la «richesse» de la signification poétique.

Le niveau phonique

La première strophe offre au point de vue consonantique une dominante de fricatives–dentales: sur son *ventre dormant, doigts dou*loureux, *doux sourires*. Considérant le vocalisme, surtout si l'on fait ressortir le phonétisme symétrique de

dou - lou - reux
doux - sou - rires

et la récurrence du i dans *sourires, coulisses* et *vertiges*, on remarque un contraste entre voyelles de petite aperture: i, ou, et les voyelles de grande aperture dans *son ventre dormant*. Ces consonnes et ces voyelles vont jouir d'un statut privilégié dans tout le poème. On retrouve la même structure phonémique dans la dernière séquence:

dense d'attente, ceinturé de soleils:
fricatives dentales.
son ventre s'éveille au récit du monde :
contraste d'ouverture.

Il y a donc clôture, même au niveau phonique. Signalons l'écart différentiel qu'on trouve dans les *m* de la strophe 6-7 et les *l* de la strophe 10-11: cette dominante des liquides entre en contraste avec tout le consonantisme dental du poème. Ce contraste peut se dédoubler: d'abord le contraste occlusives–constrictives (*d, t,* vs *l, m*) que selon la théorie de Grammont[11] on pourrait interpréter par un contraste expressif de dureté et de mollesse. Il y aurait ici un principe d'équivalence entre la structure actantielle et la structure consonantique, si l'on se réfère aux connotations traditionnelles attachées au masculin et au féminin. Ce contraste peut aussi s'exprimer en termes de polarité sexuelle, *t, d* et *s* étant masculins, *l, m* et *r* étant féminins, contraste qui serait redoublé par une polarité terrienne dans le premier cas, et marine (cf. les anciennes liquides) dans le second cas, selon la théorie du corps harmonieux des vers de H. Morier[12].

À partir de ce schéma phonétique global, dont la lecture du poème est ici nécessaire pour voir le nombre beaucoup plus grand de similitudes et de contrastes que ceux indiqués, on pourrait signaler des échos phoniques sous forme de concaténation. Par exemple «doux sourires» s'enchaîne à «douloureux» dans la séquence 1 et donc enchaîne deux énoncés. Pareillement, «prodige d'un signe», dans son vocalisme clair, s'enchaîne à «coulisses du vertige» et donc enchaîne deux séquences. Par la suite, le phénomène marquant est la reprise anaphorique de «prodige». Remarquons la dentale dans «vertige» et «prodige». Le *t* et le *d* vont être exactement repris au début de la séquence III, avec en plus les nasales de la première séquence, dans *dense d'attente.* En faut-il davantage pour dégager des indices valables sur la structuration phonique du poème? C'est l'entreprise la plus périlleuse qui soit, mais aussi la plus fondée et la plus suggestive.

Pour justifier ce point de vue, notons un rapport entre le phonétisme et la répétition comme phénomène général. Dès qu'on établit ce rapprochement, on suggère le prolongement naturel de l'importance du niveau phonique dans celle du niveau prosodique; c'est le rôle de «la diction des vers», mesurée, rythmée, jusqu'à leur fusion mélodique dans le plaisir acoustique. Notons que l'organisation prosodique du poème est fondée sur l'emploi systématique du rythme ternaire dans chaque verset; le poète est très conscient de l'effet d'unité de cette mesure rythmique. Or, ces niveaux sont basés sur le principe d'itération; c'est par rapport à la poésie qu'ils sont le plus pertinents et c'est de leurs effets conjugués, de leur nature couplée, qu'on tire le concept poétique le plus efficace. Ils occupent la fonction poétique fondamentale. Geninasca en formule le principe en ces termes: «La répétition, régulière ou non, est fonctionnelle du point de vue de la délivrance du contenu du message; la nécessité de percevoir les ressemblances qui se manifestent dans la parole, par-delà les limites d'un énoncé, oblige à enregistrer le signal acoustique comme tel, dans la mémoire: le concept de fonction poétique est indissociable du concept d'itération[13].» Ce qu'il faut remarquer ici, c'est la fonction élémentaire du niveau phonique dans la composition d'un objet esthétique. L'arbitraire des signes étant réduit au minimum, le caractère de nécessité ressort d'autant. Geninasca ajoute dans le même sens: «Les contraintes et les hasards de la manifestation linguistique se muent en éléments pertinents de la signification[14].» C'est donc seulement dans l'analyse qu'on peut isoler ce niveau et cette fonction: mais c'est le niveau fondateur; tous les autres niveaux linguistiques le comprennent, le supposent et finalement en émanent.

Le niveau syntaxique

L'organisation syntaxique du poème est forte; elle constitue un système rigoureux. C'est le premier mot du poème qui le fait voir. En effet, le *et* de l'ouverture nous impose de voir une liaison hypotaxique. Il y a donc un discours antérieur, plus particulièrement une proposition antérieure qui n'est pas manifestée. Le récit ne commence pas, il continue. Ce début *in medias res* est surprenant, car il suppose une antériorité qui soit la condition d'une bonne lecture. Le récit s'attache à la fin de l'action. Donc, le discours ne rapporte pas toute l'action. Le poème est un segment de discours, poétiquement c'est un discours elliptique. Cette fragmentation du discours exigeait que soit indiquée la continuité de la narration. La coordination jonctive, exprimée par *et,* a comprimé, en tête de phrase, toutes les marques de ce phénomène et, par la même occasion, projeté sur tout le discours les rigueurs d'un régime syntaxique. En voici la représentation schématique, A désignant le syntagme qui commence par «prodige»; B, une proposition, de quelque type qu'elle soit:

I — coordination jonctive + B + B

II — A + coord. jonctive + B + coord. jonctive + B
— coord. *disjonctive* + B   ←
    A' + B en juxtaposition   ⌐   (structures
      — coord. *disjonctive* + B   ←⌐   symétriques)
    A'' + B en juxtaposition   ←

III — B en juxtaposition

On remarque que les propositions coordonnées, soit conjoncti-
vement soit disjonctivement, constituent un phénomène hypotaxique
qui joue sur la formation des première et deuxième séquences un
rôle déterminant. La coordination de la séquence I se répercute,
dédoublée, dans la séquence II; la séquence I introduit un phénomène de syntaxe (valable, avons-nous dit, sur le plan discursif) qui
entre en opposition avec la parataxe de la séquence III. Il est évident
que cette organisation englobe les phénomènes microstructuraux de
l'organisation syntagmatique et qu'ainsi l'axe paradigmatique en
subit le contrecoup, à moins qu'il en ait été l'origine. C'est un
moyen terme qu'il faut trouver; ainsi nous cernons le principe de la
projection du principe d'équivalence. En effet le sème *dynamisme*
de 4-5 s'oppose au sème *descente* de 10-11. Ces deux oppositions
sémiques conjoignent les deux plans du discours poétique et sont tra-
duites syntaxiquement par la même coordination disjonctive *mais*.
Notons encore que ces relations hypotaxiques entrent en opposition
avec la présentation parataxique des syntagmes structurels de la
séquence II, avec *prodige de*.

Signalons enfin que l'absence en A" d'une indépendante subsé-
quente, coordonnée en disjonction comme aux lignes 6 et 10, marque
une rupture et manifeste la clôture de la séquence. D'abord dans
l'enchaînement syntagmatique, car «prodige d'un corps» n'est suivi
d'aucun autre syntagme identique, puis dans la hiérarchie paradigmatique, car la totalité *corps* est nommée (donc, par la même occasion,
s'accomplissent les cycles syntaxique et synecdochique), ce qui
marque la fin sémique du parcours de la séquence II, en particulier des
oppositions feu-eau (*fleuve noir* vs *feux d'artifice*), descente-ascension (*plongée* vs *espace*). Ce que va marquer la séquence III, c'est une
clôture syntaxique signifiée en parataxe où l'on retrouve l'accomplissement d'un premier parcours sémique relié, par *soleils*, à *fusées*
de I et à *feux d'artifice* de II (remarquer la hiérarchie sémantique de
ce système paradigmatique et, donc, l'axe vertical de cette clôture),
enfin celui du cycle sémique ouvert par *sommeil* en I et fermé par
éveil en III.

Nous avons, croyons-nous, relevé jusqu'ici assez de points
d'application du principe d'équivalence pour passer à l'étude du
sémantisme du système paradigmatique.

L'organisation paradigmatique

On pourrait instituer une longue discussion sur la mise en veilleuse, sinon au rancart, du plan paradigmatique dans l'analyse structurale de la poésie telle que pratiquée jusqu'à ce jour. Le problème se pose dans les mêmes termes pour l'étude structurale des récits. Qu'il suffise de se rappeler les mises en garde faites par Levin à ce sujet. L'axe paradigmatique constitue autant l'axe linguistique que l'axe syntagmatique. Chaque axe doit être considéré corrélativement sinon, pour une meilleure différenciation homogène, du point de vue de l'autre. Levin le rappelle en ces termes:

> *Any linguistic analysis of poetry must deal with the syntagmatic plane, since this is what is immediately available for analysis. But the study of paradigms is equally important, since certain structures which poems incorporate turn out to be more readily apprehensible when we consider the poem not merely as a succession of syntagms, but rather also as a system of paradigms*[15].

C'est ce plan qui explique le mieux les effets les plus caractéristiques de la poésie. C'est comme si les niveaux phonique et syntaxique se prêtaient d'abord à l'expression de la beauté formelle, et le niveau paradigmatique à la substance du message poétique, les deux plans se recouvrant réciproquement et laissant peu de chance à un lecteur de décider lequel est par rapport à l'autre en prédominance de surface ou de profondeur. Plus concrètement, il existe peu de modèles d'analyse paradigmatique, et tout compte fait cette analyse est plus difficile à resserrer autour d'éléments simples, puisque même les aspects connotatifs et référentiels entrent dans cette dimension. Cette carence théorique doit être dépassée et assumée par le retour — et le recours — au texte comme pratique signifiante.

Dégageons les rapports sémantiques des paradigmes à partir d'un tableau élémentaire:

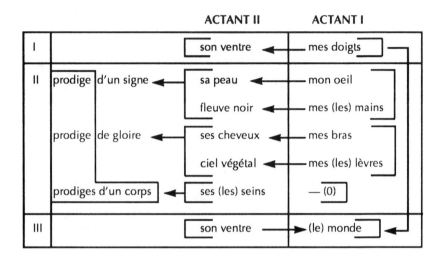

(Nous restaurons la forme grammaticale du possessif qui a été évitée dans le texte pour des raisons euphoniques, ce qui aurait donné: «mais mes mains»; «mais mes lèvres» et «ses seins s'enflent».) On voit la série verticale des paradigmes s'appliquant à chacun des actants et marquant une certaine sélection des parties du corps. Mais il faut aussi voir, sur un axe horizontal, la sélection des couplages ou des rapports selon lesquels s'établit à plusieurs échelons différentiels le sème constant de la contactivité. Ainsi «sa peau — mon oeil» devient un paradigme élargi, une fois qu'est établie une nouvelle formation syntagmatique. Il faut insérer aussi dans ce paradigme «fleuve noir — les mains» à cause du rapport syntagmatique commun qu'il entretient avec «prodige d'un signe». Ce qui nous donne la formation graduée d'un paradigme plus large encore qui serait constitué de l'équivalence visible entre «prodige d'un signe» et «peau — œil/fleuve noir — mains». Ainsi de suite pour le reste du poème.

Si l'on veut étendre le réseau des rapports sémantiques, l'on remarque une prédominance de rapports synecdochiques entre le corps et ses aspects privilégiés: «peau» et «seins» font varier la nature de ce rapport mais seulement dans le sens de l'extension. Quant à «fleuve noir» et «ciel végétal», qui désignent vraisemblablement le sexe féminin, ils expriment, si l'on veut, une pudeur qui emprunte la voie métaphorique: ces deux métaphores au riche contenu symbolique font également varier le rapport synecdochique permanent. Remarquons que, plus tard dans son œuvre, Ouellette usera de la métaphore sexuelle à d'autres fins, introduisant ainsi dans notre poésie un lexique érotique des plus audacieux. Dans ce poème, le corps est aussi le terme de la série de rapports métaphoriques dont la ligne passe par «signe» et «gloire». Cette double métaphore du symbole et de l'hyperbole met en lumière le rôle attribué au corps à la fois dans ce poème et dans la conception de l'amour qu'il véhicule. On peut l'affirmer sur la foi de la reprise incantatoire de «prodige», appliqué deux fois à un usage métaphorique. C'est dans «prodige d'un corps» seulement qu'on pourrait situer le sommet de tous les rapports hiérarchiques identifiés; ce qui donnerait la représentation schématique suivante:

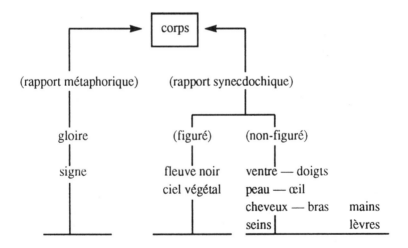

Mais ce n'est pas tout de situer le corps au sommet des rapports hiérarchiques qui constituent le régime rhétorique du sémantisme. Il faut certes le faire, mais n'oublions pas que ce régime ne joue que dans la séquence II. Il faut maintenant embrasser l'ensemble du poème. Pour cela, reportons-nous au tableau élémentaire donné plus haut. La séquence I indique le sens de la transitivité sémantique entre «mes doigts» et «son ventre», première d'une série. Cette transitivité est le sème de l'activité qui oriente l'actant-narrateur vers l'autre personnage. Mais à la fin de la série des actions, l'actant-narrateur disparaît; en effet, pour «les seins», il n'y a pas de prolongement syntagmatique; la contactivité disparaît. L'actant-narrateur cède sa place à l'actant-monde, mais seulement après la reprise, dans la séquence III, de la partie corporelle privilégiée: «son ventre». C'est dire qu'entre «corps» et «ventre», le même rapport synecdochique revient deux fois, en début et en fin de poème. De sorte qu'en simplifiant le trajet complexe: doigts — ventre — corps — ventre — monde, on arrive à un nouveau rapport synecdochique «corps — monde», qu'on pourrait traduire ainsi en respectant l'ordre des séquences:

I —	ventre
II —	corps
III —	ventre
	monde

À partir de la théorie des couplages élaborée par Levin et redéfinie par Ruwet, on pourrait dire que ces deux rapports synecdochiques sont sémantiquement équivalents et que, ayant une base commune, ils s'unifient et se concentrent dans un rapport primordial «corps — monde». Cela prouve l'assertion de Greimas au sujet des relations poétiques qui ont pour fonction *l'organisation paradigmatique de la substance investie*. Il est impossible, avec cet exemple où culminent toutes les redondances du poème, de séparer encore les plans conjoints du discours: c'est une manière de parler d'un discours efficace. Greimas précise cet aspect en ces termes: «La redondance n'est pas seulement l'itération des formes, mais aussi celle des substances; elle constitue une isotopie fondamentale où se situe, sur le plan du contenu comme sur celui de l'expression, la communication poétique[16].»

À ce noyau sémantique de la paradigmatique utilisée dans le poème doit s'ajouter au moins l'indication de certains réseaux sémiques explicites, faits d'identités et d'oppositions. Nous avons déjà signalé l'opposition sommeil — éveil, dont l'extension est la plus vaste puisqu'elle va du premier au dernier syntagme du poème. Ce poème, dans son modèle narratif, raconte donc un passage. Comme l'éveil se fait «au récit du monde», une autre opposition s'insère dans celle qui précède: c'est ignorance — connaissance. Le premier terme n'est pas manifesté, sauf si l'on prend un moment «ventre dormant» dans un sens métaphorique. Mais également «récit» est d'ordre métaphorique. On arrive à une équation, de toute manière, qui fonde l'opposition sémique de la connaissance du monde. Cet aspect est intéressant parce qu'il résume l'image de l'attente dans *dense d'attente* et ainsi, dans l'équivalence du passage et de l'attente, on retrouve la notation du *temps* qui connotait plus haut «lèvres lentes» et «ailes malades». Il est normal qu'au temps de l'attente correspondent des notations d'espace vaste et c'est ce qu'on retrouve dans «grand fleuve» et dans «longs bras». Espace — temps n'est pas à proprement parler une opposition sémique, mais il fallait dégager leur évocation pour mieux situer l'opposition sémique descente-ascension; descente étant reliée au thème de l'eau *(ondule, marines, coulent, fleuve, plongée)* et ascension étant reliée d'une part au thème de l'air *(mouettes, œil plume, éclatent, ailes, espace, ciel)*, d'autre part au thème du feu, sémantiquement et imaginairement connexe *(fusées, feux d'artifice, soleils).* Nous n'avons pas l'intention de décrire tout le système sémique du poème; mais notons que l'étude du sémantisme verbal nous amènerait à la même cohérence paradigmatique, car la verticalité l'emporte toujours sur l'horizontalité et le dynamisme sur le statisme.

Il est un dernier point à partir duquel nous aimerions établir une équivalence globale entre le sémantisme du poème et sa forme poétique; ce sujet n'est pas facile à amener parce qu'il est à la fois trop simple et trop complexe; trop simple, car le poème correspond toujours à un plaisir de lecture; trop complexe, car le malheur est aussi un objet de la poésie. Recourons une fois encore à l'hypothèse théorique de Greimas:

> S'il est incontestable que la communication poétique est, dans son ensemble, créatrice d'euphorie, il ne fait pas de doute que la substance phonétique et sémantique qui est l'objet de cette communication se trouve connotée, au niveau de toutes ses articulations, par la catégorie proprioceptive manifestant tantôt

son terme euphorique, tantôt son terme dysphorique. L'apparente contradiction pourrait être levée, si l'on admettait, comme nous l'avons proposé, l'existence d'une signification des formes poétiques, distincte de la signification de la substance: alors que la substance est connotée par les variations isotopes à la fois euphoriques et dysphoriques, la forme poétique (manifestée fondamentalement par la redondance, et l'adéquation de l'expression et du contenu) provoquant les «effets de sens» de permanence et de vérité, serait pure euphorie[17].

Que se passe-t-il dans le poème? Pour ce qui est de la substance connotée euphoriquement, nous constatons que les paradigmes relatifs aux deux actants, pris séparément ou ensemble, sont en nombre prépondérant. Exemples: «Sa peau ondule et danse mon œil plume»; «pour la fête des membres les seins s'enflent d'espace»; «dense d'attente, ceinturé de soleils, son ventre s'éveille au récit du monde». Ce qui est remarquable, c'est que la substance dysphorique se rapporte principalement à l'actant-narrateur. Exemple: «les mains meurent marines»; «les lèvres lentes comme des ailes malades»; ces deux propositions appartiennent justement à des phrases introduites par le restrictif «mais». Et encore: «mes doigts douloureux». Il n'y a que «doux sourires de clown aux coulisses du vertige» qu'on pourrait appliquer aux deux actants. Pourquoi cette absence si marquée de la connotation dysphorique de la substance pour ce qui touche le deuxième actant[18]? À cause certes d'une variation isotope dans la structure narrative de ce discours poétique. Mais nous en voyons davantage la raison dans toute la substance paradigmatique de ce poème qui est celle de «la fête des membres», nom métonymique des mouvements joyeux du corps. Ainsi se résume le récit de la première fête sexuelle qu'on trouve dans la poésie de Fernand Ouellette. La plus haute équivalence se trouve donc dans l'opposition sémique de la joie et de la tristesse: «fête des membres» s'oppose à «doux sourires de clown aux coulisses du vertige» (expression que nous avions jusqu'ici gardée en réserve). Ouellette explique qu'il s'agit de l'innocence et de «la tristesse tragique du clown Auguste[19].» Mais la joie finalement ne l'emporte-t-elle pas? Pour ce qui est de la forme poétique, nous croyons avoir donné une idée juste de la redondance sur les plans de l'expression et du contenu. Concluons en définissant ce poème par le *cri,* originel sur le plan de la sélection, original sur celui de l'organisation. C'est ce principe d'équivalence qui permet à ce poème d'être.

Lumière et violence chez Pilon

Le titre que Jean-Guy Pilon a donné à l'édition collective de ses poèmes, *Comme eau retenue,* représente le poème instantané le plus court qu'il ait écrit. Pris en lui-même, il est aussi énigmatique que l'eau, mais dans sa brièveté et en relation avec l'œuvre il définit une esthétique et une inspiration. Une esthétique de la limpidité, une inspiration de la violence contenue.

Dans un temps, au Québec, où le marché littéraire est encombré de plaquettes où la poésie est torturée et mise à mort, voici que paraissent sous la même couverture, aux Éditions de l'Hexagone (1969), cinq recueils de Pilon, des *Cloîtres de l'été* (1954) à *Pour saluer une ville* (1963). Ne reprochons pas à l'auteur d'avoir voué à un certain oubli *La fiancée du matin* (1953): l'intérêt de ce premier recueil est avant tout une question d'«artisanat préalable», pour reprendre l'expression de Paul-Marie Lapointe. Notons cependant que ce titre est mentionné dans le dernier recueil du même auteur, paru chez Seghers en 1969: *Saisons pour la continuelle.* Les débuts ne sont pas reniés; ils ne sont que ramenés à leur juste proportion. Ce qui nous intéresse, c'est l'actualité de cette poésie, comment elle s'est faite, quel sens elle en est venue à prendre et quel regard on peut jeter sur elle, le pays proclamé étant ce qu'il est ou, mieux, n'étant pas encore ce qu'il pourrait être. Là où le pays défaille, la poésie retrouve sa tâche de retrouver l'honneur, d'annoncer ce qui doit advenir. C'est la première chose que nous enseigne la poésie de Pilon.

Dans *Les cloîtres de l'été,* la mer et la femme apparaissent simultanément et symboliquement comme l'objet d'un désir impatient: «Traverser les jours comme un nageur»; «cloîtres escales sur la mouvance des jours»; «ô patience ô navrance[1]». Il s'opère entre l'eau et la femme une identification progressive:

Donne à la mer un baiser de tout ton corps[2].
J'habite le cœur de ton âme
Je me dissous en toi
Pour une éternité[3].

Ce désir qui s'éternise dans la rêverie d'une satisfaction, qui meurt toujours et ne meurt jamais, est combattu par une patience; autrement dit, il possède l'ambiguïté même de la mort, car il s'agit ici «des amours mêlées à la mort» et d'un même consentement aux unes et à l'autre: «Notre vie à retenir le poids de la mort à dépasser[4].» Voilà le fondement intelligible, cohérent, de l'œuvre de Pilon. Nous sommes ici en présence d'une poésie de retenue, ce qui ne veut pas dire de modération, de mesure ou de sagesse. Mais bien plutôt d'une poésie des limites. On pourrait même parler d'une sagesse des limites, qui à la fois permet et ménage l'action.

D'œuvre en œuvre, on remarque cette attention aux limites. Dans *Les cloîtres,* cette retenue vient d'un détournement: «Eau détournée d'une chute trop brusque[5].» Il faut se faire violence pour ainsi contenir l'irrépressible. C'est pourquoi on voit habituellement les deux possibilités, celle de l'impatience et celle de la limite, comme dans: «ô donnée ô retenue[6].»

De même, dans *L'homme et le jour,* la «résistance éclatée» se tempère-t-elle aussitôt de calme:

Fontaine d'avenir épuisée par les cordages truqués
Tes grands moments s'éloignent sans image
À la fureur contenue des printemps marins[7].

Un peu plus loin, toujours après une tentation — «Il fallait chercher une issue / Au cri des glaces» —, voici le coup de barre instinctif qui associe dans une même accalmie, cette fois intérieure,

Le destin inavouable des fleurs
L'absurde fuite et le cœur retenu[8].

En fait, cette violence contenue, qui ne peut d'aucune manière être considérée comme un hommage aux amorphes et aux inconscients, cette violence n'est pas une description imagée de sentiments vécus ou d'actes possibles. Elle garde toute sa virulence. Rien ne peut l'assagir ou la supprimer. Elle demeure toujours comme violence. Seulement elle est une violence poétique; elle demeure toujours à l'état de vœu, mais aussi toujours consciente de sa force, non seulement, si l'on peut dire, historique, mais au cœur du poème. Et la violence passe, des choses et des sentiments (mer, vie, amour, mort) à la parole. Violence contradictoire, qui donne naissance à la parole et menace toujours de l'empêcher. Ainsi lit-on dans les *Poèmes pour maintenant* cette phrase poétique où la contradiction est pleinement assumée:

> Je le dis parce que j'ai le désir de mon pays
> Parce qu'il faut comprendre
> La vertu des paroles retenues[9].

On retrouve dans la dernière œuvre, *Saisons pour la continuelle*, ce même trajet nécessaire et contradictoire entre violence et parole, entre printemps «halètement retenu de la plus vaste fertilité[10]», ou «fleuve / Que je ne puis retenir[11]», et, cette fois-ci, la naissance de la parole:

> Ma terre comme la couleur
>   comme le souffle retenu
>   comme les oiseaux du printemps
> Ma terre profonde et grave
> Sur la mémoire de l'homme[12].

La modération n'est pas en soi une vertu poétique. Ni pour la naissance ni pour l'exercice de la poésie. Elle en serait plutôt un affadissement. Là n'est pas le problème. De même pour la violence qui, elle aussi, incline plus au mutisme qu'à la parole. Il s'agit pour la poésie de s'établir dans un espace de parole qui soit intermédiaire entre l'inspiration (conditions subjectives et objectives de l'œuvre) et son impossibilité (situations individuelles et collectives) à laquelle renvoie sans cesse l'œuvre. Il s'agit d'une parole qui se maintient en équilibre entre sa facilité et sa négation, et qui participe d'égale façon de l'une et de l'autre. La poésie réussit à prendre et à garder cette parole improbable. Sous ce rapport, la poésie de Pilon fait penser à celle d'un René Char qui écrivait dans *Les matinaux* («livre important dans ma vie[13]», dit Pilon):

> Nous avons sur notre versant tempéré une suite de *chansons*
> qui nous flanquent, ailes de communication entre notre souffle
> reposé et nos fièvres les plus fortes[14].

Parole improbable sans cesse fondée, sans cesse portée sur ces «ailes de communication». Cette communication est possible parce qu'elle est de l'ordre de l'acte qui résout les contradictions. C'est ce qu'a bien remarqué Jacques Blais, en soulignant ainsi l'importance décisive des *Cloîtres* dans toute l'œuvre de Pilon: «Dépassant l'indécision au profit du choix et du geste, il domine ce qui l'opprime[15].»

Un poème des *Cloîtres*, pour moi l'un des plus beaux, résume tous les aspects qui définissent la condition même de la poésie et me servira de prétexte pour aborder le problème de la poésie engagée, problème qu'on ne saurait éluder quand il s'agit de Pilon:

Accord sans passé
Chant d'oiseau dans l'arbre sans feuilles
Là se répètent les mots tous oubliés
Pour la vie et pour la mort
Je n'entendais pas les larmes à travers nos refus
Je n'entendais pas la source de nos espérances
détournées
Triste masque de silence vaincu [...]

Il n'a fallu qu'une main levée accueillant ma
douleur
Pour retrouver les routes difficiles très longues
Où veille la beauté sans voile ni remords [...]

La lourde mémoire nous poursuit au-delà de
nous-mêmes
Il faut réapprendre les espoirs nécessaires[16].

La poésie trouve son équilibre dans un moment de liberté où ne pèsent ni passé ni avenir. Elle est musique et chant d'oiseau; parce qu'elle est «silence vaincu», conquête de la parole, elle est comparable à un «accord sans passé». Là où nous tombons dans les paradoxes, c'est quand nous entendons se répéter «les mots tous oubliés». C'est ici, au cœur du poème, que la poésie de Pilon s'engage; non sans réticence, bien sûr; et ce sont les mots mêmes d'une résolution, il faut «retrouver les routes difficiles» et «réapprendre les espoirs nécessaires». La réticence qui accompagne ce projet est en même temps la condition selon laquelle il doit être poursuivi: il ne faut pas perdre de vue «la beauté sans voile ni remords». Heureuse réticence qui devient pure conscience de la poésie. La poésie de Pilon s'engage ici vis-à-vis d'elle-même comme «accord sans passé ni avenir», ou hymne pur au présent. Voilà ce qu'il ne faut jamais oublier. Avant d'être engagée dans un combat, dans un pays, la poésie de Pilon s'engage d'abord sur son propre honneur à être «la beauté sans voile ni remords». Elle se voue à la transparence et à l'innocence. Nous parlerons plus loin de ces attributs de la limpidité. Soulignons seulement ici le titre du recueil qui suit *Les cloîtres*: *L'homme et le jour*.

«L'étranger d'ici», dans ce dernier recueil, est peut-être le premier poème engagé de Pilon: «C'était un pays de luttes inutiles.» Ici pourrait s'amorcer une comparaison entre Pilon et Giguère:

> Sur la cendre bientôt froide
> Rebâtirons-nous
> Avec un visage neuf[17]?
> Les jours où le feu rampait sous la cendre [...]
> Quelle couleur aura donc le court visage de l'été[18]?

Ou encore, chez Pilon, entre ces fréquentes «racines tordues à vaincre le feu[19]», et, chez Giguère, «dans les champs les blés tordus / En gerbes de feu[20]». On découvrirait peut-être une symbolique matérielle commune; cela nous amènerait, plus loin, aux «armes blanches» du courage et du désespoir: «il n'y a pas de lit à la fin du jour, mais seulement des épées nues»; «Au nom même du pays, il te faudra prendre les armes pour garder ton nom. Il n'y a pas d'autre recours[21].» Souvent la poésie de Pilon arrive au même extrémisme que celle de Giguère. Mais ici c'est toute la poésie québécoise des années soixante qu'il faudrait évoquer, depuis Anne Hébert («J'ai réclamé le fer et le feu de mon héritage[22]») et Alain Grandbois («Les forces jaillissantes du fer et du feu / Meurtrières et fraternelles à la fois[23]») jusqu'au «poème-salve» de Chamberland. Le même but poursuivi (chez Pilon: «le cri de joie d'un oiseau / prophète de la chaleur[24]»; chez Giguère: «la liberté des cris un décret de bonheur[25]») réunirait cette fois-ci tous nos poètes, au-delà des différences provisoires, de Gilles Hénault et de Paul-Marie Lapointe à Yves Préfontaine et à Fernand Ouellette. La poésie de Pilon s'inscrit donc dans une tradition de la poésie violente, mais plus que toute autre, elle s'impose des limites, se retient contre le déchaînement. C'est sa manière propre de conserver le secret d'une force toujours disponible, toujours imminente.

* * *

J'ai fait allusion plus haut à une esthétique de la limpidité, suggérée par le titre même du recueil collectif. C'est une esthétique fondée sur une thématique de la lumière. Clarté et transparence n'affectent pas seulement des réalités et des matières, mais définissent aussi la forme du poème. Autrement dit, la poésie de Pilon est marquée, et dans son contenu et dans sa forme, par une clarté matérielle et une clarté intellectuelle. Une thématique ne peut jamais par elle-même fonder une esthétique; mais quand elle se présente comme le versant concret d'une intelligibilité que non seulement on ne peut refuser à cette poésie mais qu'il faut même parfois chercher à réduire ou à combattre parce qu'elle est souvent offensive, il faut en tenir compte et partir d'elle obligatoirement.

Chose surprenante, la limpidité n'est pas chez Pilon avant tout un attribut de l'eau. Prenons des exemples divers dans les premiers recueils. Le silence peut être «pont de lumière[26]», ou encore «le plus clair oiseau» «lancé dans le paysage tragique[27]». «L'illumination du jour[28]», le «matin de soleil trop blanc[29]», «les jeux infinis de la lumière nue[30]», les «robes de lumière» des «visages de la terre[31]», voilà du temps et de l'espace baignés de clarté, auxquels on pourrait rattacher le ciel limpide: «l'éclat renouvelé des astres[32]», le regard limpide: «l'œil sans blâme[33]» de l'enfant, la voix limpide: «la voix sans voile des premiers âges[34]», ou encore la «fragilité complexe / Du cri le plus nu[35]». On voit que la limpidité est ici d'abord une clarté, ou une pureté de la lumière.

> Je suis réconcilié
> Avec toutes les formes de la lumière
> Et j'irai vers d'autres phares[36].

Quelques poèmes comme «Le collier», «La chevelure», «La lune», et surtout «Légende de la chair», dans *La mouette et le large* et dans *L'homme et le jour,* montreraient le rapport entre lumière et «nudité chantante» (ici, pour une fois, «la lumière contrôlée» est le doublet lumineux de «l'eau retenue»), entre lumière et innocence ou pureté:

> Tu te dépouilles lentement, comme le jour
> naissant, et tu nais vraiment à la lumière,
> à la terre, à l'insoutenable pureté de ta
> chair qui n'est plus protégée[37].

Ces attributs et ces dons de la lumière se trouveraient aussi bien appliqués (dans certains cas, retirés) aux villes, comme Buenos Aires et «la soierie lumineuse de [son] corps[38]».

Cette force de la lumière connaît une éclipse dans le recueil où on s'y attendrait le moins, dans *Recours au pays*. Énigme. En revanche, elle n'est jamais plus éclatante que dans le dernière recueil: *Saisons pour la continuelle*: «Pays ô ma lumière[39]». C'est ici que Pilon trouve, en quelque sorte, la clé de l'énigme. «Pays de soleil» et «Lumière de la source» sont deux titres de poèmes. «Éclatement lumineux d'aujourd'hui», «boulevard de matins lumineux», «jour violent de neige contre soleil»: la lumière éblouit, s'offre comme promesse et salut:

Il y a tant de lumière
Sur chaque geste
Sur chaque parole
Il y a tant de lumière qui crie
Sur notre avenir
Et nos mémoires[40].

«L'accord sans passé» ni avenir s'est transmué en total présent de lumière, baignant, englobant et le passé et l'avenir.

Dans *Saisons*, cette figure trouve son plein sens en rapport avec le retour de la violence; la lumière cesse d'être idyllique et se change en foudre.

Ce devait être éblouissement des feux, porte-lumière du cœur
à l'avenir de la Saint-Jean.
Ce fut haine étouffante d'espoir devant l'étranger et la nuit
hurla d'humiliation en face de son juge.
Cris et blessures deviendront foudre violente quand le tonnerre
éclatera enfin de nos rages[41].

Puis la violence de nouveau se contient; mais remarquons que c'est une violence extrême qui se contient. Les rêves des matins lumineux ne sont plus obscènes. La lumière reprend son empire, «se fait femme et nous l'habitons, car elle tressaille parmi nous et nos rêves[42]». Un doute demeure cependant sur l'omniprésence de la lumière, et le recueil se referme sur l'évocation «des soleils trop souvent étrangers et absents[43]». La lumière est pleinement, universellement affirmée; elle a servi un moment de support à la violence, et après cette concentration menaçante, elle s'est répandue de nouveau sur tout.

Je disais que cette thématique est à la base d'une esthétique. C'est dire que la lumière est matériellement l'équivalent sensible d'un parti pris de clarté. Inutile de rattacher ce qui apparaît au lecteur comme un souci de clarté intelligible à ce que lui-même pourrait voir comme discours ou cohérence dans la poésie de Pilon. La poésie existe à partir des mots pris en eux-mêmes; et aussi à partir de leur *arrangement*. Précisons toutefois que c'est dans la mesure où les mots ainsi arrangés nous surprennent, nous proposent l'inattendu, soit au moyen d'images organisées mais imprévisibles, soit au moyen d'images prévisibles mais irréductibles à une explication. Une écrivain n'a pas nécessairement à expliquer hors de la poésie l'esthétique qu'il voit se dégager de sa poésie. Il peut en prendre clairement conscience, par exemple lorsque Mallarmé disait: «Je ne me refuse par goût à aucune simplification.» Il parlait par antinomie, se situant hors de son œuvre. Ce qu'il faut remarquer, c'est que l'obscurcissement était une exigence même de sa poésie.

Chez Pilon, au contraire, c'est l'illumination qui est l'exigence poétique première. Certains le lui reprochent et voient là la faute impardonnable. Pourquoi l'obscurité aurait-elle un privilège poétique sur la clarté? De même que peu à peu la notion d'obscurité cesse d'être un critère de lecture ou une excuse pour le désintérêt, ainsi celle de clarté devrait-elle complètement disparaître comme raison avouée d'un intérêt ou prétendue cause d'une adhésion sans limite. Une poésie claire n'est pas forcément belle. Ou pauvre. C'est indifférent. La clarté n'a rien à voir avec la joliesse, ou la suavité, ou la virtuosité technique; elle peut même préserver à sa manière «la pureté de la poésie». Cependant, la tentation qu'elle doit surmonter est celle de la prose:

> Je t'offrirai inlassablement la transparence de l'eau, ultime miroir de la nuit et de l'aube, plus profonde qu'une naissance
> [...]
> Je t'offrirai inlassablement la transparence de l'eau, ultime miroir de notre incompréhensible avidité, sur laquelle nous nous penchons pour nous y noyer ensemble à plaisir, pour y mourir ensemble dans la torture[44].

Nous sommes devant un cas limite de poésie en prose où ce qui nous intéresse est l'éternel mythe de Narcisse penché sur lui-même. «Image, songe ou leurre», peu importe, c'est l'objet même de la poésie: capter dans les mots des fragments d'ombre et de lumière, y faire scintiller des mirages auxquels donneront réalité et consistance les êtres et les objets hors-les-mots.

Je ne donne pas ces exemples comme caractéristiques de la poésie de Pilon; je les vois comme textes d'appui de toute esthétique de la transparence. Ils ne me facilitent pas la lecture de sa poésie, ils m'y ramènent comme à un lieu de contradictions non résolues. L'eau est le lieu et l'image mère de toutes les métaphores de la limpidité, mais, comme «ultime miroir de notre incompréhensible avidité», elle reflète aussi le noir et l'opaque. «L'eau retenue» est le symbole de la violence, chez Pilon, et en même temps la négation de la violence. Contradiction qu'on retrouve dans la limpidité traîtresse de l'eau.

La poésie vit de ces contradictions. À certains vers de Pilon qui sont eux-mêmes une négation de la poésie (cherchez, vous trouverez), j'oppose, pour terminer, ce poème où les notions de violence et de limpidité n'ont elles-mêmes plus de sens.

> Golfe
> Orange de sanglant émoi
> Rose écrasée contre l'arbre veiné
> Brandi vers le ciel
> Ouvert comme protection
> Ainsi que la mer se donne au fleuve
> Avec ce cœur houleux de femme offerte
> Une seule
> Nuits et espace dans cette main
> L'oiseau cueille des odeurs
> de soleils éclatés
> Pain et vin dans sa bouche
> Jour violent de neige contre soleil
> L'orage me conduit à la plénitude de son sexe
> Navire aveugle
> Entre les bras du golfe[45].

Gatien Lapointe

A. La passion des mots

La lecture des œuvres successives de Gatien Lapointe a confirmé une intuition qui me servira de point de départ: celle de la simultanéité. D'œuvre en œuvre, le poète cherche les éléments d'une phrase totale qui ferait disparaître la variété des thèmes et des formes, depuis leur apparition jusqu'à leur achèvement, dans une sorte de compréhension et d'expression sans cesse totalisantes. De sorte que cette poésie préserverait à la fois le besoin de parler et l'acte de dire et que la succession forcée que l'on trouve dans les mots d'une phrase, dans les phrases d'un poème, dans les poèmes d'un recueil et dans les recueils qui composent l'état actuel de l'œuvre, est trompeuse, reliée qu'elle est au temps répétitif de l'écriture. À la lecture, l'œuvre retrouve sa totalité. Et des mots comme *fleuve* et *sang, terre* et *temps,* ou des locutions comme *je nais dans un mot* ou *j'appartiens à la terre* deviennent des noyaux ou des prismes de la simultanéité. On les retrouve partout sur l'axe de cette œuvre, c'est-à-dire dans son sens et dans sa direction, en plein centre.

Une fois admis que le langage est une médiation entre le monde et le sujet parlant, il reste à ne pas oublier que c'est la parole qui établit entre l'un et l'autre un rapport vivant. La parole réalise cette médiation; elle est par le fait même adressée à quelqu'un. Il y a donc un lien de nécessité entre le sujet émetteur, le monde lui-même et le destinataire de cette parole. Autrement dit, le premier rapport entre le destinateur de la parole et le monde se double d'un nouveau rapport entre le destinataire et le monde. En prose, le fait de la parole repose sur un message proposé, sur un sens qui consume la phrase. En poésie, non seulement le mot ne s'efface pas dans la phrase, mais il revêt une qualité de signe qui le porte au centre même de l'attention. Le signe devient autonome, il est la caractéristique propre de la fonction poétique. Le poète ne peut pas faire plus que de dire et de nommer. Je m'explique.

Dans la poésie de Gatien Lapointe, a-t-on bien compris, par exemple, la fréquence du «je» ou des autres référents au sujet parlant (ici, l'adjectif possessif):

Ma langue est d'Amérique,
Je suis né de ce paysage,
J'ai pris souffle dans le limon du fleuve,
Je suis la terre et je suis la parole;
Le soleil se lève à la plante de mes pieds,
Le soleil s'endort sous ma tête;
Mes bras sont deux océans le long de mon corps,
Le monde entier vient frapper à mes flancs;

J'entends le monde battre dans mon sang[1].

Ce qui «fait» signe dans ces vers, c'est ce coin de monde et de terre qu'est l'Amérique, c'est la possession d'un monde. C'est surtout le fait pur d'une simple parole qui se comprend immédiatement, qui a simplement lieu, il faudrait dire un lieu, ici. On ne peut oublier non plus le lien vivant, intime, frémissant, entre le monde et le poète, ce lien vital qui dépend d'un souffle. Mais quel est le rapport entre «Ma langue est d'Amérique» et «je suis la parole»? C'est l'implication d'un sujet dans ce qu'il dit. Plus le sujet parlant est dans ce qu'il dit, dans ce «je» si simple et si mystérieux qui est le mot le plus quotidien, moins la parole exige d'explication. Elle est toute dé-compliquée d'avance. Il n'y a rien à décrypter dans une poésie où le lecteur, à son tour, accepte de s'investir et reprend à son compte ce «je» familier. On peut bien dire que ce «je» équivaut à un «nous»; mais c'est toujours individuellement qu'on reçoit la parole de quelqu'un. La parole reste toujours médiation entre le poète et son lecteur, rien n'interfère avec elle. C'est une parole poétique.

Ce sentiment d'appropriation du monde est, chez Gatien Lapointe, contradictoirement le désir et la certitude d'appartenir à la terre. Nous lisons dans la même phrase: «Je suis la terre et je suis la parole.» Il est impossible de montrer ici les étapes qui mènent de l'appartenance à la terre et de la terre à l'identité avec elle. Le même passage énigmatique reviendrait dix fois. Voici des exemples:

> Et je m'appelle terre, et je m'appelle temps.
> Je suis le temps, je suis l'espace.
> Je suis destination, je suis lieu d'origine.
> Je suis le signe et je suis la demeure.

Ces vers de l'*Ode au Saint-Laurent* rappellent une chose très simple: non seulement on possède la chose qu'on nomme, mais on devient le dépositaire de son essence. Poétiquement, parce que derrière le poète qui dit «je», il y a la parole elle-même qui nomme, cette identité ne fait qu'attester l'opération de la parole, ou la réalité du signe dans la parole. Disant cela, on affirme la puissance du mot. L'enfant pressent, ou mieux s'incorpore cette puissance. Il ne demande pas comment une chose s'appelle, il demande ce qu'elle est. Le poète aussi enferme l'identité des choses dans ses mots. Dans le cas de Gatien Lapointe, on trouve *aussi* dans ses mots l'identité de celui qui parle. De là à ce que le lecteur éprouve *lui aussi* l'identité des choses, et la sienne propre, il n'y a aucun espace. Dans la lecture, c'est la parole même de la poésie qui affirme: «Je suis destination, je suis lieu d'origine.» Et la parole s'accomplit dans l'œuvre, ou la phrase, ou le mot.

*   *   *

On n'a pas assez vu l'importance du mot, ou la naissance de la parole, dans la poésie de Gatien Lapointe. Ou comment le poème apparaît, et en quoi consiste la dénomination. Ou quels sont les rapports entre conscience linguistique et dénomination du monde. Cela revient à se demander comment *la parole se constitue en objet*.

Tout commence avec l'acquisition d'un alphabet: «Je me construis des lettres avec du limon»; «Je me suis forgé un alphabet avec de la vase.» Chacune des lettres est isolée en vue de la formation du mot. Cet acte d'épellation est l'aspect matériel, concret de la possibilité de nommer. C'est le désir de nommer qui se creuse et se détaille dans cet extrême commencement de l'appellation. On trouve dans le recueil *J'appartiens à la terre* les plus fréquentes naissances de mots: «J'épelle dans ma main le nom de chaque chose.» Mais au-delà du mot c'est déjà la parole qui survient: «J'épelle dans ma chair chaque frisson»; «J'épelle par figures invisibles, / Mon pays naît dans une image»; «Racines vives, je veille. / J'épelle une profonde ressemblance.» Tant il est vrai que «le mot nomme en même temps que la phrase dit», ou encore que «les mots, ce sont les signes en position de parole[2]». Voilà certes une vérité commune. Mais il faut voir que l'exigence du mot est d'autant plus grande que sa formation est plus réfléchie, que sa matière est la terre elle-même. «Un mot fait de terre et de temps», dira plus tard le poète. Et encore: «Ce mot où terre et temps je souffre.» En lisant ces phrases, il ne faut pas oublier la matière première du mot, c'est-à-dire la première matière de cette poésie, la terre. Nous reviendrons sur ce sujet.

Conquis, approprié, le mot est une réalité avant d'être un signe. Il semble posséder, chez Gatien Lapointe, une autonomie qui fonde sa singularité. Au mot épelé correspond la phrase balbutiée, hésitante: «Chaque mot efface ma bouche»; «Je crée mot à mot le bonheur de l'homme»; «Mot à mot j'ouvrirai la première maison»; «J'essaie des mots naïfs et gauches»; «Ce mot pris dans ma gorge et qui m'étouffe.» Au seuil de la parole, seuil terrible et qui fait frémir le poète, seuil qui est toujours franchi comme obstacle par celui qui avec courage s'investit du pouvoir de parler, il y a ce geste instinctif du silence. Le mot prend humblement forme entre le mutisme et le cri. Il faut accepter ce mot comme un don sans prix. Le mot se prend comme un objet: «Je dis ce mot qui s'éveille dans mes paumes»; «J'ouvre ma main aux signes inconnus.» Le mot se saisit comme un instrument d'abord; mais cet outil est aussi un symbole. Une phrase est en même temps un assemblage de mots et de signes.

Ainsi, à partir du mot «de terre», se construit «une phrase tout imprégnée de temps». Au sens étymologique, la poésie de Gatien Lapointe commence avec cette humilité, dans cet accord avec la terre. «Je ne crois qu'à une parole simple, incontestable»; le poète propose «un poème simple, évident», écrit-il dans *Le pari de ne pas mourir*. Ceci n'est pas affirmation gratuite. Cette humilité réelle qui évoque la matière des mots terreux, autant que les mots-instruments qui deviennent des signes, est symbolique de l'attitude du poète en instance de parole. Gatien Lapointe est le poète québécois, à mon sens, qui se paie le moins de mots, et encore moins de phrases. Il a écrit qu'il aurait aimé être architecte[3]: «Bâtir moi-même avec de la terre et du temps, des mots, des pierres, la maison qui me hante. Y entrer, y *durer,*

comme dans un poème, un poème si simple qu'on aurait l'impression
de le connaître depuis toujours.» Surprendre, aiguiser des mots: c'est
son plus vrai souci. «Une vraie manie de dénomination», comme chez
l'enfant, selon une expression de Cassirer[4].

Le lecteur de Gatien Lapointe découvre vite que la phrase, dans
sa poésie, est d'une valeur égale à celle du mot. Mais c'est dans deux
sens bien différents. La phrase coïncide souvent avec le vers lui-
même; cela, on le remarque. Mais ce qui éclate dans la page (voir *Le
premier mot,* particulièrement), c'est, par disposition typographique,
la signification de surcroît de la phrase sur l'espace de la page. La
phrase est là comme un phare qui balise le parcours de la lecture.
Exemples aux pages 46 et 47: «Instant, tu brilles comme une balle!»
et «Nocturne, je vole en plein soleil!» La phrase est fixée comme
point de repère et son lieu n'est pas interchangeable. Quant au mot,
son lieu n'est pas fixe, parce qu'il est un élément simple susceptible
de mobilité et de combinaisons indéfinies. Il est disponible pour de
nouveaux emplois; en ce sens il survit à la phrase; il se répète dans de
nouvelles phrases et de là lui vient son importance capitale. Il est en
un sens plus important que la phrase sans laquelle pourtant il ne serait
rien qu'un mot emprisonné dans le dictionnaire. Existant l'un par
l'autre au cœur même d'une parole, ils font sans cesse varier, en prise
vivante l'un sur l'autre, leur importance relative comme moyen et
comme fin.

La phrase exige la même attention que le mot. La conscience du
mot, chez Gatien Lapointe, se prolonge naturellement (il faudrait dire
poétiquement) dans la conscience de la phrase: «J'assemble des mots
d'ombre et de lumière»; «Ô plain-chant d'une pleine phrase, / Ce
matin est un arbre ivre de larmes.» Patience de bâtir une phrase, joie
de voir que les mots deviennent musique:

> Ô musique qui s'envole dans son silence,
> Mot s'effaçant dans son chant!
> Charnelle dans quelle phrase aimerai-je?

Plus tard, l'*Ode* se rappelle cette «charnelle phrase» du *Temps
premier.* Mais cette fois il ne s'agit plus de la disparition des mots, ou
du chant de leur absence. Il s'agit de la naissance de la phrase totale
qui est le chant de toute poésie, phrase qu'il faut construire comme
une demeure habitable qui mette à l'abri de la mort:

Qui détachera de moi la charnelle phrase?
J'ai la bouche pleine de terre,
J'ai les yeux pleins de sang;
J'ai bâti ma maison sur cette terre,
J'ai mesuré le poids de mon désir
Le mouvement commence au milieu de mon cœur,
Et j'ai dessein d'organiser,
Ordonner, afin de ne pas mourir.

La recherche du premier mot signifie surtout que le mot est premier dans la poésie de Gatien Lapointe. Ce mot durable, dans lequel prendre demeure, «ce mot toujours recommencé», c'est lui qui nous révèle de quoi nous parle cette poésie. Soit les vers suivants:

Ce mot qui presse et oppresse ta poitrine,
Plante-le ici comme un arbre vivace.

Nous planterons ici la première parole.

Mes mots poussent comme des plantes,
Rêveuse ma phrase s'incline en mesurant le monde.

Un soir, tout tremblant de nombres et d'images,
Je plante dans la plaine un mot nouveau
Et, de souffle en souffle, cela monte à l'horizon
Comme un homme plein de songe et plein de rosée!

J'ai planté mon corps dans la terre.

L'espace brille, un arbre va fleurir,
Un homme doit parler.

Reviennent les mêmes mots: mot et phrase, homme et parole, plantes et arbre, les mêmes images de fixer en terre, de confier à la terre un mot, une phrase, une parole, le corps, l'homme. Ici, on peut toucher du doigt ce qu'est la simplicité. Les mots rêvent à ce qu'ils signifient, la phrase limpide emplit le poème de lumière, une parole simple enracine la poésie dans le monde et manifeste les rêves de celui qui parle. La parole se révèle en même temps que le poète et le monde. Quant à l'objet de cette parole, il va sans dire qu'on ne peut le saisir en dehors d'elle. Même si on ne traitait que d'un thème, il faudrait reverser ce thème au phénomène de la parole, de la même manière que le poète retourne à la nature les signes qu'il lui a empruntés. Savoir de quoi nous parle cette poésie revient à savoir comment, dans le phénomène poétique et par la même opération, en plus de se constituer en objet, *la parole se constitue aussi un objet.*

* * *

Le domaine de la parole, on l'a vu par les vers cités jusqu'ici, privilégie une expérience du monde que j'ai désignée plus haut comme une appartenance à la terre. Tout ce qui est dit du pays, de l'existence, de la mort, de l'amour, de l'enfance, du feu, de l'épée, du soleil, du temps nous ramène sans cesse à la terre, *l'unique demeure* de l'homme. Tous ces motifs de la poésie lyrique universelle doivent être compris comme l'objet de la parole, dans l'œuvre de Gatien Lapointe. Mais si en poésie le fait de dire l'emporte sur la chose dite, on admet en même temps que la parole du poète naît dans le frémissement d'un sentiment si fort qu'il se suffit à lui-même. C'est la définition même du lyrisme selon Hölderlin: «Le poème lyrique, d'apparence idéale, est naïf par sa signification. C'est une métaphore continue d'un sentiment unique[5].» La poésie de Gatien Lapointe, pour toujours mieux parler de la terre, et plus uniquement, ne cesse pas de nous parler de l'arbre et du fleuve qui, dans leur réalité, sont les deux symboles idéaux de l'appartenance à la terre.

Tout le monde connaît l'*Ode au Saint-Laurent* et quels espaces elle a ouverts, ou reconnus, dans notre pays, quelle imagination du bonheur et de la fraternité elle projette dans notre désir, quelle lumière elle nous invite à aimer sur la terre.

> Le flot du fleuve dessine une mer
> J'avance face à l'horizon,
> Je reconnais ma maison à l'odeur des fleurs
> Il fait clair et beau sur la terre,
>
> Ne fera-t-il jamais jour dans le cœur des hommes?

Ces derniers vers de l'*Ode* nous reportent à *Otages de la joie,* à «l'enfant de lumière»:

> Dans la rue, un enfant seul parle avec le soleil;
>
> L'enfant ignore les lignes savantes du siècle,
> Mais connaît le soleil
> Pour qui il dessine un grand fleuve dans sa main.
>
> L'enfant me dit de regarder le soleil dans sa main.

Le fleuve est toujours allié à la lumière: «Quel feu tremble sur la bouche du fleuve»; «Fleuve dont les rives m'embrasent»; «Boule de froid, boule de feu, ô fleuve!» Enfance, soleil et fleuve sont reliés indivisément et dans de multiples sens, de sorte que rêver le fleuve est la même chose que retrouver l'enfance. Un vers l'affirme dans *J'appartiens à la terre*: «J'ouvre un grand fleuve pour conduire mon enfance.» Il faut ajouter que l'image du fleuve n'est pas malheureuse comme celle de l'arbre. Comme si, chez Gatien Lapointe, l'enfance était à jamais heureuse, marquée par la lumière, et que l'arbre était, imaginairement, un pari impossible à tenir.

Autant le fleuve brille, autant l'arbre hésite entre le froid et le feu. L'arbre peut être «embrasé dans ses reflets». C'est comme si la solitude de l'arbre lui imposait d'être nu: «Arbre nu, mouvement souverain! / Arbre nu, très sûre alliance.» La poésie de Gatien Lapointe ne résiste pas toujours à la tentation de dénuder l'arbre de son feuillage. «L'espace brille, un arbre va fleurir»; voilà une possibilité qui n'est pas retenue. «J'imagine l'invisible feuille.» Dès *Otages de la joie,* nous avions déjà cet arbre dénudé: «Mis à nu l'arbre s'étonne / De l'enracinement continuel de son cœur.» C'est comme s'il suffisait à l'arbre d'être enraciné pour symboliser la ténacité farouche de l'homme qui lutte ou de l'homme en marche. Précisément dans le poème intitulé «L'homme en marche», il y a ce vers révélateur:

Mon corps un tronc d'arbre à travers les vents.

Contre les vents la patience de l'arbre est plus grande, plus désespérée. En réalité, c'est un «arbre tout parcouru de mort».

C'est dans «Le premier mot» que le poète identifie le plus son destin à celui de l'arbre. À travers ses doigts, il imagine «le libre élan d'une tige». «Si l'arbre souffre aussi, je suis moins seul»; «Je parle par les yeux et les mains de cet arbre.» Car l'arbre est la promesse qui rapatrie sans cesse l'homme vers la terre. Il est la patience la plus admirable, et la solitude la plus parfaite.

Je poursuis les pas de cet arbre.
Arbres, pas solitaires parmi les mondes.
Arbre, nous sommes solidaires.

L'arbre s'agrippe à la terre pour ne pas mourir. Il dit NON. Mais quand il tombe, il retourne à la terre à laquelle il appartient. Le destin de l'arbre est de redevenir terre.

L'arbre de Gatien Lapointe meurt. On peut aussi bien dans le vers suivant remplacer naissance par mort: «Arbre où je choisis ma propre naissance.» Une des plus belles images est celle de l'arbre tombé:

> Tombé, je dessine un fleuve sur la neige.

Image du retour final à la terre où la forme et la profondeur du fleuve sont évoquées, où la force et la hauteur de l'arbre sont pour toujours ramenées à ras de terre. Cette image d'une chute définitive, elle était en quelque sorte préparée par celle d'une lente inclinaison:

> Si je penche à nouveau la tête,
> C'est pour m'accrocher à la terre,
> C'est pour dire oui à cette terre.

Dans ce OUI accordé à la terre, nous voyons qu'il y a le vœu d'une appartenance. Mais le pourquoi de cette appartenance? *Pour habiter* vraiment la terre. Non seulement le poète veut habiter «sur terre», mais il affirme toujours que la terre est «sa demeure».

* * *

Le vœu le plus radical de toute la poésie de Gatien Lapointe est celui de trouver une demeure pour l'homme. Toute son œuvre a évolué jusqu'à maintenant dans le sens de cette recherche. Et justement ce vœu s'est matérialisé dans sa poésie. La notion du lieu habitable est une illumination pour qui relit toutes les œuvres. Gatien Lapointe a reconnu que la demeure est le vrai lieu de toute sa poésie, en regroupant la presque totalité de son œuvre sous des titres qui lui redonnent son unité: *Une image habitable, Une parole habitable.*

Le poème intitulé «La maison habitable» est admirable parce qu'on y lit une certaine conversion de la lumière, une sorte d'extinction des feux du fleuve au profit de l'éclair qui parcourt la mer, une sorte d'illumination de l'arbre en «feuillages de feu». La lumière est comme tempérée par l'évocation du sang et des sources. C'est comme si dans une maison réellement habitée le monde s'intériorisait jusqu'en ses profondeurs.

Cette ombre qui se blottit sous mon flanc
Me rappellera-t-elle la profonde patrie?

Ma main s'allonge sur le sein calmé du fleuve
— Et qui donc me crèvera les yeux
Pour que je ne voie plus partir la lumière!

Les seules certitudes du monde deviennent celles du cœur. Le soleil «prisonnier d'une forêt», c'est la sombre intimité du sang. Voilà réalisé un vœu ancien, celui d'appartenir à la terre mais à l'intérieur de soi. Le poète ne disait pas autre chose dans *Le premier mot*: «Terre, temps premier dans mes veines!»; «Terre, on te songe dans mon sang.» Il disait: «J'imagine au plus sombre de ma chair»; et aussi: «Et la chair prend demeure dans son sang». Ce vers, dans «Lumière du monde», se répercute dans toute l'œuvre comme un désir d'intimité qui peut s'achever dans «la maison habitable».

Je pense qu'il était inévitable que la passion de la terre, chez Gatien Lapointe — objet même de sa poésie —, se tranformât en une passion du corps qui donne à cette poésie le frémissement inimitable de ses inflexions, de ses rythmes:

Je remonte le cours du sang,
J'unis mon souffle à celui de la terre.

Mon sang est la marche du temps.

C'est par son corps que l'homme est relié à la terre. Ce lien vital est vivement ressenti. À cet égard, le corps devient, comme le mot, un instrument de la parole: «Je veux connaître et je veux dire avec mon corps»; «Le temps imagine et dit dans mon corps». Signalons l'importance du toucher, le rôle de la main dans l'appréhension même du monde. Le corps et la parole ont la même fonction de saisir et de dire le monde. Les frissons du corps et l'émotion de la parole se joignent dans un seul tremblement qui est aussi celui du monde et du temps: «Le monde tremble au bord de l'horizon»; «Le temps tremble dans tes veines.» C'est dire que le corps ne tremble pas s'il n'est question de dire le monde, et inversement que le monde ne tremble pas si ce n'est dans une parole. Toute la poésie de Gatien Lapointe m'apparaît comme ce «mot tremblant d'amour et de sang» dont il est parlé dans *Le pari de ne pas mourir,* ce mot qu'on peut «opposer aux dieux et à la mort», ce mot plus durable que le corps et que la terre, et qui est ce que lui-même appelle une «parole habitable».

La vraie demeure de Gatien Lapointe, c'est cette parole-là. Cette parole est déjà l'éternité sur la terre. Elle naît tous les jours comme le soleil, elle surgit des mots les plus humbles, elle dit l'arbre, le fleuve et la terre. Il écrit dans l'avant-propos d'*Une image habitable*: «Je sais en tout cas que c'est sur cette vitre, entre la terre et l'eau, au cœur même de ce feu qui tremble à l'horizon, qu'il me faut revenir appuyer mon front et interroger.» Gatien Lapointe allume un feu pour que nos paroles ne se perdent pas, «un feu qui pénètre chacune de nos paroles». En contemplant ce feu, je pense qu'un foyer n'est pas simplement une demeure. C'est d'abord un lieu où l'on fait du feu.

B. L'enfance radar

Nous sommes encore dans le temps de l'hommage, encore remplis de surprise devant sa disparition physique (brutale, naturelle, définitive). Mais nous sommes toujours dans le temps de lecture de sa poésie, qui n'a pu s'instaurer que par sa «disparition élocutoire» (brute, ouvragée, provisoire). Sa voix chaude et grave s'est éteinte, mais sa parole se rallume, plus au feu du texte qu'à celui de la mémoire. Faute de recul, ce qu'on peut dire est brouillé, il y a trop d'interférences dans les textes radar, dans cette vie radar, toute proche.

Il faudrait parler d'une involution de l'œuvre, de relations entre variables, comme ce que fut au début son énonciation justificatrice et, à la fin, son énonciation explicatrice, affirmative. Ou encore évoquer des transformations ponctuelles qu'on ne pourrait saisir qu'une fois accomplies, et soutenir qu'*Arbre radar* prend racine et rhizome dans *Jour malaisé*, et *Corps transistor* dans *Le premier mot*, et ainsi de suite, de feuillages en racines. Ne jamais opposer les unes aux autres.

Ne jamais non plus, malgré la tentation facile, opposer les énoncés du *je* à ceux du *on*, les énoncés du *moi* à ceux du *soi*, ceux du *pays objet* à ceux du *corps sujet*, et ainsi de suite, de clos en ouvert, afin de ruiner cette tendance à la dichotomie, engendreuse de mythes et de prescriptions. À celui qui était tourmenté et fasciné par l'instant, nous n'imposons pas la durée, à celui qui s'est voulu divers et fragmenté, nous n'assénons pas l'unité. Mais sa complexité, qui fut constante, sa multiplicité, qui fut créatrice, nous les saisissons dans une cohérence, nous les ancrons dans un réel.

Le corps mouvement

En ne parlant que des référents, on ferait trop vite le tour de la question. Les éléments, les saisons, le corps, l'écriture, le plaisir, c'est vite évoqué, même si on sait les lire coextensivement à toute l'œuvre, étalée sur 30 années. Ce que Gatien Lapointe a privilégié comme poète, de la première à la dernière œuvre, ce sont d'abord des mouvements du corps, ces *gestes* innombrables qui jalonnent la présence active du sujet: «je plante, je dessine, je trace, je lèche», etc.; puis des mouvements de l'être, *ces actes* obsessionnels de l'écriture: «j'écoute, je cherche, j'épelle, je vérifie, je m'élance, j'invente, j'affirme, je tremble, je nais», etc. Cette gestualité omniprésente fut constamment l'antidote de la rationalité. Elle figure son inscription dans l'instant, sa preuve de réalité, sa marque d'identité. Un corps attitude définissant l'être certitude, tous les deux conjuguant l'écriture plénitude.

Car aux mouvements du corps et de l'être, il faut ajouter ceux de l'écriture, travaillée dans son matériel sonore, exploitée dans ses richesses phoniques. Les *rythmes* prennent leur élan de l'intérieur des mots, jouant à la limite de leurs effets de miroirs, s'amusant à leurs collisions. *Arbre radar* constitue une expérience sommet, dans le langage, de ce besoin du neuf, de cette envie du vif, de cette rage du brut. C'est le corps parcouru de soubresauts, de spasmes syntaxiers. On ne rencontre pas de néologie anagrammatique, de mots-valises, mais quels écroulements de la syntaxe, quels raccourcis, quels mouvements de l'écriture dans le texte! Mimétisme de la danse, de l'amour, en travers des mots ensorcelés.

La poésie de Gatien Lapointe accorde une prépondérance quasi exclusive au *je*; presque pas de *tu,* rarement le *nous.* Bref, le *premier mot,* c'est la première personne. La certitude d'être soi coïncidait avec l'expérience d'être seul. Unique, différent, mortel. «Je pars, j'ai le cœur noir»: ce vers du *premier mot* se répercute dans *Arbre radar*: «j'annulerai les hasards de ma mort». Il fut toujours vivement conscient de sa mort, n'épargnant rien pour vivre à vif, sentir sa vulnérabilité, se sachant fragile même, et surtout, en criant NON à la mort. Le discours nationaliste, il s'en est détourné, comme du souci de la modernité; il pouvait parler de politique, admirer des poètes, mais en écrire, très rarement. La poésie le requérait absolument, lui donnait tous ses moyens, apportait la réponse totale. Mais la réponse à quoi?

L'enfance rhizome

Il m'a parlé un jour de son enfance. Il avait 12 ans à la mort de son père. Il n'a pas réussi à lui dire ce qu'il voulait, à ce père qui est «mort en appelant ses enfants». «Peut-être que je cherche toute ma vie à dire au monde ce que je n'ai pu dire à mon père[1].» Il m'écrivait, peu après:

> Ce feuillage dont je parle depuis si longtemps dans mes poèmes sans pourtant me répéter […] si j'avais pu le proférer ce jour-là, à l'hôpital, à la toute fin de mon enfance et au début de l'exil, aurait à coup sûr éloigné la mort, aurait même ressuscité. Mais il est resté pris dans ma gorge trop serrée. Le cri n'avait pu éclater de ma bouche.
>
> Incapable alors de parler, je suis allé prendre ce feuillage dans le jardin, près de la maison — vif, vivant, vivace! — et je l'ai déposé sur la tombe de mon père. Il faut maintenant que je l'invente (ou que je le réinvente) et que je le pose comme un mot souverain entre la mort et la vie, si je mérite d'être sauvé, qu'il me soit la céleste demeure, la terrestre éternité…[2]

La mort, l'enfance, l'arbre, réalités très anciennes. Elles sont toujours en devenir dans la pensée, à l'œuvre dans le poème. On peut parler d'un rhizome existentiel où croissent souterrainement les figures, souverainement le langage, énonciativement le *je* du défi et de la dénonciation. Le rhizome n'est ni thème ni structure, mais croissance secrète du réel caché, jusque dans ses excroissances lisibles. Une autre lettre approfondit ce rapport de l'enfance à la mort, ces blessures extrêmes:

> Je l'ai vu cet arbre — il faut que j'ajoute ceci — dans sa forme
> élémentaire, fondamentale, linéaire: racines, tronc, branches,
> et dans la tempête, tel que ma pensée peut-être va d'instinct
> aux schèmes les plus fondamentaux et les plus évidents,
> voyant vite le caractère mortel, bien que nécessaire, de l'enve-
> loppe, du dessus, de l'apparence[3].

Le poète avait en substance dit la même chose à Claude Dai-
gneault quatre ans plus tôt[4]: «J'ai un homme dans ma tête qui est tout
élémentaire. Vous vous rappelez dans l'*Ode*... «Je plante un homme
dans la terre. Et il pousse comme une plante.» Et encore: «Mon
enfance est celle d'un arbre.» L'événement primordial a prescrit à
l'œuvre son urgence; c'est dans ce manque de temps et de parole que
le poète a construit son affirmation.

On déplorera certes longtemps, par une convention nécessaire, la
disparition prématurée de Gatien Lapointe, mais dans l'état actuel de
notre connaissance de l'œuvre, on se dit que cette dernière est complète; on ne peut pas lui imaginer de continuation: dans quel sens
aurait-elle pu se prolonger; quelles tiges souterraines aurait-elle encore
poussées? C'est très anciennement, et absolument, que le réel s'était
écroulé, à la fin de l'enfance. Est-il surprenant que dans *Arbre radar*,
ce livre de l'enfance, le réel s'écroule toujours par le moyen de ces
chocs de sons qui brutalisent et déroutent les signes, à travers ces ava-
lanches de sons signes qui engourdissent les sens et luttent contre eux
autant pour les exciter que pour les apaiser[5]?

Gatien Lapointe a puisé en lui-même les certitudes qui ont
éclairé sa vie. Chaque fois que la raison analytique ou la théorie justificatrice le frôlait, il avait un geste instinctif de retrait. Il revenait à ce
qui est «infiniment simple sur la terre»: un geste de son corps, un acte
de son être, un mouvement de son désir, un retour au temps de son
enfance. Écrire fut pour lui un geste aussi simple que de tendre la
main. Il avait, en sa personne, tout pour séduire. Il prenait plaisir évident à parler, à rencontrer ses amis. Il donnait son temps sans compter.
Mais il allait toujours vers plus de simplicité, plus de secret. Il est mort
à l'insu général. Il n'avait pas eu le temps de dire à son père ce qu'il
voulait. Nous non plus nous n'avons pas eu le temps de le dire à
l'ami[6].

C. La phrase inachevée[1]

En 1979, Gatien Lapointe a donné un titre surprenant à un ensemble de poèmes lus à la radio[2]. Ce titre, *Syntaxe de l'instant,* me surprend encore, et de plus en plus au fil des années, parce qu'il m'aide à comprendre deux difficultés de son œuvre. D'abord sa propre évolution dans l'écriture, depuis les phrases lisses des débuts, comme «je cherche maladroit le premier mot d'amour[3]», ou encore «j'ai dans le cœur une grande souffrance[4]», jusqu'aux phrases denses et bousculées d'un livre comme *Arbre radar*[5] qui laissent l'embarras du choix, comme «forêts falaises fleuves magnétiques treillis de cils du violent orage» (p. 28).

Un titre, encore, qui me force à passer, dans la lecture nouvelle qui s'impose, d'une sémiotique du mot à une sémantique de la phrase, bref du paradigme au syntagme, du choix des mots au choix de leur organisation. En d'autres termes, à passer d'une morphologie (formation des mots, dérivations et flexions) à une syntaxe (combinaison en phrases des unités significatives).

Établissons d'abord, en survol, non pas la conscience du paradigme, mais la conscience pure du morphologique, je veux dire l'usage réitéré d'un mot clé, ou du mot clé de cette conscience: il s'agit du mot *mot.* On sait que cette unité minimale est habituellement négligée, ou oubliée, dans le discours poétique, parce que généralement on utilise les mots en omettant de dire que ce sont des mots. Or Gatien fait du mot *mot* un signe *vedette:* «Je trace un *mot* sur mon corps. Je marche en épiant des *mots* sur le sol. Je nais dans chaque *mot.* Chaque *mot* risque ma vie. Le temps est ce *mot* dans ma main. Je dirai avant Dieu le premier *mot* d'amour.» Etc.

La poésie de Gatien gardera toujours cette conscience du mot primal qui se désigne soi-même en s'entremêlant à d'autres qui désignent des objets. De cette manière, il y a chez lui un poète-grammairien, un artisan passionné par le morphologique. On ne trouve pas ce recours spontané que dans la poésie, mais aussi dans la prose, comme dans la réponse à l'enquête de *Liberté*[6] sur «les poètes et le roman»: «Écrire pour apprendre. Écrire pour faire dire à la vie, avec des mots, ce qu'elle ne peut exprimer elle-même», ou encore dans une lettre[7]: «En dehors du mot, après chaque mot, je tombe dans le noir, dans l'inconnu, dans l'incompréhensible.»

Étant donné cette conscience radicale du mot, de quelle manière va se former la syntaxe? Je veux dire: comment l'écriture va-t-elle prendre conscience qu'elle est aussi une syntaxe? Il faudrait ici relever les occurrences de la locution nominale *mot à mot,* partout distribuée, comme dans: «Je crée *mot à mot* le bonheur de l'homme.» Ainsi commence un enchaînement, habituellement plus complexe, comme dans: «Une seul mot transforme toutes mes ressemblances / Et mes images prennent chair»; ou encore: «Mes mots font des trous dans le noir / Éclats de noir, mes mots sont des lance-flammes.» Les mots changent les signes en images. C'est le commencement d'une conscience syntactique. Les mots ne sont pas isolés, ou muets, ou stériles; ils sont réellement dynamiques.

Tentons une interprétation. Gatien se méfiait autant de l'abstraction des mots que de l'écriture tarabiscotée. Il voulait que le texte soit fulgurant de clarté, pulpeux comme un fruit, direct comme une sensation. Dans une lettre du 11 février 1971, en réaction à mon article sur «la passion des mots» dans son œuvre[8], il m'écrivait: «J'ai débarrassé ces poèmes de ces complications prétentieuses (qui ne peuvent être du reste que fausses prouesses verbales, qu'inutiles contorsions syntaxiques, qu'énervantes simagrées de la conscience!) ces complications qui masquaient la naïveté, la spontanéité, la simplicité qui sont celles mêmes de la vie et du corps, et que je voudrais retrouver dans toute œuvre.»

On voit ici quelles valeurs sont affirmées. Mais il y a un envers à cette prudence. Dans la même lettre, il réagit ainsi à une petite phrase de mon article où j'affirmais: «Le mot survit à la phrase.» Il écrit: «Oui, en un sens, mais c'est la phrase, me semble-t-il, qui organise les significations, qui unifie ou rassemble les divers éclats des mots qui s'entrechoquent, s'enlacent, s'embrasent, et c'est la phrase qui règne. C'est elle qui crée le lieu indéfectible. Empruntant aux mots leurs feux, c'est elle qui les allonge en un éclair durable.»

Quelle justesse dans cette précision! On pense à la phrase de Wittgenstein: «La signification d'un mot est son emploi dans le langage[9]»; ou à certaines formules de Ricœur, dans *La métaphore vive*: «Le mot n'a pas d'identité sémantique séparable de son rôle syntactique»; ou encore: «Dans le jeu du mot et de la phrase, l'initiative du sens, si l'on peut dire, passe à nouveau du côté de la phrase[10].»

L'œuvre de Gatien s'est lentement, mais sûrement, ouverte à la conscience de la phrase, non seulement dans la pratique d'écriture telle qu'on la voit dans *Arbre radar,* mais aussi dans l'usage poétique du mot *phrase.* Ainsi, en 1971, on trouve, dans le poème «Le vaisseau de soleil», le trajet nominatif du mot à la phrase: «Et c'est d'un *mot* très haut l'orée d'une île et des herbes [...] *Phrase* déployant à ras de rosée le songe infini.»

On retrouve la même chaîne nominale morphologie/syntaxe dans «Corps autre infiniment[11]»:

> mots je vous dis, les noms en premier,
>   mottons de terre [...]
> mots je vous plante dans la chair chaude
> [...]
> et toute la *phrase,* ceinturée d'astres qui clignotent
>   dans l'ombre des reins, [...] je vous
>   *jumelle, mots,* je vous jette deux à deux,
>   à trois, à neuf dans l'inaugural fracas
>   de l'image.

Cette double évocation du mot et de la phrase, cette domination de la phrase sur le mot, est certes très importante dans l'œuvre de Gatien, puisque le poème d'ouverture d'*Arbre radar,* en 1980, n'est nul autre que «Corps autre infiniment», sauf que la forme a été retravaillée. *Mots je vous dis* devient *mots je vous touche et je vous nomme*[12], comme si la charnelle emprise des mots, avant d'être diction, se devait d'être appréhension et sensation. Pour Gatien, les mots sont des objets dont on s'empare en les arrachant à leur isolement insignifiant. Ricœur dit aussi: «Le référent de la phrase est un état de choses et le référent du mot est un objet[13].»

Écrire fut, pour lui, plutôt que l'acte, avant tout le geste de cueillir. Quelques mois avant sa mort, il confiait à Jean Royer comment il appréhendait le réel: «C'est ce Grand Tout que parfois on arrive à ramasser dans une grappe de mots, exactement comme d'une main on peut ramasser une nuque, une touffe d'herbe, une motte de terre[14].»

Tout s'est joué dans cette métamorphose de la conscience entre le mot et la grappe de mots. La syntaxe linéaire des débuts s'est peu à peu muée en des formes plus complexes; la ligne a fait place à la spirale; le geste ponctuel s'est incurvé en des fondus enchaînés souples, larges, suggestifs. Voilà ce qu'on peut affirmer pour la question du passage du mot à la phrase, du lisse au rugueux (ou au *mottoneux,* pour reprendre un mot qu'il affectionnait).

Sur le plan du signe et du sens, cette transformation correspond à un renforcement du sémantique par le sémiotique, mais il serait plus juste de dire que, chez Gatien, la dialectique vive et primitive du mot et de la phrase a amené au jour, mis à l'œuvre, et planté dans l'œuvre, une sémiotisation très poussée, que d'aucuns ont pu qualifier d'excessive. L'abondance des jeux translittéraux, des effets de miroirs paronymiques et des phrases nominales, dans *Arbre radar,* a pu le laisser croire.

Il faut voir les choses autrement, comme, par exemple, la conscience du temps qui raccourcit dangereusement, l'urgence de l'œuvre à finir, la fragilité du cœur qui bat, et l'angoisse qui l'étreint. Le temps presse, la phrase doit être complétée, à défaut de trouver tout son sens. Mais la phrase, telle une symphonie, telle une syntaxe, reste inachevée.

La poésie de Bosco: une quête de justice

À l'orée de l'œuvre poétique de Monique Bosco, on se demande si on pourra jamais en tirer la même substance que de l'œuvre romanesque. On a raison, mais la question se pose autrement. Disons que la même substance pourrait être le malheur humain. C'est une hypothèse. On retrouvera ce malheur et dans les romans et dans les poèmes, mais ces derniers le traduiront du plus vif du langage, tandis que les romans le moduleront à travers des personnages en situations. Les changements de forme auront tellement modifié cette substance qu'ils seront eux-mêmes devenus ce qui la remplace: des champs langagiers inassimilables.

Établissons aussi que la poésie de Bosco n'a pas obtenu, à ce jour, la reconnaissance qu'elle mérite. *Schabbat* parle moins haut qu'*Un amour maladroit*; *Jéricho* n'éveille pas le même écho que *Charles Lévy, m.d.*, que *New Medea*, ou que *La femme de Loth*. Assurément. Les poèmes publiés dans des revues n'existent peut-être pas. Il y a un défi à relever. On peut toujours avancer que cette poésie a davantage proposé son étrangeté que sa familiarité. Une limpidité et une retenue, une timidité et une sincérité dont l'institution n'a su que faire. Possible. On ne pourrait le savoir en toute certitude que si on dressait un tableau complet des best-sellers poétiques des 20 dernières années. Peut-être qu'une lueur d'explication viendrait au jour.

Mieux vaut sans doute, pour résoudre ces difficultés que je semble soulever à loisir en guise de préliminaires, adhérer franchement à un énoncé critique de René Char, affirmant: «Avec Rimbaud, la poésie a cessé d'être un genre littéraire, une compétition.» Ainsi la question de l'importance relative de la poésie de Bosco se trouve-t-elle résolue, et par rapport à la réception critique dont elle a joui, ou non, et par rapport à l'ensemble de l'œuvre romanesque dont elle se démarque de façon autonome, tel un contrepoint musical. Le roman allonge ce que la poésie condense, dilue dans de multiples destins ce qu'elle concentre dans un seul, et s'appuie sur des perspectives sociologiques qu'elle ne considère pas, pour elle-même, prioritaires. De plus, je ne connais pas, chez Bosco, de discours sur la poésie, comme on peut en trouver chez Anne Hébert, Paul-Marie Lapointe, Roland Giguère ou Nicole Brossard. On est à pied d'œuvre devant un monument qui dissimule ses accès. Autant se résoudre à ce défaut d'accès pour se forcer à une adhésion plus obstinée. Char affirme encore: «Nous obéissons librement au pouvoir des poèmes et nous les aimons par force.»

La souffrance juive. La souffrance femme

Les 18 poèmes parus dans *Écrits du Canada français* en 1963[1] modulent à leur manière, rapide et directe, les confidences malheureuses déjà faites dans le premier roman, *Un amour maladroit*[2]. C'est la révélation d'une vie de ruptures et d'arrachement, un chemin d'errances et d'étapes comme seul en a connu, et en connaît toujours, le destin juif. Mais ici une femme parle. Le premier poème, «L'amour des temps premiers», signale la perte «de l'amour entrevu au seuil d'une aube tranquille». On dirait la fin d'un monde, l'évanouissement du bonheur. Aux strophes de ce premier poème de révélation succèdent les paragraphes du deuxième texte, non titré, qu'on pourrait dire d'explication, et qui s'ouvrent dans la plus grande transparence de l'énonciation. «Je suis fille de la terre où rien ne pousse. Fille stérile des sables du désert.» Voici peut-être le texte le plus lyrique de Monique Bosco, étant donné l'interpellation du cœur («t-en souvient-il, mon cœur?»; «ai-je jamais eu une âme, mon cœur?», etc.). Le discours tire sa virulence des relations *je - tu*, non inter, mais intrapersonnelles. «Pas d'enfance pour moi, ni de jeux ni de rires.» Et tant de larmes imbibant la terre. «Alors vraiment, nous étions le sel de la terre.» Ironie amère vraiment propre à la souffrance juive.

Le destin individuel se fond dans le destin collectif de l'Israël des siècles. «Souviens-toi des lueurs de crématoire. Des cendres à n'en plus finir.» À ce destin de mort s'ajoute le destin de vie. «De si longues faims étirées au cours des siècles. Et la soif au désert. Et le froid tout au long des âges.» Au passage est démasquée l'injustice, déploré l'exil en terre étrangère, dénoncés la fraude et le jeu truqué, dont sont victimes un peuple et une femme de ce peuple. Le dernier poème de cette suite, également sans titre, propose une autre position transparente de la subjectivité; mais cette fois avec la disparition totale du *je,* et une espèce de recourbement du lyrisme sur lui-même qui arrive à une froide résolution. À la première décision qui engageait l'énonciatrice dans son discours: «Il faudrait devenir sourde et muette. Statue de sel au pays du mensonge», succède une série de vœux sapientiaux, descriptifs, résolutoires, d'une tendresse émouvante: «Sage sagesse, aux gestes sévères, aux consignes immuables... Douce et seule sagesse de l'indifférence et de la répétition.» Et la poète, rappelant les «pièges d'ombre et de souffrance» et la «source unique au goût du malheur», voue le malheur en même temps que la sagesse:

> Voilà la seule liqueur amère et quotidienne capable d'étancher
> une certaine soif d'enfance, de vengeance, d'oubli et de pardon pour laquelle la seule sagesse est le silence.

Il y a de la grandeur à assumer ainsi son destin. Dans cet acte de sagesse, que ne renierait ni un Qohéleth, ni un Jérémie, ni un Raymond Abellio, et tant d'autres, se profile l'acte poétique, issu du silence et y ramenant toujours, l'acte le plus total n'étant possible que par la parole, à l'égal d'une foi, ou d'un amour. La souffrance demeure, ni escamotée ni rachetée, élément premier de l'aventure humaine, tant collective qu'individuelle, ici accrue par le fait capital de la féminitude. La souffrance juive. La souffrance femme.

Entre ces deux textes posés comme des bornes éclairantes autant à ce premier recueil qu'à l'ensemble de l'œuvre, se donnent à lire 15 poèmes, titrés, brefs, rythmés, sortes de chants d'accompagnement issus d'un travail de plaisir, en dépit de leur contenu. Quinze poèmes qui sont autant d'énoncés de vérité et de certitude, avec des titres impératifs: «Laide est la ville», «En terre étrangère», «Règne du silence», «L'amour condamné», «Fantôme d'enfance», «Asiles», «Écartèlement», «Cœur obscur», etc., titres qui thématisent le discours poétique en vertu d'un travail de l'auteure facilitant la lecture, mais qui aussi manifestent autant la «dispersion du sujet» que «sa continuité avec lui-même», pour reprendre les expressions de Michel Fou-

cault. Le seul travail prosodique, dans ces poèmes intercalaires, empêche qu'on ne voie dans ce discours que l'expression d'un sujet. Autrement dit, le poème est linguistiquement, et sémiotiquement, autonome;
il existe, une fois terminé, hors du feu nourricier, ou de l'eau mère, de
l'énonciation. Que le *je* d'un poème se dise «à l'étroit en [sa] peau»,
ou qu'il s'oppose «au règne du silence», qu'il crie à travers la ville, ou
déclare la perte des «jeux innocents, pervers / Années perdues,
enfouies», ou affirme: «je crie en vain les horreurs que je vois», ou
assume le destin femme:

> Je suivrai l'exemple triste
> De celles qui m'ont précédée
> Étrange communauté de filles
> Liées ensemble par la défaite
> Et l'attente des lendemains,

que le *je,* donc, multiplie ses occurrences et se déploie dans toutes ses
facettes, ici prioritairement déclaratives, il ne fonde pas le discours
comme expression du sujet, ni comme son enfermement. Au contraire,
le discours apparaît, selon l'heureuse formule de Michel Foucault,
comme «un champ de régularités pour diverses positions de subjectivité». C'est ce qui rend possible la lecture, en d'autres mots l'intérêt
d'un énonciataire, vous et moi, finalement l'histoire.

Je ne vois pas comment cette suite poétique de 1963 aurait pu
recevoir l'accueil «critique» qu'elle méritait, ni comment elle aurait
pu s'intégrer harmonieusement dans le champ littéraire québécois,
étant donné la violence idéologique qui marquait le passage de la poésie québécoise du stade nationaliste au stade révolutionnaire (1963 est
l'année de fondation de *Parti pris*), étant donné aussi le silence historique des femmes. Comment la judaïté errante aurait-elle pu enfoncer
son coin dans la québécité sédentaire? Le malheur québécois, planant
pratiquement au-dessus de l'histoire, pouvait-il s'accroître du malheur
juif, ancré dans l'histoire planétaire? S'ajoutant à cette carence, au
Québec comme ailleurs, on peut mentionner l'oppression d'un système patriarcal qui occultait, déformait ou raturait la parole femme.
Bosco n'avait en principe aucune chance de son côté. C'est la patience
de l'écrivaine, romancière et poète, qui à la longue vainc l'apathie
générale. Des temps plus réceptifs sont venus qui donnent maintenant
accès à cette œuvre.

Le refus du bonheur

Il faut accorder de l'attention aux 11 poèmes parus dans la revue *Europe* en 1969[3], consacrée à la *littérature du Québec*. De nouveau, on remarque les titres fortement thématiques. La majorité des poèmes exposent des phrases à la syntaxe ample et précise, recourant à de significatives et suggestives symétries:

> À tous, tous les torts. Un barbelé nous défend
> du monde des vivants.
> À nous, les remords. Conscience en bandoulière,
> poursuivons la tournée des morts.

De nouveau, le malheur courtise les frontières. «Fini le temps de la vie. Fini le temps du repos. [...] Fini le temps de la joie.» Les pertes vont s'accumulant: la joie du jeu, le cœur, la patrie, la possession, la famille, le soleil, les enfances: tout cela envolé. Le tableau n'est cependant pas parfaitement noir. Il faut noter deux éclaircies, comme des aubes inespérées. «Jardins de juin» présente l'énonciatrice, «douce et sage, délires domptés, peurs dénouées», «comme jardin qui se meurt, au matin, pour renaître victorieux à la lune». «Nul pèlerinage» la présente, uniquement par la marque du féminin à deux participes passés, avec un cœur «noyé, dans le lac lisse et glauque de l'oubli ancien, peureux et poreux». Mais surprise, comme une interruption de la durée: «Voilà que la vie fleurit en un miracle d'amour et d'oubli.» Ces résurrections, pour ambiguës qu'elles soient, méritent considération en vertu de leur rareté.

On n'exagérerait certes pas en affirmant que la poésie de Bosco marque un obstiné refus du bonheur. Cette position volontairement consentie n'est pas étrangère à la poésie, étant donné la distance réelle qui sépare l'énoncé de l'énonciation. Le premier n'est pas le reflet, ni même l'envers, de la seconde. Quand je lis: «je chanterai les mensonges de l'amour, / moi qui ne chante guère», ou encore: «J'erre dans les déserts du vide de mes enfances», je lis des énoncés de Monique Bosco, mais proposés dans l'instance poétique. Il ne faut pas que les dimensions confidentielles des romans obstruent les avenues du sens poétique, ni que les éléments du poème soient vus comme fragments autobiographiques. De tels énoncés, certes, souffrent d'un excès référentiel, mais pas au point où ils ne puissent me rejoindre dans mon vécu existentiellement et historiquement autre, sexuellement différent, émotivement étranger. La judaïté, la féminité aident à lire un énoncé comme: «la route est libre. Les déserts de la patrie absente nous tendent les bras»; mais cela aussi s'entend en gentilité, en masculinité. Autrement dit, le sens se forme à l'écart du réel; ou plutôt le réel fait trace sur le sens, pas davantage, si lourdement ou avec insistance que ce soit. La poésie est un acte de liberté.

Les saisons et les éléments du réel

Jéricho, le premier livre-recueil de poèmes de Bosco, paraît en 1971. Quarante-six textes, des proses poétiques pour la plupart, quelques rares poèmes identifiables visuellement. La sagesse vouée antérieurement est à portée d'atteinte, empreinte d'une sérénité omniprésente. (Je me souviens de la ferveur de ma première lecture.) L'auteure n'a pas cru bon de dégager des parties, de proposer des équilibres. Le plaisir d'écrire se manifeste par les moyens d'une économie syntaxique sans faiblesse. Il est temps de dire que la technique littéraire de Bosco doit tout à la syntaxe:

> Rêves d'aurore. Heureux présages. La peur s'estompe. Tel un mirage miroite le lac tranquille d'une oasis de calme. À l'horizon, un ciel sans nuage. Ce matin, il faisait gris et noir. Le grand soleil du midi a effacé les traces du malheur[4].

Règne de la parataxe, mais jamais avec les effets d'essoufflement que donnent certains poèmes de Saint-Denys Garneau. Presque jamais de marqueurs jonctifs (et, car) ou disjonctifs (mais, cependant). Les circonstants de lieu et de temps sont utilisés sans excès. Cette coupe syntaxique coïncide avec un régime métaphorique minimal. Rarement peut-on lire une poésie avec si peu d'enflure, d'images sauvages. Des textes émondés, des énoncés épris de justesse, aspirant à l'heureux équilibre du dire et du dit, de l'impensé et du formulé, ennemis de l'ostentation. La poésie de Bosco exige une attention aux aguets; elle ne laisse rien au hasard et à la facilité. Poèmes de taille, phrases de taille, comme des pierres

faisant de leur poids légèreté, et de leur masse un envol. Impression
que le secret des formes propres a été percé, que les textes ont trouvé
leur respiration profonde.

Réussite formelle qui n'est certes pas étrangère à l'élargissement
et à l'approfondissement des contenus. On retrouve de nouveau les
sentiments de l'usure et de l'irréparable, autres motifs de la perte, poétiquement acquise. Le poème liminaire, «Reprises», ouvre, même lexi-
calement, l'horizon féminin, corporel, des générations. «Inlassable-
ment, il faut filer, tisser d'autres fils quand la trame se fait plus mince,
transparente.» Le temps compte plus que jamais auparavant, bien que
constitué de jours ordinaires, d'échecs amoureux. Le passé a laissé des
traces vives: «Le cœur battant encore. Au seul bruit de ton nom, il
s'emballe tel un cheval fou de peur.» La vie donne lieu à l'autodépré-
ciation: «Je me noie dans ces infâmes cuisines où l'on fait réduire à
petit feu les idiotes comme moi»; donne lieu, également, au désir de
repos, fait à noter, consigné dans le dernier poème du recueil, «La paix
des braves», et même dans ses dernières lignes: «Dans la trêve de la
guerre à l'amour, je sais enfin que j'ai gagné la paix des braves
n'attendant plus ni victoire ni défaite.» «Paix des braves: paix honora-
ble pour ceux qui se sont battus courageusement» (*Petit Robert*). Pas
la mort, mais l'armistice immédiat, définitif. Pas la paix des cimetiè-
res, celle des jardins fleuris.

Cette quête de paix, fortement signalée en fin de recueil, on peut
en suivre les traces à travers les poèmes. Il s'opère, dans ce recueil de
Bosco, un retournement qu'on pourrait expliciter par l'opposition suivante: l'humanité (sinon la masculinité) ennemie *versus* la nature
amie, cette dernière remplaçant la première, comme un bien remplace
un mal, ou l'adoucit tout au moins.

Cette métamorphose met en scène le sentiment saisonnier. Le
recours à la saison figure une sorte de confiance naturelle dans le
retour de la vie et même dans sa requalification. On observe d'abord
un niveau simple de métaphore, par le truchement du complément
déterminatif: «aux champs en friche de l'amour, j'ai mené paître la
fragile apparence du plaisir»; «aux marais salants de l'enfance, j'ai
pourchassé le sanglant rêve d'autrefois». Parfois une détermination
plus condensée renforce la figure naturelle, comme les «pluies froides
de la mort», ou «les grandes marées du désespoir». En de plus fréquentes occasions, c'est tout l'être intime qui trouve appui, recours et
secours, force et pureté, dans un élément naturel. «La liberté se cache

derrière chaque buisson»; «l'aube seule voit la débâcle désordonnée des ombres transfuges de la mémoire»; «que tombe la première neige pour assourdir l'écho des paroles meurtrières»; «le grand soleil de midi a effacé les traces du malheur»; «des soleils hors de saison se rient des calendriers humains»; «lavée de pluie et de mer, je ris des peurs d'hier». La saison offre des climats, comme la nature des remparts, ou des baumes, toutes figures de métamorphoses et de résurrections.

Il en va de même pour la saisie du cœur «tas de plumes», et du corps «tas de ferraille»; ou de la tête, «bille vide au duvet fou»; ou du «tintamarre des os entrechoqués». Dislocation, perte du lieu propre, mais jamais irrémédiable. Il semblerait qu'on puisse prêter à la vie, au corps, au cœur, ce que l'auteure prédique de la terre: «La terre se fend, s'étire, peau de chagrin prête aux plus folles métamorphoses.» Si on met en parallèle, ou en opposition, ce rude espoir de vie avec certains textes aussi mortuaires que l'hiver:

> Une fois de plus, la vie sera impossible, gâchée, bafouée. Vie vide de toute vertu, Vienne la mort. Vive son effarant silence.
> Il est temps de saluer avec reconnaissance l'avènement de l'absence,

on ne pourra savoir quelle saison, quel sentiment l'emporte. Est-ce la vie? Est-ce la mort? Le printemps («Le démenti des crocus paraît téméraire») a-t-il un règne imaginaire plus fort que l'hiver («Le pays s'éternise dans sa carapace d'hiver»)? Il semble que non. Mais la vie éclate et s'acharne. Un élément en tout cas est constant, c'est l'eau purificatrice: «Que chaque vague lave la souillure de nos plus affreuses et intimes blessures», à quoi correspond, en fin de recueil, l'eau fortifiante, vivificatrice: «Trombes d'eau noyant le paysage. Rafales de vent rabattant loin et fort toute faiblesse offerte. Je retrouve une force enracinée en mon cœur enfin libre.»

Jéricho met en scène une figuration ambivalente qui témoigne de la complexité du réel autant que de la poésie. Un univers univoque serait irrespirable. Il se tisse ainsi entre les êtres et les objets des contradictions fécondes, entre l'instant et le mouvement une dialectique vivante, entre les images du monde et celles de l'être intime une figuration écartelée, plurivoque. La poésie de Monique Bosco tire son pouvoir du *scandale de l'esprit devant le réel autant que devant l'histoire*. On ne peut, sur ces surfaces lisses, que laisser une empreinte fugace, une trace hâtive. La poésie fait délirer le tout autre du réel, l'esprit humain. Monique Bosco orchestre ce délire d'une main assurée, sans surcharge.

La révolte contre une injustice immémoriale

Le dernier recueil paru aux Quinze, en 1978, *Schabbat. 70-77,* affiche, comme le précédent, une judaïté indéracinable. Dans *Jéricho,* le poème-titre annonce le renoncement au passé et à l'héritage. Mieux vaut le «pauvre présent» plutôt qu'une ville morte ou que l'«absurde futur incohérent». Dans *Schabbat,* c'est autant la femme que la juive qui «crie à l'injustice», et dénonce très fort son exclusion du temple: «Et je t'invoque, Seigneur, toi qui n'as pas cru bon de me faire place dans ton temple [...]. Pas de place, dans ton temple, pour la femme qui a peiné, toute la semaine, dans le sang et la sueur. Le sabbat des hommes est sacré.» Voilà une parole de révolte, ironique, sarcastique, ici condensée sur une phrase, mais éparse dans tout le recueil, le plus féroce, le plus autonome, le plus libérant, le plus construit de l'œuvre poétique de Bosco.

Quatre parties. «Voyages d'exil» propose, avec «Venises», le rendez-vous raté de l'amour, la «dérisoire attente», le «corridor de l'angoisse», de l'indifférence: «J'ai beau entendre tonner. Invincible à la foudre et au foutre, je nargue les éclairs du désir incertain»; avec «Florides», c'est le paysage maritime arpenté par les vieillards, «rescapés de la mort»; avec «Afriques», le voyage le plus beau, nous lisons des «choses vues», des êtres émouvants; c'est plein de couleurs, de saveurs et de chaleurs, bêtes mêlées aux humains. «Dans le marché noir de monde, les petits tas de tomates s'écrapoutissent sous le double assaut de la chaleur et des mouches.» La deuxième partie, «Durs voyages aux pays de l'homme», redonne à lire le cœur saisonnier, ramène les vieillards, les paysages frappés («Arbres noirs, droits, durs, drus et nus. Paysage de noir»), et encore les pièges de l'amour. C'est la troisième partie, «Voyages aux bords de la mort[5]», qu'on retiendra comme le cri de la femme blessée, pourfendeuse de l'injustice immémoriale, le cri solidaire, prophétique, contre l'assujettissement des femmes, leur asservissement, leur oppression, leur exclusion. À travers la chaîne, et les chaînes, des générations: «Amère petite juive, dressée à encaisser les coups. [...] Ô ma mère, dis-moi comment répondre. Tu nous as si scrupuleusement élevées que nous disons encore merci, de surcroît.» Dans le *Livre des Juges,* c'est Dalila qui séduit, trahit, livre Samson. Dans le beau poème «Samson», la poète refuse «cette trop juste trahison», car elle a choisi Samson comme amant; elle le sait invincible, autant que le Samson historique qui, une fois rendu aveugle, ébranla les deux colonnes de l'édifice et fit mourir plus de 3 000 hommes et femmes. «Une nuit de colère, c'est Samson qui me réglera sordidement mon compte. Je le sais depuis le commencement des temps.» Cette science immémoriale se change en une conscience écorchée de l'injustice. Alors monte une plainte virulente, dans la «mise à mort», l'urgence d'un cri primal, foudroyant:

> Et je commence tout juste à crier. Et vous n'avez pas fini de m'entendre. Je percerai vos tympans. Comme ce cri, trop longtemps retenu, vibrera sans merci à l'aube. Je crierai jusqu'à ce qu'on m'entende. [...] Rien n'entravera ma plainte. Je ne cherche ni vengeance ni pardon[6].

Ces «voyages aux bords de la mort» forment, avec la quatrième et dernière partie, un tout unifié par la conscience militante et dénonciatrice des femmes et centré sur l'histoire de leur exclusion dans le système patriarcal. Monique Bosco a écrit, sous le titre «Odyssée des filles folles» (et le sous-titre de dérision «semaine sainte») le plus construit, le plus virulent réquisitoire contre le mâle dominateur, dans la perspective biblique qu'elle connaît à fond, le plus assoiffé de justice, d'égalité. Dieu lui-même, comme dans *Job,* est mis en accusation, au premier chef: «Dieu exigeant. Impitoyable et avare. Ta parole est dure. Tout t'est dû.» Toute l'humanité femme est ici présentée comme victime, toute l'humanité juive aussi. «Longues nuits de Pologne et d'Allemagne. [...] Le peuple à la nuque raide courbe l'échine sous le double poids des lois humaines et divines.» La guerre des sexes s'étend à la guerre opposant le ciel et la terre, à celle aussi qui divise les femmes: «Les saintes femmes se voilent la face devant le spectacle obscène de leurs sœurs possédées du démon.» Le poème se termine abruptement sur une assertion généralisante qui a le mérite de signifier à sa manière un avertissement, une connaissance, une certitude et une libération: «Tout homme, en cette heure du déclin du soleil, se transforme en Judas[7].»

Cette dénonciation du mal universel et historique, ici le mal mâle, a le mérite, entre autres, d'ouvrir la conscience individuelle sur de larges horizons. Elle est prophétique, en ce sens qu'elle est faite au nom de toutes les femmes de toutes les générations humaines. Elle relève d'un savoir qui fait acte dans le réel, que dis-je, d'un savoir, d'un vouloir et d'un pouvoir tout neufs, promis à des réalisations, à des actualisations qu'on imagine encore mal.

À la fin de *Schabbat,* la phrase ci-haut citée convient, tel un point d'orgue qu'on peut prolonger à volonté, au besoin. Un paragraphe de *La femme de Loth*[8], autrefois, eût apporté, non une réconciliation, mais une nuance, une lueur d'arc-en-ciel. «Dieu t'a peut-être créé à son image. Pas moi. Je suis contente d'être femme, juive, sans pays, patrie, famille, biens. Sans rien. Trahie. Il ne me reste rien. Et je voudrais ouvrir les mains, vider mon cœur de toute rancœur. Et te dire: "Va, je ne te hais point"[9].»

Est-il permis, est-il souhaitable, sans trahir la poète, de souscrire de tout cœur au vœu de la romancière?

Michel Beaulieu ou
la familiarité de l'écriture

Michel Beaulieu est mort subitement chez lui le 25 juin 1985 à l'insu de tous: on n'a pu annoncer sa mort que 18 jours plus tard; il avait 43 ans. Il avait publié 40 titres depuis *Pour chanter dans les chaînes,* en 1964, jusqu'à *Kaléidoscope,* en 1984, en comptant de nombreux recueils à tirage limité, ainsi que *Charmes de la fureur* (1970) traduit en anglais par Arlette Francière et publié chez Exile, à Toronto, sous le titre *Spells of Fury* (1984). La reconnaissance littéraire ne lui avait pas fait défaut: en 1973, il avait décroché le Prix de la revue *Études françaises* pour *Variables;* en 1981, le Prix du *Journal de Montréal,* pour *Desseins;* en 1982, le Prix du Gouverneur général du Canada pour *Visages*; enfin, en 1985, le Grand Prix de poésie Gatien-Lapointe, à titre posthume, pour *Kaléidoscope ou les aléas du corps grave.*

Sur sa table de travail, on a retrouvé deux vastes projets de traduction: d'abord une anthologie des poètes anglophones du Québec: Scott, Dudek, Layton, Gustafson, Jones, Cohen, Harris, Sommer, Morrissey, McCauley, etc., puis une anthologie des poètes de la Colombie-Britannique: George et Marilyn Bowering, Alexander Hutchison, Daphne Marlatt, Barry McKinnon, Susan Musgrave, George Stanley, Fred Wah, Carolyn Zonailo, Sharon Thesen, Phyllis Webb, etc. La poésie était depuis toujours la passion de sa vie. Il lisait, a-t-on appris, un recueil par jour. Dans *Livre d'ici* et dans *Nuit blanche,* il rendait compte, même sommairement, de toute la poésie québécoise. Ailleurs, à plusieurs reprises, il a aussi parlé de la poésie canadienne. Pour lui, la poésie était sans frontières.

* * *

Dans le poème «Morsures», paru après sa mort dans ce numéro spécial de *Dalhousie French Studies* (août 1985) sur la poésie québé-

coise préparé par Eva Kushner et Michael Bishop, Michel Beaulieu
écrivait:

> corps atteint dans sa maturation
> que rien ne comble jamais
> du réseau des signes
> [...]
> nous ne serons jamais que de passage
> que fantômes du même bord
> échappés dans la nuit.

C'est le corps qui n'est jamais rassasié de signes; et cela se
remarque dans l'ensemble de son œuvre. Pour lui, la poésie fut à la
fois la plus haute exigence et la plus extrême urgence; le temps se rendait visible dans les visages de l'amour; l'écriture quotidienne permet-
tait de surmonter l'angoisse.

On a beaucoup parlé du désespoir qui parcourt l'œuvre de Beaulieu et qui fournit à ses poèmes leur trame la plus transparente, un
désespoir toujours superbement surmonté, comme Mallarmé a parlé
de suicide toujours «victorieusement fui». Pourtant, on trouverait
difficilement poète québécois plus mobilisé que lui par la poésie, dont
il avait dans sa jeunesse fait la découverte avec Saint-Denys Garneau,
Alain Grandbois, Anne Hébert, Roland Giguère et Gilles Hénault.
Fondateur des Éditions Estérel en 1965, codirecteur de *La barre du
jour* en 1966, cofondateur, en 1975, de la revue de théâtre *Jeu*, auteur
d'une quinzaine de pièces radiophoniques diffusées à Radio-Canada,
codirecteur de la revue de poésie *Estuaire,* en 1981-1984, journaliste,
chroniqueur, traducteur, Michel Beaulieu, en plus d'avoir publié trois
romans, apparaît, avec le recul, comme un auteur prolifique qui s'est
battu sur tous les fronts de l'écriture. Le moins qu'on puise dire, c'est
que le désespoir ne l'a pas enfermé dans le mutisme, ou dans la
nostalgie. Il s'est même reproché d'avoir publié des livres prématu-
rément, ne les ayant pas laissés dormir assez longtemps. Il s'est
notamment accusé de cette précipitation à propos de *L'octobre,* paru
en 1977, recueil poétique traversé par la fierté de voir le *Parti québécois* de René Lévesque au pouvoir en novembre 1976. Par la suite,
surtout depuis 1981, Beaulieu, comme tous les Québécois, a com-
mencé à déchanter, pour en arriver, en 1985, à une désillusion politique généralisée.

Je m'en voudrais de donner l'impression que le désespoir, dans la poésie de Beaulieu, est avant tout d'ordre existentiel et teinté de je ne sais quel relent de romantisme attardé. Bien au contraire, si l'on tient à parler de désespoir, il faudrait le situer sur le plan sociopolitique planétaire: «J'écris avec la joie de l'instant présent mais aussi avec un profond désespoir face à la conduite des hommes un peu partout sur terre[1].»

Michel Beaulieu commence à écrire dans les années 1960, en pleine époque de ce qu'on a appelé la «révolution tranquille». Il faut cependant noter que son œuvre, comme celles d'autres poètes de sa génération, je pense à Pierre Nepveu, Marcel Bélanger, Gilbert Langevin, Robert Mélançon, Pierre Morency, n'appartient pas à la génération de l'Hexagone (Miron, Ouellette, Pilon, Préfontaine). Elle s'inscrit plutôt dans une rupture avec cette poésie de la conquête d'un pays. Rupture donc avec la poésie du pays, mais aussi avec la poésie dite révolutionnaire de *Parti pris,* dans la lignée de *L'afficheur hurle* de Paul Chamberland.

On trouve certes chez Beaulieu des poèmes de type mironien, comme dans *Oracle des ombres* (1979), avec un titre comme «Dans les années de dérision» («cette longue patience de nos gestes / [...] j'allais tu allais / d'une errance quotidienne / et chaque jour exacerbée»), ou encore «Peuple de la neige»:

je te salue
peuple de la neige
peuple habité dans tes repaires
peuple de l'hibernation
peuple de la petite misère
et du reniflement quotidien
je te salue dans tes outrages
dans tes renoncements
[...]
je te salue dans tes ravages
dans tes éclatements
quand tu respires
l'ongle de la glace
et qu'au plaisir offert
tu te dépouilles en tremblant

Ce poème, qu'on peut voir comme un hommage à Miron, ou à Jacques Brault, n'est nullement caractéristique de Beaulieu, dans ses formes ou dans son inspiration. Le vrai Beaulieu poète est plutôt à chercher du côté de certaines positions, comme celle-ci, qui fait penser à Francis Ponge: «Chacun de mes poèmes relève de l'expérience, du laboratoire[2]»; ou encore: «J'ai toujours voulu décrire le monde tel que je le voyais[3].» Nous savons qu'en fait, ce monde tel qu'il le voyait, est devenu, davantage, ce quotidien tel qu'il le vivait.

Une autre position serait le vœu de transparence. À propos de *Variables,* paru en 1973, Beaulieu s'accusait d'opacité: «Je trouve son langage obscur, abstrait, abscons, incompréhensible. Je me cachais beaucoup derrière les mots[4].» Les années ont entraîné la transformation souhaitée. *Visages,* paru en 1981, est un «livre parfaitement impudique», confie-t-il, et le dernier paru de son vivant, *Kaléidoscope,* en 1984, encore davantage: «L'écriture doit être impudique. On ne doit rien cacher [...] Ne pas écrire en fonction du lecteur, quoi! Je ne pourrai jamais témoigner que de moi-même[5].»

*　*　*

Ainsi la figure de l'œuvre ressort-elle peu à peu. Non pas tant solitaire qu'indépendante. Non pas tant militante que lyrique, posant en son centre le moi, ou le sujet parlant jalousement conscient de lui-même comme source d'énonciation, dialoguant avec d'autres *moi* poétiques, mais rejetant de toutes ses forces la répétition mimétique, le ressassement de la lamentation nationale, la revendication politique immédiate.

Dans sa trajectoire complète, l'œuvre de Beaulieu apparaît d'abord comme un discours amoureux ininterrompu, trempé de réalité quotidienne, un discours d'où seraient absentes autant l'abstraction sentimentale que l'image surréaliste fulgurante, un discours où foisonnent les détails apparemment insignifiants, les anecdotes superflues, et quantité d'actes manqués, de rendez-vous déçus, de rencontres exaltantes. On pourrait affirmer que cette poésie tente constamment de requalifier la vie quotidienne en remettant en question le choix de la solitude essentielle, mais jamais le vœu d'écrire, le désir de la communication, l'amour des mots.

La caractéristique la plus forte de l'écriture de Beaulieu se trouve dans la reconstruction de la syntaxe à des fins poétiques. Je m'explique. Au Québec, vers la fin des années 1960, ont été créées les revues *La barre du jour* et *Les herbes rouges,* revues qui sont encore à ce jour deux carrefours majeurs pour les poètes du Québec. Pour ces revues, la modernité poétique a longtemps consisté, surtout dans les années 1970, à déconstruire la syntaxe pour changer les habitudes de lecture. Qu'on songe ici à l'importance capitale de l'œuvre de Nicole Brossard, de France Théoret et de Madeleine Gagnon.

Beaulieu s'est tenu à distance des tendances formalistes et avant-gardistes de ces revues, non sans y avoir collaboré épisodiquement. Ayant ainsi gardé ses distances autant vis-à-vis de l'Hexagone durant les années 1960 que vis-à-vis des *Herges rouges* dans les années 1970, il s'est toujours comporté comme une sorte de franc-tireur de l'écriture poétique; cette indépendance l'a amené à créer une nouvelle syntaxe qui n'écarte pas la prose de la poésie, mais qui surtout permet une narrativité nouvelle dans le rythme visuel de la ligne poétique:

> tu vas
> tu vaques à tes affaires
> bientôt tu te retrouveras seul
> entre les draps que son odeur
> imprègne il y aura les derniers
> mots imprévisibles de la phrase
> où tu t'arrêtes la rapidité
> du sommeil qui te happe
> entre deux paragraphes
> et l'avidité du jour
> que l'oubli consume[6]

Ici, aucune figuration métaphorique, pas d'image fulgurante, aucune concomitance régulière entre le vers et la phrase, mais plutôt une ligne poétique donnée par l'écriture, défaite et refaite par la lecture. L'effet poétique émane davantage, si l'on peut dire, du plan de l'expression que de celui du contenu. La poésie étant avant tout rythme et prosodie, la syntaxe perd sa rigidité linéaire et produit l'effet imprévisible du vers. Certes, la lecture doit négocier ce brouillage du code classique, étant donné l'absence du mètre et des rimes. La course de l'œil est interrompue par la fragmentation de la matière sémantique. Bref, la distorsion prosodique stimule la lecture.

L'intérêt de cette nouvelle écriture poétique vient du fait que rien n'y est systématique: le fragment syntaxique se querelle constamment avec la présentation typographique. La lecture vole de surprise en surprise. C'est en ce sens que Beaulieu récusait l'étiquette de poète, ou de romancier, ou de critique: il se voulait artisan de l'écriture. «Je travaille énormément mes textes, disait-il déjà en 1970, de manière à ce que le travail s'efface derrière le poème qui, ainsi, retrouve sa brutalité première.» Ainsi Beaulieu investissait-il l'écriture de toute sa passion: «Chaque livre me masque et me dénude un peu plus. Je m'enfouis sous des tonnes de papier.» C'est au cours de cette même interview de 1970[7] qu'il a formulé sa position essentielle dans l'écriture: «Écrire, au Québec, signifie amour, acte d'amour. Amour signifie révolution.» Il n'a jamais trahi son engagement en poésie, ne s'est jamais dérobé à sa passion de l'écriture: «Michel Beaulieu, affirme Jean Yves Collette, a été un précurseur dans le petit monde littéraire du Québec. En effet, il a été un des premiers auteurs à publier abondamment et sans interruption. On peut ainsi dire que son œuvre est complète[8].»

*   *   *

Il serait facile de dégager les thèmes de l'œuvre, mais je crois qu'on la trahirait en en tirant une configuration qu'elle possède une fois terminée, mais qu'à l'étape de chaque livre elle cherchait dans le tâtonnement et l'hypothèse. Après coup, cependant, on peut voir que la stratégie textuelle la plus visible chez Beaulieu repose sur la matérialité du langage. Octavio Paz a bien montré, dans *La fleur saxifrage,* cet aspect de la poésie moderne; il parlait de Ponge, de Guillen et de William Carlos Williams, mais ce qu'il affirme vaut éminemment pour Michel Beaulieu: «Pour défendre le poème des ravages causés par le sens, les poètes accentuent le côté matériel du langage. En poésie, les propriétés physiques du signe, qu'elles soient sonores ou visuelles, s'avèrent plus importantes que les propriétés sémantiques[9].»

Ainsi le pays, l'amour, l'angoisse, la vie quotidienne, ou encore le lieu commun, l'érosion de toutes choses, et surtout la mémoire et le temps, sont-ils chez Beaulieu les thèmes récurrents, infiniment modulés, de la dimension fictionnelle de son discours. Mais plus essentiels m'apparaissent, par exemple, les dispositifs énonciatifs merveilleusement inventifs mis en œuvre par chaque livre. Il faut signaler que la personne est sans doute la marque énonciative la plus riche et la plus productive de cette œuvre, comme plusieurs critiques l'ont déjà remarqué. Tout *Kaléidoscope* en est la preuve irréfutable:

tu cherches les visages
de jadis dans la foule

où l'on ne repère pas
davantage le tien tu
ne t'étonnes qu'à peine
du peu de cas qu'on fait
de tes angoisses tues
ne renonces pas plus
qu'alors à l'appeler
toi le souvenir elle
dirait toi le souvenir
et pas plus qu'alors elle
ne ferait le premier pas[10].

Entre les personnes de l'énonciation s'établit, se maintient la tension interactive des sujets. Autrement dit, l'intersubjectivité est fortement condensée dans ce *tu* omniprésent, qui est bien sûr un *je,* mais libéré de sa sphère égocentrique. C'est le *tu* du sujet locuteur, en réalité c'est le *je* (et le *jeu*) du sujet énonciateur. Il est forcé que l'interlocuteur se sente aussi concerné par ce *tu* qui revient constamment le chercher, l'impliquer, l'interpeller.

Beaulieu disait dans une entrevue: «La problématique des rapports interpersonnels m'a toujours intrigué[11].» Entendons: toujours fasciné. Cette passion, énonciative, pourrais-je dire, remonte sans doute à son livre de 1973: *Pulsions.* On y lisait: «je te. / tu me. (non)». Le jeu pur, en quelque sorte. Et encore «je te (brise?) (mais qui? mais quoi?). Ailleurs, un poème porte le titre «moi

toi»

Ailleurs encore: «je parle et tu parles et je parle et toi de même [...] et maintenant je te regarde et te regarde et te regarde.» Et aussi: «Ici toi devant moi.» Il s'agit d'une véritable fascination. Ce qu'on trouvait dans *Pulsions,* en 1973, on le retrouve dans *Le cercle de justice,* en 1977:

ego mei mihi me me
en latin la première personne déclinée
dans ce qui nous inonde pour notre propre plaisir
[...]
et pourrai-je me parler jamais à moi-même
d'une voix que nul miroir ne renvoie
[...]
je suis de n'importe où je suis n'importe qui.

Ces jeux énonciatifs président à une recherche de la voix propre. On dirait que le poète cherche à faire une brèche dans la sphère du *tu*, mais en général d'un *tu* qui signifie plus la première que la deuxième personne. L'écriture poétique de Beaulieu a exploité à fond, au fil des années, la richesse de ces facettes interpersonnelles, intersubjectives, interactives. C'est dans *Kaléidoscope* que ce mode d'emploi du sujet parlant va le plus loin. Les dernières lignes du livre font la synthèse ultime de cette fascination:

> les mots dont tu ne cesses pas
> de te nourrir avec avidité
> je les retourne qu'ils fracassent
> tes illusions tes certitudes
> et tu dis qu'il s'agit là d'un jeu[12]

C'est le jeu même de l'écriture poétique, qu'on pourrait retracer dans toutes les œuvres-charnières:

1964: *Pour chanter dans les chaînes:* «je parle moi seul / à vous
le silence»;
1970: *Charmes de la fureur:* «tu ne savais pas alors le sens des
objets»;
1973: *Variables:* «je reviens à moi si longuement délaissé»;
1977: *Anecdotes:* «tu regardes où s'efface ton ombre
où les murs mendient le soleil»;
1979: *Oracle des ombres:* «tu regardes en toi-même la dernière
constellation»;
1981: *Visages:* «je te suis comme tu m'es»;
1984: *Kaléidoscope:* le titre «entre autre villes» revient 31 fois.

Je cite la 31e reprise:

> celle où tu reviens au bout
> du compte des voyages des séjours
> plus ou moins longs dans les influx
> d'images l'œil attentif
> à ne rien perdre le corps grave

La *voix nouvelle* qu'on entend dans la poésie de Michel Beaulieu est cette voix interpersonnelle qui me permet, à moi destinataire du discours, à moi lecteur, de devenir personnage de l'énonciation. Je lis: «tu es là mon ami»; je lis: «Je me souviendrai de toi aussi.» Ce discours s'occupe de moi. Je réagis vivement à cette omniprésente, à cette fraternelle interpellation[14].

Charron: la Voie illimitée

La déception est facilement compensée quand on ne trouve pas dans une œuvre ce qu'on y cherchait, surtout dans une œuvre aussi abondante que celle de François Charron. Le nombre des livres et la diversité des pratiques d'écriture donnent d'abord l'impression d'un foisonnement de textes, ou de poèmes, dont on se sent un peu malheureux de ne pas saisir l'unité. Un des premiers effets de cette œuvre est de balayer les préjugés courants sur telle aventure en poésie, préjugés venus de pratiques sociales ou de réceptions institutionnelles qui tendent à figer un discours en perpétuelle évolution, à cerner un type d'écriture, si varié, si déroutant soit-il, et à ramener à quelques formules commodes un travail de vingt années.

Si on ne trouve pas ce qu'on cherche, on découvre en revanche ce qu'on n'espérait même pas. Dans mon cas, ce fut quelque chose qu'on pourrait, en un sens, rapprocher de la question des limites, non seulement les limites des genres, les mélanges des voix, la variété des types d'écriture, les sortes d'argumentations idéologiques, de séries narratives, de paradigmes syntaxiques, de ludismes typographiques — toutes diversifications poussées à bout et qui pourraient donner lieu à des études passionnantes — mais les limites même de la poésie, ce contre quoi elle se butte constamment mais dont elle ne vit que de s'en faire un but obstinément poursuivi. Cette limite est-elle dans les mots, dans les choses? Est-ce l'écriture, ou la lecture, qui en prend le plus vivement conscience? Les ressources de la langue suffisent-elles aux exigences de notre parole? Suffisent-elles réellement, ou imaginairement? La poésie ne devient-elle réalité que par la contestation radicale qu'elle oppose à ce qu'on appelle si légèrement la réalité?

L'œuvre de Charron offre plus de questions que de réponses et, en ce sens, on peut la comparer aux plus grandes. Cette œuvre, pourtant, multiplie sciemment, et vraiment à plaisir, les énoncés affirmatifs du genre: «le temps n'est pas plus vieux que mon poème[1]». L'œuvre en propose des milliers, sans argumentation préalable. C'est un regard, une sensation, une certitude, une vérité soudaine. Mais le tour affirmatif est aussi vrai: le temps est plus vieux que mon poème, ainsi que le tour interrogatif: «le temps est-il plus vieux que mon poème?» On voit que ces permutations élémentaires ont une fonction commutative immédiate: elles ouvrent une lumière, elles appellent l'illumination. Mais, en même temps, l'énoncé poétique a produit un charme indéfini relié à une perspective illimitée. Si on prend un énoncé cosmologique comme: «la neige renferme un désir infini[2]», on obtient, sur un autre plan, le même effet d'absence de limites, mais par d'autres moyens. Dans l'isotopie d'écriture («Mon poème»), le temps renvoie à l'origine; dans l'isotopie cosmologique («la neige»), le désir aspire à une plénitude. Dans les deux cas, les durées d'accomplissement, l'une vers un arrière, l'autre vers un avant, échappent au filet tendu par la parole. Ce qu'on ne peut appréhender conceptuellement est la matière même d'une question, mais que personne ne songerait à poser si l'énoncé poétique, sous forme de réponse, ne l'avait suggérée. Seule la poésie, dans sa simplicité extrême, peut court-circuiter la complexité d'une question, et la déconstruire pour la rendre dans sa fulgurance.

Je serais tenté d'articuler l'œuvre poétique de François Charron, et même son travail en poésie, pour ne pas dire sa poésie en travail, autour des deux assertions convergentes qui m'ont le plus étonné dans mon parcours de lecture. La première, tirée du *Monde comme obstacle*, affirme: «La Voie est illimitée» (p. 88); la seconde, aussi impersonnelle, constitue le titre d'un poème de *La chambre des miracles*: «La Voie ne bouge pas». Ne voilà-t-il pas deux noyaux d'expériences inédites qui ne renvoient ni au monde («l'univers ne me reconnaît pas[3]») ni au sujet, celui qui dit: «je n'ai rien et je ne suis pas là[4]»? Il n'est pas facile de savoir ce que représente cette Voie. Elle s'impose subrepticement, comme sans suite ni anticipation.

Mais non sans contexte. Dans le poème «la Voie ne bouge pas[5]», deux développements se donnent à lire. Le premier fait allusion à «un état de déperdition extrême», affirmation aussitôt suivie de ceci:

> Et là ni valeur ni assurance ne subsiste. Et le dé glisse sur les genoux, le dé sacrifie l'ombre et la lumière, il délie l'ombre et la lumière.

On sait, avec Mallarmé, que jamais un coup de dés n'abolira le hasard, ceci voulant dire, entre autres choses que jamais le désir ne s'épuisera dans une pléniture, ni l'écriture dans une poésie. «Le néant ressemble à un livre», dit ailleurs Charron[6]. Comme lancer les dés, écrire est cependant un acte, et toujours un accomplissement. Le poème crée de l'être nouveau, et de cela on est aussi certain que de la nouveauté d'engager ses pas dans une voie. Le second développement, après avoir mis en scène le sujet dans toutes ses expériences (naître, grandir, aspirer, rejeter le monde, s'assoupir) stipule: «Or le repos qui s'en suit n'est pas le commencement. La Voie n'est pas le commencement. L'utilité de la Voie s'avoue sans usage. Le miracle est extrêmement clair.» On ne peut donc se reposer, ni s'installer à demeure, dans la Voie, car celle-ci, ouverture illimitée, emporte toujours plus loin. Ne pourrait-on croire que cette Voie, initialement, est l'acte de la parole, toujours déçue, et l'action en poésie, jamais terminable? Jamais de repos, jamais de sécurité acquise: on se meut dans la Voie, mais cette dernière ne bouge pas.

La suite du livre apporte une élucidation: «C'est à travers la parole, la parole devenue acte, que l'écriture découvre ne pas savoir [...] L'écriture qui a cessé d'espérer se rend disponible à la parole [...] Le fait d'écrire n'a ni étendue ni densité [...] Ecrire est un éloignement qui ne sait rien, ne veut rien, ne peut rien. Là écrire est la question muette qui doit être posée[7].» Voilà un autre exemple où la réponse s'abolit en question. L'explication de ce phénomène pourrait être recherchée dans la différence entre l'écriture, où un sujet se disperse dans une recherche de décentrement continuel de soi-même, et la lecture, qui cherche à dévoiler l'activité de ce sujet dans la parole. La Voie porte une trace de pas, un signe de passage. Et c'est véritablement là qu'«un sujet imprime une marque et fraie une voie où s'écrit un impossible à écrire[8]». C'est toute l'activité poétique de Charron qu'il faudrait convoquer à pied d'œuvre, depuis *18 Assauts* et «Au "sujet" de la poésie» (1972) et en y ajoutant les 27 titres ultérieurs, pour disposer, dans le sens de l'impossibilité de tout écrire, les jalons qui parsèment cette Voie. On verrait que dans ses débuts, mettons de 1972 à 1977, de *18 Assauts* à *Propagande,* l'écriture de Charron a privilégié la déconstruction idéologique, surtout dans *Pirouette par hasard poésie,* et la déconstruction littéraire, surtout dans *Littérature/Obscénités*; qu'une période intermédiaire, de 1978 à 1982, de *Feu* à *La passion d'autonomie. Littérature et nationalisme,* est marquée par la passion de la peinture et la découverte exaltée du «sujet» de la poésie; qu'enfin la dernière période, depuis 1982, avec *Toute parole m'éblouira* et *Je suis ce que je suis,* sans renier le sujet, le met comme en retrait au bénéfice d'une vision poétique exigeante, radicale, privilégiant les mots et leur rythme, et tous autres actes de parole infiniment simples.

Dans les deux premières périodes de l'œuvre, on pourrait dire que la poésie lutte contre de multiples empêchements. L'idée de lutte prédomine. Les mots semblent trouver leur finalité ailleurs qu'en eux-mêmes. Le phénomène majeur semble être celui d'une hétérotélicité, c'est-à-dire que la poésie ne se dérobe pas à la mission d'un message construit, véhiculable, propre à déclencher des discussions, des prises de position, bref toute une militance reliée à une certaine opacité. Dans la dernière période, les mots acquièrent, grâce à l'organisation rythmique du sens et aux intonations d'une voix unique, une finalité toute contenue à l'intérieur d'une expérience poétique. On pourrait parler d'une autotélicité où les messages s'abolissent au profit d'une poésie construite, pleine d'émotions partageables, de sentiments communicables, de visions d'une parfaite humilité. On pourrait relever des séries de textes sur la joie, le désir, la parole, la douceur, la beauté, l'amour, le rêve, etc. Le plus étonnant, chez Charron, c'est que ces expériences fondamentales et universelles ne suscitent aucun effet d'abstraction, baignées qu'elles sont des choses les plus familières: le spectacle de la rue, les dispositifs de l'acte d'écrire, les petites attentes et les menues occupations de la vie de tous les jours, le passage éclair d'une idée, le frôlement d'une certitude, la naissance d'un désir, le fait d'une déception, l'étonnement de vivre, bref le tout-venant de la vie courante.

L'œuvre de Charron comporte peu de poèmes vedettes, au contraire, par exemple, de celle de Saint-Denys Garneau, de Miron ou de Ouellette. Sans savoir comment interpréter cette absence, je dirais qu'elle est quand même du même ordre que la réalité des vers vedettes chez Racine ou chez Baudelaire. La métrique joue un rôle, les rimes aussi, et sans doute les monosyllabes en prépondérance. Dans le vers libre, ou moderne, la mémoire n'est pas aidée par des règles, mais par des irrégularités. Dans la poésie de Charron, l'irrégularité est avant tout celle des écarts sémantiques produits systématiquement, quoique librement. La syntaxe ultra-simple utilise obstinément la parataxe, de valeur spatiale et sensorielle, contrairement à la syntaxe truffée de coordinations et de subordinations, de valeur temporelle et de représentation architecturale dont le texte proustien reste le paradigme exemplaire.

Le monde comme obstacle donne en série des vers inaugurés par la majuscule et terminés par un point. Dans *La beauté des visages ne pèse pas sur la terre* et *La beauté pourrit sans douleur*, on ne trouve ni majuscule ni ponctuation, sauf cas de force majeure, à l'intérieur d'un vers. Quelle déroute pour la logique poétique, quel défi lancé à la mémoire! Une ligne correspond à un vers, un vers correspond à une phrase. On ne trouve nulle part de marqueurs entre les phrases. Je suppose que c'est là un défi unique pour la sémiotique, qui s'est constituée depuis trente ans à partir de textes de forte structure logique et de remarquable cohérence sémantique. Chez Charron, la lecture doit être autre. La critique a amplement noté les dimensions lyriques, picturales, métaphysiques, etc., de cette œuvre: on n'y reviendra pas. Je m'intéresse plutôt à des lectures sérielles, comme en musique, qui n'ont rien à voir avec de stériles gerbes thématiques ou découpages structuraux.

Il faut partir de la posture adoptée par le poète qui affirme, par exemple: «Toucher aux limites de ce qui nous fonde constitue l'aventure la plus périlleuse que l'on puisse tenter. Là il ne peut y avoir que cet immense vide intérieur, ce vide inconnaissable auquel il nous faut parvenir pour créer[9].» Cette disposition n'est pas étrangère à la forme d'écriture qui privilégie les assertions simples et qui est une préoccupation déjà ancienne chez Charron. Il précise: «J'arrive toujours difficilement à m'installer une fois pour toutes dans un style [...] C'est certainement relié à cette espèce d'inquiétude perpétuelle chez moi[10].» On pourrait par des citations multiplier les cercles de cette inquiétude qu'on peut situer à la source du style changeant: «Je suis moi-même l'origine qui n'existe pas[11].» Chaque vers tente une origine, toujours réelle, toujours évanescente. La poésie prend forme et corps, mais l'œuvre se dérobe sans cesse. Octavio Paz relate cette expérience toujours déçue en termes aussi clairs: «L'œuvre n'est pas ce que je suis en train d'écrire, mais ce que je ne finis pas d'écrire, ce que je n'arrive pas à dire». Et ceci encore, plus radical: «Je suis la lacune de ce que je dis, le blanc de ce que j'écris». Devant cette disparition de l'œuvre, Blanchot parlerait de désœuvrement, d'entretien infini, ou de ressassement éternel, Paz constate simplement: «Moi aussi, je souffre d'irréalité.[12]» Ce dénuement radical, par essence mystique, cette dépossession d'être, on le retrouve au fond de toutes les grandes expériences poétiques. Seules les formes changent et, à l'évidence, les référents et les sphères. Tout langage tend vers la limite, et on peut être certain qu'il se heurte à toutes les limites avant d'atteindre la plus parfaite, celle du silence, choisi ou forcé.

Retraçons dans les trois dernières œuvres de Charron, *La Beauté des visages ne pèse pas sur la terre* (BV)[13], *La Beauté pourrit sans douleur* (BP)[14] et *Le Monde comme obstacle* (MO)[15], trois séries, ou grandes isotopies, qui reflètent le triple dénuement du sujet face au monde, à soi, à l'écriture. L'opacité du monde et du sujet est-elle compensée par la légèreté du mot et la transparence de la parole? La dialectique du plein et du vide joue dans le rapport du mot et de la chose. Même si la pensée a lieu, la parole ne contient rien. Le texte lui-même n'est ni langue (système homogène) ni parole (produit hétérogène), mais événement qui se maintient. Les séries sont graduelles, on dira plus loin comment.

Soit la série «monde» dans laquelle entrent des énoncés comme: «l'univers est peut-être trop grand» (BV, 98); «l'univers semble incomplet» (MO, 70); «l'univers ne tient qu'à un fil» (BP, 135); «l'univers visible nous est prêté» (MO, 68) et «l'univers ne me reconnaît pas» (MO, 23). Les énoncés sont objectifs ou personnels; ils créent le plus vaste espace possible, dans lequel on pourrait situer les sous-séries: espace, astres, lune, terre, matière, étoile, neige, arbres, etc., le tout, extérieur, se résumant ainsi: «quelque part il y a le monde entier» (MO, 60). Le poète constate: «ce monde muet est infiniment vide» (MO, 198), repoussant les limites jusqu'à leur pure abolition. Cette isotopie cosmologique est le champ extérieur le plus vaste, mais non le plus important, le plus crucial. C'est à l'intérieur du sujet qui pense, ici corporellement, que l'absence des limites est la plus radicale, c'est-à-dire la plus vraie, la plus réelle, parce que source inépuisable de parole.

La série «sujet» est axée sur l'anthropologique, soit le désir et le manque proprement humains. «L'esprit va du côté du manque» (BP, 39); «ce qui manque est ressenti» (MO, 124); «le corps ne suffit plus» (MO, 50); «mon être n'est pas ici» (MO, 108); «mon esprit est sans ailleurs» (BV, 23); «l'esprit va du côté du manque» (BP, 39); «l'immensité nous blesse» (BP, 172); «on contourne son inexistence» (BP, 81); «je ne suis pas né» (MO, 188); «je vous répète que je ne suis pas né» (BP, 41). L'insistance du poète est forte, la cohérence inattaquable. À partir de cette vacuité, de cette insuffisance, on pourrait relever bien des signes de gloire, comme: «le cœur est un événement complet» (BP, 29); «ma joie est inexplicable» (MO, 130); «je ne suis pas ailleurs qu'ici» (MO, 193); «le fait de vivre est infiniment réel» (BV, 14). Des interrogations parsèment ces constats de solitude. Deux exemples seulement: «D'où vient l'émotion? [...]»; «Qu'est-ce qu'une expérience?» (MO, 184, 185) À travers la poésie, Charron s'expérimente lui-même autant que le monde. Dans la différence, dans la conscience du même et de l'autre, de sorte qu'il peut affirmer face au monde, mais cela a valeur universelle: «la limite n'est pas là où l'on croit» (BP, 36). Autrement dit, elle est ici, pas ailleurs; réelle, pas inventée; totale, pas sentimentale uniquement.

Que le monde soit immense et ses limites enfoncées, que le sujet soit troué et que sa parole soit blessée (MO, 41), cela ne fait pas de doute chez celui que même l'écriture ne sauve pas. Tout au plus peut-il affirmer que «la clarté du poème nous a tout pardonné» (BV, 108).

La série écriture/poésie est évidemment la plus riche en ce qui a trait à la limite, qui est à la fois réelle et inexistante, un vrai royaume de déception traversé de contentements intenses mais instantanés. Inexplicables, gratuits comme l'écho d'un mystère. «Les mots ne servent qu'à passer» (MO, 144); «le poème est peut-être trop clair» (BV, 98); «un poème s'éclaire au milieu de ma chambre» (BP, 71); un poème reste inexplicable (BV, 56); «le poème qui m'accompagne est sa propre défaite» (BV, 21); «la poésie va trop loin» (BP, 107); «la poésie nous abandonne» (MO, 101); le silence des mots embrasse tout (BP, 81); «notre silence est intouché» (MO, 135); puis, accompagnant ces certitudes douloureuses, deux questions, d'ampleur variable: «que signifie écrire?»; «est-ce encore moi qui parle?» (MO, 205, 210); enfin, pour saturer notre étonnement, sinon notre ahurissement, trois assertions nettes, d'autant plus fortes que fondées sur la négativité: «on ne se rapproche pas de la réalité» (BP, 117); «ce qui manque est infini» (MO, 95); et «je n'aurai rien écrit» (MO, 202). Sous toutes ces affirmations, pourrait-on rêver formulations plus incisives du désir infini qui préside à la naissance du poème et à la persistance en poésie?

Ces trois dimensions de l'imaginaire poétique entretiennent toutes, avec la question des limites, des corrélations, on devrait même dire des équivalences, qu'il serait facile d'établir et de faire parler abondamment dans le sens du creux toujours plus profond du désir. On veut franchir la limite, toutes limites, celles imposées du dehors, celles sécrétées dans notre dedans, les réelles, les imaginaires. En ce sens, la réflexion poétique de Charron sur tout ce qu'on est obligé de croire est intéressante. Du côté de Dieu, le pas est hésitant, la position, minimaliste, du genre «Dieu ne meurt pas» (BP, 46). La joie de la présence divine ne déferle pas. Mais là encore, il y a franchissement de la limite, cette fois, accompagné, amoureux, illuminant: «ton corps nu nomme Dieu / ta figure s'éveille pour entrer je ne sais où[16]».

La poésie de Charron, à nulle autre comparable, surtout celle des dernières années, qui s'oriente vers la joie et la dépossession, a toujours ouvert des brèches dans les murs qui bloquent nos élans. Les mots pèsent sur la terre, mais pas la Beauté, qui est le paradigme simple de l'amour. Cette poésie s'est désencombrée des gros sabots «marxistes» qu'elle avait chaussés dans les années soixante-dix. Mais déjà, dans un texte très ancien, 1970, on avait la promesse d'une attention unique: «il examine et va de surprise en surprise[17]». Une autre anticipation, de 1972, dont la suite de l'œuvre constituera un accomplissement, sur des plans multiples, se lit ainsi: «la sensibilité qui se sait mienne»; «la parole de toute mon âme, toute ma joie[18]». Les années ont mis de la chair sur ce projet, l'écriture a pris son expansion et la poésie, trouvé toute son ampleur. Il n'est pas jusqu'aux limites de sa propre identité que le poète n'ait voulu franchir: «Je ne veux pas m'appeler François Charron poète né le 22 février 1952 à Longueuil et mort en telle année[19].» Où l'on rejoint aussi les limites de la vie. Borges se plaisait à dire qu'il ignorait tout de sa vie, puisqu'il ignorait le jour de sa mort. À cause d'une seule limite — celle de la vie —, infranchissable, il a écrit sans arrêt pour franchir toutes les autres. À bien y penser, la mort est-elle une limite réelle quand l'œuvre, même toujours inachevée, existe?

Parcours de l'enseignement

Enseigner la littérature, c'est faire en sorte que certains textes ne s'achèvent pas.

ANDRÉ BELLEAU

Surprendre les voix, Éditions Boréal, 1986, p. 93.

La «création poétique» — c'est la création de l'attente.

PAUL VALÉRY

Cahiers, tome II, Éditions Gallimard, coll. Bibliothèque de la Pléiade, 1974, p. 113.

Notes sur l'enseignement de la poésie

Pour savoir quels rapports nous entretenons désormais avec la poésie française, considérons l'importance croissante de notre poésie dans l'enseignement collégial et universitaire.

On pourrait d'abord parler du rôle de suppléance historique de la poésie française. C'est, en gros, brièvement esquissée, l'histoire des manques de notre poésie face à celle de la mère-patrie. Il va s'agir d'indiquer comment s'est déplacé le lieu de la poésie qui s'est lue et enseignée ici. Comment elle est passée d'un lieu mythique, qui est la France européenne, à un lieu historique, que nous construisons et que nous habitons, et qui est le Québec nord-américain.

Je prends trois époques, ou trois mouvements, pour les opposer et mieux les relier, étant donné que la réalité est une complexité indivisible.

Que se passait-il dans les années 1950? On vivait toujours dans le désespoir de l'*exil* vécu par Crémazie, de la *folie* vécue par Nelligan, de l'*impuissance* vécue par Saint-Denys Garneau. Pour ma part, la poésie française m'enseignait que je devais souffrir; c'était la beauté qui me le disait:

> Les plus désespérés sont les chants les plus beaux
> Et j'en sais d'immortels qui sont de purs sanglots.

> Seigneur, vous m'avez fait puissant et solitaire
> Laissez-moi m'endormir du sommeil de la terre

Je sais encore ces vers par cœur. En revanche, on ne me donnait pas à lire une traîtresse ligne de Mallarmé ou de Grandbois. J'apprenais par cœur la mélopée de Musset, de Vigny. Je commandais au temps de suspendre son vol et j'apprenais à me frapper le cœur, car c'est là qu'est le génie. On dégustait le romantisme à la petite cuillère dans les petits pots préparés par Mgr Calvet.

Au Québec, cependant, naissait la poésie du pays; mais ces vagissements montréalais ne se répercutaient pas jusqu'à Trois-Rivières. Selon la formation française de mes professeurs prédominait, au collège, le romantisme; plus tard, à l'Université de Montréal, en 1957-1959, on m'initia à Mallarmé et à Valéry. Cela enrichissait ma culture; ça ne s'ouvrait pas comme un champ de recherche.

Je qualifie les années 1950 comme celles de l'aliénation vécue, multipliée 90 fois par les collèges classiques; mais aussi comme les années de ce que j'appellerais l'appropriation virtuelle de notre poésie. Nous n'étions pas dépossédés de notre poésie, nous n'en soupçonnions même pas l'existence. En revanche, l'aliénation était complète, la culture française raffinée de nos professeurs nous en masquant la profondeur et l'étendue.

Que s'est-il passé dans les années 1960? La poésie du pays s'est enrichie, ou transformée en poésie de la révolution. *Parti pris* s'est mis à hurler la prise de position québécoise, au sens littéral, pour un combat. Rappelons-nous la poésie parodique antimallarméenne de Chamberland.

Entre temps, la poésie québécoise avait fait effraction sur la scène de la culture. Entre temps, également, on allait encore en France faire des thèses de doctorat sur Péguy et sur Claudel. La poésie française, cependant, comme mythe inentamable, comme règne d'un discours et base d'une culture, perdait peu à peu de son prestige. Elle fut peu à peu immergée au large du golfe du Saint-Laurent. Principalement grâce à *Parti pris,* l'aliénation était dénoncée; l'appropriation de notre production poétique était en voie de réalisation.

Les années 1970 accélèrent cette prise en main, cette mise au propre de notre poésie. C'est maintenant Mallarmé qui attire en France les assoiffés de doctorat. Avec l'intérêt accordé à ce poète se confirme la problématique de la poésie et du langage, non étrangère à l'émergence de la linguistique dans notre enseignement au cours des années 1960, problématique qui ne sera pas non plus étrangère au succès que connaîtront au pays du Québec les diverses sémiotiques; comme quoi quelque chose, ici, peut changer. À cet engouement pour la sémiotique s'ajoute celui pour la psychanalyse lacanienne et pour le surréalisme en ses nombreux avatars. La poésie, désenchantée, a troqué la souffrance pour la jouissance; le Québec n'est plus une sous-France romantique; il s'ébaudit dans la jouissance du langage sacralisé à l'égal d'un mythe, dans la jouissance ensorcelante du texte. Les nouveaux sorciers ne sont-ils pas nos poètes du texte?

Peut-on dire qu'au seuil des années 1980 nous en sommes au stade de l'aliénation surmontée, ou de l'appropriation réalisée? Il semble que oui. La poésie française des deux derniers siècles ne réussit pas, actuellement, à devenir pour nous un objet d'érudition, comme peut l'être la poésie des siècles antérieurs. C'est qu'elle possède, répétons-le, ce qu'on appelle une modernité, c'est-à-dire un principe opératoire qui nous aide à devenir ce que nous sommes. Si on l'enseigne toujours au Québec, c'est que cet enseignement est devenu une nécessité. La poésie française ne remplit plus un vacuum poétique; elle ne s'interpose plus entre nous et notre poésie; elle n'est plus la base première de notre culture littéraire.

Un jeune poète d'aujourd'hui n'a plus à imiter Éluard pour espérer se faire entendre et se faire lire. Nous sommes déjà bien contents quand il imite avec intelligence Miron ou Brossard: ce qui lui donne au moins la chance d'aller loin. On peut ajouter que les trois phases décrites plus haut ont été pleinement vécues, je dirais même assumées, par ce que fut l'Hexagone dans notre milieu depuis 25 ans. L'appropriation virtuelle que réclamait la poésie de Miron dans les années 1950, appropriation qu'elle délimitait, qu'elle remplissait d'un contenu et qu'elle revêtait d'une forme bien québécoise, avec ses bramements, sa clameur et ses longues marches, n'est-elle pas la même qui s'est raffermie dans les années 1960, élargie, consolidée, qui s'est même couronnée de victoire quand un projet politique a relayé, et encore élargi, le projet poétique?

Le temps de la *suppléance historique* de la poésie française est terminé.

L'appropriation réalisée, en cette fin des années 1970, elle semble acquise sur le plan poétique; les années 1980 verront-elles la même acquisition sur le plan politique? Je laisse à d'autres le soin de répondre.

Tout s'est passé ici, dans les trois dernières décennies, comme la réalisation lente d'un *déplacement*. La poésie est passée du lieu mythique français (réservé à une élite de la culture) au lieu historique québécois (ouvert aux foules du parc Lafontaine, après l'avoir été à celles du Gésu en 1970). Désormais, nous savons qu'une ligne est tracée entre l'ailleurs et l'ici, entre l'élite et la masse, entre le mythe et l'histoire, entre la vieille Europe et la jeune Amérique.

C'est sans doute *grâce* à la poésie française de ces deux derniers siècles que notre poésie a pu voir le jour et s'agripper à notre histoire. Mais c'est *à cause* d'elle que cette émergence et que cette combativité ont tant tardé à paraître et à produire toutes leurs conséquences. Et c'est en dépit d'elle — on peut bien dire à son court dépit — que notre poésie non seulement inscrira sa marque dans notre histoire, mais la précédera, l'annoncera et la chantera. Quand notre histoire aura pleinement lieu, alors pourra naître notre mythe. D'ici là, le monde ne tourne pas à notre insu. C'est forcément, c'est uniquement en devenant la poésie d'un pays, que notre poésie, à l'égal de la poésie française, qui est celle d'un pays, existera vraiment, c'est-à-dire *historiquement*.

La recherche, en ce qui concerne la poésie française elle-même des deux derniers siècles, ne peut selon moi qu'aller dans ce sens. Elle ne peut trouver son propre sens qu'en cherchant, toujours plus exhaustivement, le sens de l'histoire québécoise.

De quelques interrogations

Dans certains milieux, on se demande encore dans quel sens il faut résoudre une éventuelle concurrence entre poésie française et poésie québécoise. C'est en effet un problème qui mérite discussion. Mais ne mettrait-on pas les adversaires dos à dos si on leur rappelait que dans les collèges et même dans les universités du Québec on constate une désaffection grandissante pour tout ce qui s'appelle poésie, qu'elle soit d'ici ou de France? C'est l'essence, la fonction même de la poésie qui est mise en cause dans les collèges, à côté d'impératifs de formation plus pragmatiques touchant la peinture, le cinéma ou l'informatique. Il existe une menace qui remet toute la poésie en question.

On peut s'interroger aussi sur la nature des concepts opératoires qui devraient définir une lecture québécoise de la poésie française. Il y a certes quelque chose de typiquement québécois dans nos lectures de Mallarmé, de Rimbaud, de Claudel et d'Éluard. Mais quoi? On reconnaît volontiers la lecture africaine ou américaine d'une œuvre française. Notre enseignement de la poésie française est certes entièrement québécois; notre pédagogie est d'allure américaine; il n'est que d'assister à Paris à des cours sur Hugo ou Mallarmé pour s'en assurer. Mais je laisse ouverte la question: pourra-t-on même définir une problématique de notre recherche qui nous appartienne en propre? Qui s'attellera à cette lourde tâche?

La désaffection vis-à-vis de la poésie française n'est pas qu'une question de genre ou de style. En prenant conscience de leur histoire, les Québécois se sont de plus en plus sentis étrangers aux situations historiques qui ont marqué la poésie française. Ils ont constaté un formidable écart entre la mobilité de leur évolution historique, surtout dans les années 1960, et l'immobilité des périodes fermées, révolues, objectives pourrait-on dire, à partir desquelles on leur présente l'évolution «littéraire» de la poésie française.

Cet écart va s'aggravant jusqu'à la conscience d'un manque. Ce n'est que depuis les années 1970 qu'on peut lire une véritable *Histoire littéraire de la France* (Paris, Éditions sociales). Ce n'est pas une *histoire de la littérature,* ou l'histoire d'un phénomène marginal; c'est d'abord l'histoire d'un pays sous l'angle de sa littérature. Une telle histoire manque encore absolument au Québec. Son but serait de situer le phénomène littéraire, notamment le poétique, non seulement dans ses trames thématiques ou dans l'évolution de ses formes, mais avant tout dans les transformations socio-historiques qui le forment et le modifient. À côté d'une histoire politique, ou économique, ou religieuse, il y aurait cette *histoire littéraire du Québec* qui serait avant tout celle d'une société, la nôtre, et non, comme c'est la coutume, une fastidieuse énumération de chefs-d'œuvre d'écrivains de génie.

L'atelier d'écriture / lecture

A. Un fonctionnement

À l'université, l'enseignement de la littérature consiste habituellement à morceler son histoire en siècles, en courants et en genres, autant qu'à promouvoir la critique de ses œuvres selon des méthodes, des disciplines, des concepts et des thèmes totalitaires.

Depuis quelques années, on invente des théories de la littérature à partir de l'avènement des diverses linguistiques, sémiotiques et autres pragmatiques, à partir de concepts sociologiques et psychanalytiques. Ne risque-t-on pas de connaître une mode qui, un jour, réduira l'enseignement de la littérature à l'histoire de ses théories et de ses critiques, sinon aux théories et à la critique de son histoire?

Au cœur même de ce marché institutionnel surgit une demande de plus en plus forte pour une pratique de la littérature qui, de manière concrète, corresponde à une pratique de l'écriture. L'institution regarde sans sourciller (et encore, ça dépend!) cette veine qui s'ouvre à son flanc; il en coule du sang et de l'eau, des larmes et du sperme, des mannes et des rosées dont la transparence ou l'opacité cause autant de terreur que de fascination.

Le bac ès arts à l'université. L'atelier d'écriture. Je commence toujours par exciter l'envie d'écrire. Les références classiques à Flaubert *(Préface à la vie d'écrivain)*, à Rilke *(Lettres à un jeune poète)*, à Sartre *(Qu'est-ce que la littérature?)* assomment littéralement. Le Valéry des *Cahiers,* le Blanchot des fragments, également.

Il faut se retourner vite. Vous pourriez lire dans *La nouvelle barre* du jour et dans *Estuaire* les écrits d'un tel et d'une telle, qui sont partis de rien, ou presque. L'écriture apparaît tellement chargée de prestiges et de terreurs qu'il faut oublier les grands noms, si petits soient-ils, et se mettre à aimer (et à utiliser) les prénoms, si grands qu'ils puissent devenir!

Je demande une «histoire d'écrire», la vôtre en propre, ce qui vous motive, sur quoi vous fantasmez, pourquoi vous êtes là, vous aviez peur, vous n'osiez pas. Dans cette histoire, ni triste ni drôle, Pierrette écrit: «Passer du rêve à l'action. Je ne l'ai fait qu'en notes de voyages, en correspondances, en miettes éparpillées sur la table du déjeuner parmi la confiture, le café froid.» Marie va plus loin: «Mes sentiments coulent à pic. Mes idées passent difficilement. La vérité ne se cache pas derrière l'écriture.» André, qui définit l'écriture comme un rapport de force entre sa paresse et son énergie, dit: «Chaque texte devient un caillou blanc jeté avec désespoir dans l'histoire vertigineuse de ma vie.»

À chaque histoire clôturée, le groupe réagit, ce qui stimule ou décourage absolument. Certaines démarches se font hors groupe, verticalement, avec le professeur (qui ne professe rien). En classe, les plus empathiques deviennent les leaders. L'empathie n'est pas autre chose qu'une extrême attention. La première moitié de l'atelier, enthousiasme général. On produit chaque semaine des textes nouveaux, on les distribue, on les discute, on n'a encore vidé personne.

À cette phase d'excitation succède la phase réaliste: le dépistage des trucs, la dénonciation des facilités, des ornières, l'évidence de la stérilité, quand ce n'est pas l'ignorance des règles de la grammaire et des lois de l'orthographe. S'harmoniser. C'est toujours dans cette période désenchantée que surgissent les voix individuelles claires, les formes propres, les corps réels, les syntaxes dynamiques.

À la fin, le groupe n'est qu'une apparence impatiente de se disperser. Quand je regarde les notes des anciens ateliers, je n'y trouve qu'une pile de textes produits par des individus lumineux et discutés par un groupe falot. C'est soi-même qu'on a réformé (l'élève n'arrive jamais vierge à l'atelier) et transformé (les plaisirs du texte ont donné lieu et raison aux plaisirs de l'écriture). On est arrivé au «pouvoir-écrire», à la production la moins reproduisante possible. On a traversé les attitudes idéologiques et / ou pseudomystiques. Le mimétisme apparaît comme une vraie singerie, la mode se réduit à la pire idéologie.

Tout ce qui semblait vertu du groupe est devenu force individuelle. C'est bien chaque individu qui s'est stimulé et motivé, qui est passé de l'hétérocorrection et de l'hétérorégulation à l'autocorrection et à l'autorégulation, bref à l'autopropulsion. Être écrivain, c'est poursuivre dans cette voie, jusqu'à la manipulation la plus productive des automatismes, des mutismes de son histoire propre.

Barthes a jadis défini l'enseignement de la littérature comme un des modes de fonctionnement du souvenir d'enfance. On peut définir la pratique de l'écriture comme le mode de fonctionnement et d'appropriation, par l'individu, de tous ses temps et de tous ses espaces, dont les présents et les futurs, les intimes et les urbains, les neurologiques et les planétaires. C'est la souris qui accouche d'une chaîne de montagnes vertigineuses.

Ce qui se fait au bac peut et doit se faire, *mutatis mutandis,* à la maîtrise et au doctorat. L'atelier d'écriture se transforme en accompagnement individuel. Les exigences du niveau de la maîtrise, du niveau du doctorat, équivalent analogiquement à celles du groupe du bac. Le cadre, c'est la salle de cours ou le bureau du professeur. Si le cadre est un lieu plus ou moins artificiel, l'encadrement, si minimal soit-il, est quant à lui le lieu de la rencontre réelle, du travail véritable, de la poursuite sincère de l'objectif.

Habiliter: conférer ou confirmer la capacité d'écrire, par l'incitation, la facilitation. Rendre facile la traversée du projet, l'identification de l'objet, la dispersion du sujet, dans l'écriture et par elle, à charge pour le sujet, masculin ou féminin, de se reconnaître et de se prêter à la reconnaissance. Étapes importantes, échecs et succès sont toujours provisoires. Ne jamais laisser tomber, toujours laisser écrire. Laisses de haute et de basse mer, oscillations des niveaux; pulsations lentes des pulsions, pouls fort des grands jours, pouls imperceptible des petites journées, inégal, irrégulier.

Écrit comme reste et déchet d'un dire impossible et des impossibilités d'un autre dire, selon Daniel Sibony.

Et l'on n'a encore rien dit de l'écrit comme conscience du texte. Telle phrase boiteuse, tel accroc à la grammaire, telle entorse à l'orthographe. Rien dit du jeu paragrammatique, des effets miroiriques, des contraintes surajoutées, destinées aux lectures patientes. Rien dit de l'incohérence de la pensée, corrigée par l'ordre de la langue. Même pas une allusion aux horribles mots abstraits qui parasitent la chair du poème ou la pulpe de la pensée, aux tours anaphoriques qui engendrent de fausses structures, aux messages explicites qui coupent l'effet.

Atelier: lieu où l'on travaille en commun; chantier permanent; section consacrée à un produit spécifique, comme le poème, la bande dessinée, le roman, l'essai; lieu où l'on travaille seul. Un local ouvert, illimité. Un temporel ouvert, indéfini. Un possible de l'institution, quand elle ne manquera plus d'imagination.

B. Une pratique[1]

Croyant fermement qu'il n'existe pas de théorie générale de l'atelier d'écriture, je m'en tiens obstinément à la pratique qui est la mienne depuis maintenant 12 ans et que j'ai trouvée graduellement, à force de patience, en accueillant d'abord en classe une vingtaine d'élèves, en 1977, chacun avec son texte. À l'époque, il n'y avait pas de sujet hebdomadaire. On lisait des textes qui allaient dans tous les sens et présentaient toutes les formes.

Depuis trois ans, je consacre la première rencontre aux choix des «thèmes», dont je remplis le tableau et qui viennent autant de la classe que de moi. C'est la classe qui choisit pour chaque semaine, dûment datée. Voici, dans l'ordre, le menu de l'atelier que je dirige présentement (automne 1988); vous remarquerez l'absence de logique flagrante. Quelques semaines contiennent des contraintes précises.

Les yeux; le sang; le savon; une phrase de Rimbaud, au choix, à intégrer au texte; la laideur; la solitude (avec la contrainte de ne pas utiliser les lettres a, b, c); le temps; l'amour; un sujet libre; la folie (contrainte: des jeux avec votre nom); la mort (un texte à fragments); finalement, un retour sur l'expérience de la session, «mon rapport à l'écriture», deux pages de textes fragmentés, une synthèse personnelle. L'avantage de cet étalement est de servir de déclencheur et d'inaugurer à la fois inspiration et incubation. Il donne la possibilité des mises en chantier immédiates, des transformations continues, et surtout la chance que le même texte passe par une série d'états successifs, au fil des prises de conscience et de l'ardeur renouvelée au travail, tout à fait dignes, en principe, de se relier au *work in progress* de Ponge.

Ici, deux remarques. J'ai conscience, dans ce programme, de recourir au minimum à l'avantage immense des contraintes. Mais, regardant un peu mes compétences, je ne veux pas m'illusionner sur les vertus de l'oulipisme, que d'autres pratiquent avec succès, et je m'efforce, en cours de route, d'introduire non des contraintes ponctuelles, mais l'idée générale de contrainte que je considère toujours comme *le vrai sujet d'un texte.* La forme d'un texte, sa longueur, le lieu où on le destine, ses valeurs sonores et rythmiques, le grain de sa phrase, la juste répartition de ses masses signifiantes, sa teneur en style, sa cote personnelle, voilà un tel train de contraintes qu'il nous manque du temps, sur trois mois, pour en rendre les élèves bien conscients. Quant aux contraintes ajoutées, elles ne valent que dans la mesure où elles réduisent l'expression machinale, combattent le cliché, les tournures parlées, les redondances insignifiantes, les segments hyperexplicites, bref tous les risques de platitude mortifère et de peste mortelle qui menacent l'écriture inexpérimentée. Les contraintes permettent de faire prédominer la question de l'expression sur celle des contenus.

Seconde remarque: je prétends que les «thèmes» de chaque semaine, tout obligatoires qu'ils soient, sont l'équivalent des figures imposées dans les disciplines olympiques de la gymnastique. Ce sont des espaces de libre mouvement qui, bien loin d'entraver la créativité, la canalisent, la stimulent et permettent un semblant d'évaluation sur une base quelque peu commune. Dans le déroulement de l'atelier, et jusqu'à son terme, l'évaluation du responsable est l'acte le plus aléatoire et irréaliste qui soit; la vraie évaluation réside dans le nouveau rapport que chaque élève établit avec son texte de façon permanente dans la situation interactive. La vraie évaluation, c'est l'élève qui la fait quand il réécrit son texte. Si un texte ne mérite par la réécriture, cela dit tout et donne des indices certains sur sa nullité, ou sa nécessité purement éphémère, ou sur le caractère stérile d'un exercice technique.

Dans l'atelier d'écriture, je n'ai jamais été capable de diriger des opérations d'écriture, tels le réchauffement, «le néologisme ludique, le cadavre exquis, le calligramme, etc.» (cf. Bruno Roy, *Imaginer pour écrire*), l'idéation, les mots et formules en réserve pour être utilisés, l'association de mots et d'idées, la création spontanée et instantanée de métaphores, la notation de phrases géniales, et les mille techniques de l'improvisation naïve ou savante, comme en suggèrent beaucoup de livres portant sur les ateliers d'écriture. *Je laisse les élèves à leur solitude et à leur angoisse devant la page blanche ou devant l'écran gris.*

Ils arrivent à l'atelier avec leur texte et en distribuent une copie à tout le monde. Pendant 3 heures, nous lisons ensemble la moitié des textes, c'est-à-dire 10 sur 20; l'autre moitié, on l'examine au cours de la semaine dans mon bureau. La semaine suivante, on procède inversement, de sorte que je maintiens avec chaque élève un rapport personnel. L'interactivité joue donc, disons pendant 20 minutes par semaine, au niveau individuel; 3 heures par semaine, elle est collective; 24 heures par jour, pendant 3 mois, elle est angoissante, omniprésente et térébrante. Il faut, à un moment donné, confier son texte au monde, et non plus à ses tiroirs.

Cette pratique est désormais tellement entrée dans ma démarche pédagogique et tout le monde semble tellement s'y accorder que mieux vaudrait, dans ce cas, parler d'atelier de lecture interactive. Tous les textes sont lus et discutés par tout le monde, mais chaque texte est d'abord critiqué par un élève désigné au hasard, lequel a eu une semaine pour l'éplucher et rédiger un commentaire d'une dizaine de lignes. Là, on trouve de tout, depuis la petite critique perspicace, souvent impitoyable, et bien tournée, jusqu'à la série d'impressions vagues et spontanées qui ouvrent à peine une piste de réflexion. Il va sans dire que nous commençons toujours par mettre le texte au point en combattant l'hydre de l'orthographe et de la grammaire, de la phrase mal foutue, du paragraphe mal défini, avec un gros *et cetera*. Étant férocement contre la démolition hystérique, je suis parfois le premier à trouver quelque chose de bon quelque part, sous un certain angle et sous certaines coutures. Ici, effet d'entraînement visible. D'autres voix s'élèvent, risquent des commentaires. On interroge le coupable sur son désir, son plaisir, son travail. D'où le texte vient-il, comment s'est-il fait, défait et refait sans cesse? À partir de là, on peut aborder les grandes questions qui agitent l'écriture.

L'auteur comprend vite qu'il faut réécrire le texte, le travailler encore. Est-ce parce que je n'oblige pas à la réécriture, toujours est-il que la grande majorité la pratique spontanément, ne serait-ce, pour chacun, que pour savoir s'il a bien compris ce que ses camarades ont voulu lui dire avec des gants blancs et parfois avec une main de fer dans un gant de velours. Nous nous sommes au préalable entendus sur le fait que nous sommes tous plus sensibles les uns que les autres, et certains, et certaines, avec certitude, l'étant, pour toutes sortes de raisons, au-delà de tout ce qu'on peut imaginer. L'atelier de lecture n'est-il pas un microcosme de notre Landerneau littéraire québécois? Bien fol qui le nierait.

Je veux dire par là, et pour élargir la perspective, qu'au Québec comme dans l'atelier, *ce n'est pas l'écriture qui manque, mais la lec-*

ture. Par lecture, j'entends l'esprit colleté au texte, à sa genèse, à ses manipulations, à ses conditions de production, de diffusion et de réception. L'atelier révèle qu'au Québec au moins, *nous manquons beaucoup plus à la lecture qu'à l'écriture*. Dans ce cas, il ne faut pas s'étonner de l'absence de filiation entre les générations littéraires d'ici. De 10 ans en 10 ans, on est sans cesse contraint de réinventer le fil à couper le beurre.

Pour terminer, trois questions, à saveur légèrement métaphysique:

1) Que valent en général les textes produits en atelier? Je répondrais: tout et rien, comme les autres textes qui composent la littérature. Pour l'auteur, le texte est important. La vraie question est de savoir pour qui d'autre. La valeur d'un texte est tellement question de circonstances comme, d'ailleurs, la popularité d'un produit commercial, qu'il serait vain de chercher, sur ce sujet, des vérités éternelles.

2) Sort-il des écrivains de ces ateliers? En principe, je dis non; dans les faits, je dis oui. Il se passe dans l'atelier la même chose, et de plus en plus la même chose, qu'à la maîtrise et au doctorat: le cadre académique n'est pas de soi générateur d'écrivains nouveaux, mais il peut favoriser grandement la créativité et la productivité, et confirmer, dans un créneau relativement nouveau, la valeur d'un cheminement en écriture qui ne craint pas la réalisation d'un projet d'écriture le plus rigoureux possible. J'aurais aimé établir des statistiques, montrer qu'un tel et une telle sont devenus des écrivains publiés. Qu'aurait signifié un pourcentage? Doit-on publier les textes de l'atelier? Pas nécessairement, mais si possible, oui.

3) L'atelier est-il une perte de temps, une solution de facilité? Tout dépend de l'atmosphère qui y règne et de l'effort fourni. Tout dépend de la dynamique qui travaille le groupe et le soumet aux exigences les plus fortes et les plus intérieures. Ne faudrait-il pas aussi regarder d'autres cours dans nos départements, portant sur des méthodes, des théories, des auteurs, des questions de rédaction, d'édition, d'histoire, de courants majeurs de ceci et de cela, et surtout d'institution? Je suis persuadé que ce n'est pas l'atelier qui arriverait grand perdant.

Ce qu'il importe de signaler, c'est que *l'atelier d'écriture et de lecture* entre dans le processus vivant de profondes tranformations des études littéraires dans les départements de toutes les universités québécoises. Et cela, autant au niveau du bac qu'à celui de la maîtrise et du doctorat. Il importe de faire front commun, face à des adversaires qui un peu partout commencent à desserrer les mâchoires.

C. Autocritique

Il n'y a peut-être pas de cours, depuis quinze ans, que j'ai commencés avant autant d'enthousiasme que les cinq ou six ateliers d'écriture que j'ai animés. Encore plus vrai, il n'y en a pas que j'aie terminés dans la plus réelle, et même la plus profonde, déception, comme si d'avoir placé la barre trop haut m'avait entraîné dans une foire d'attentes et de mirages. Pourtant, j'ai eu des consolations; des voix se sont affermies, des œuvres ont été publiées. Je pourrais même dresser un beau palmarès. Toutefois, dans cette sorte d'entreprise dynamique où le rapport entre créativité et productivité, volonté et réalisation, laisse espérer des résultats splendides, cette désillusion, sans doute inévitable, doit être considérée, certes, comme le signe d'une haute exigence, mais peut-être aussi comme une invitation à la patience et à la confiance. Doit-on aller jusqu'à l'extrême indulgence de Charles Juliet qui écrit dans son Journal[2]: «Ainsi on peut dire que celui qui est soumis à l'impérieuse nécessité de s'exprimer sait obligatoirement se forger l'outil dont il a besoin. Et qu'un texte, fût-il objectivement mal écrit, mais où chaque mot jouit de son répondant d'être, exclut toute possibilité de critique de style et emporte automatiquement l'adhésion.» Comment alors évaluer, en termes de notation ou de publication, des textes qu'on a vus naître et se transformer lentement au fur et à mesure d'une session, hors d'un large consensus, issus du désir de vaincre les premières barrières de l'écriture: le vertige de la page blanche, la peur d'être lu, l'angoisse d'être discuté, évalué, éreinté, ou simplement ramené au bon sens?
Je n'ai pas rencontré ces problèmes dans les cours ordinaires portant sur des périodes, des auteurs, des courants, des théories, des introductions méthodologiques. Il n'était pas question, il est vrai, de publier les travaux, même les meilleurs. La documentation historique et critique offre une abondance rassurante. Le but du cours est alors la formation de chercheurs. Il suffit d'entreprendre ces cours avec une préparation adéquate, de susciter la passion de la connaissance litté-

raire et d'exiger ces sortes de travaux comme il s'en fait dans les universités depuis des décennies. On obtient une satisfaction relative, normale, le plus souvent mitigée par des regrets sur le manque de lectures, ou combattue par des lamentations amères sur l'ignorance de la langue. Il est, de plus, davantage sécurisant de travailler à partir d'œuvres consacrées que de participer à la laborieuse genèse d'une écriture dont on n'est pas certain qu'elle n'avortera pas.

C'est précisément cette ignorance de la langue et de la grammaire, habituellement aggravée par un déficit incommensurable de lectures, qui devient pour moi, au fil des années, de plus en plus insupportable. À quoi bon enseigner les rudiments de l'art d'écrire à quelqu'un qui n'a pas lu, et que même sa volonté d'écrire ne jette pas éperdument dans la découverte, ou l'approfondissement, des œuvres stimulantes de la littérature?

Dans l'état actuel de mon esprit, je trouve plus urgent, et sans doute plus conforme à mes goûts et besoins, de faire lire des œuvres fraîches, inaugurales, inépuisables, pensons seulement à Woolf, Ponge, Lispector, Leiris, pour ne parler que du domaine étranger, d'en discuter minutieusement la conception, la fabrication, le mouvement, la patiente et souvent douloureuse élaboration, de les explorer dans leurs replis et axes référentiels, matériels, dans leurs avenues imaginaires, d'en scruter, sur tous les plans possibles, les arcanes heuristiques, l'impensé, l'inconscient, l'insu, l'innommable, la fantasmatique; ainsi, d'ancrer, d'enraciner, dans les passions et interrogations québécoises actuelles, des œuvres vivantes éparpillées à travers siècles et continents, oubliettes et anthologies, genres et poétiques diverses. Je pars du présupposé que le texte est la matérialisation d'une écriture et d'une lecture. C'est d'abord vrai pour les œuvres à lire.

Mais ce l'est davantage pour le texte à produire. Ce qui fait que l'atelier devrait se définir, se pratiquer, avant tout, comme atelier de lecture. Lire tellement, mais surtout si bien, si réellement, si productivement, si interactivement, que l'écriture devienne, je dirais séance tenante, *ipso facto,* voie obligée de création, exigence intime, volonté de différence, désir de réponse, acte responsable, autonome, explosion créatrice. On lirait alors ses propres textes avec autant de curiosité que ceux des autres, mais attention! avec autant de sévérité, d'exigence et d'indifférence, à défaut de recul. Ne faut-il pas tuer la complaisance et livrer entièrement le sort de son texte au jugement d'autrui, au fond d'attente sur lequel il s'inscrit?

Flaubert a porté sur sa propre œuvre les jugements les plus destructeurs, et aussi, pour d'autres motifs, plusieurs de ses contemporains. Que nous importe! Le vrai Flaubert est celui que nous lisons aujourd'hui avec la plus vive admiration, en le considérant comme un maître du mot et de la phrase, un magicien du texte, un créateur moderne d'univers imaginaires, avec sa théorie toujours actuelle de la disparition de l'auteur derrière le narrateur. Mon engouement pour Flaubert peut sembler étrange en cette ère qui multiplie les publications d'écrits réellement ou faussement autobiographiques. Le paradoxe n'est qu'apparent, puisque l'autobiographie, comme toute littérature intime, n'est ni sujet, ni thème, ni contenu, ni référent, mais besoin de vérité vérifiable, construction d'un réel proche et humain, défi de nouveauté et chance de différence. Dans l'atelier, il importe d'expérimenter ces formes «impures» indissociablement dans l'écriture *et* dans la lecture.

Il est certain qu'on assiste présentement à une retombée de l'engouement pour les ateliers qu'on a connu au Québec dans les années soixante-dix et quatre-vingts. Est-ce à cause de la foule qui se bouscule au portillon? À cause d'un doute sur leur utilité à long terme? D'une impression de stagnation de notre littérature, d'une faiblesse de son renouvellement, d'un risque de mimétisme généralisé? Rien de cela n'est étranger à la nécessité d'une autocritique. Quand on parcourt certains écrits[2] sur ce phénomène qui s'est généralisé dans nos collèges et universités, on note toujours le caractère empirique des démarches pédagogiques et les signes forts d'un feu qui cherche à se répandre. Je ne crois pas qu'il faille brutalement faire marche arrière, ou se laisser impressionner par des jugements sévères, compréhensibles mais inopportuns, qui tournent hypocritement en ridicule des travaux d'atelier publiés. Le phénomène des ateliers est institutionnellement important: il est bon qu'une revue s'y consacre; ce créneau original complète le tableau de nos autres revues littéraires. Il faut poursuivre, sinon amorcer, l'autocritique nécessaire, souhaitée en plusieurs endroits, mais encore trop timide, dans l'esprit d'une saine relativisation, eu égard au niveau scolaire concerné. Beaucoup d'articles signalent, à toute volée, les risques d'uniformisation, de banalisation, de mimétisme, d'institutionnalisation, voire de ghettoïsation, qui menacent les ateliers. Ces risques, on ne peut les nier ou les passer sous silence. Mais on se lamenterait bien en vain si on ne pointait que lesdits ateliers. Les risques ne sont-ils pas cent fois pires, bien que souvent complètement escamotés, dans les autres apprentissages littéraires? Inutile de mettre les points sur les *i*.

La visée centrale de cette autocritique ne devrait-elle pas, au cours de la présente décennie, s'attacher à transformer les démarches pédagogiques de notre enseignement? On décrit toujours l'atelier en termes dynamiques de production et de discussion, d'implications individuelles et d'interactivités stimulantes, dans un processus d'acquisition des connaissances et de mises en pratique d'habiletés créatives, de nouveaux savoir-faire dans l'utilisation et le perfectionnement de la langue, de la rédaction, de la communication littéraire tant orale qu'écrite. C'est comme si, avec l'atelier, on avait découvert un Klondyke pédagogique qui ne couvre qu'une partie du territoire des apprentissages collégiaux et universitaires et qu'on éprouvait une incapacité radicale de transformer les autres enseignements, traditionnels, magistraux, autoritaires. En ce sens, on peut affirmer que les ateliers ont déjà transformé en profondeur les comportements fixistes et les attitudes ronronnantes, ne serait-ce que par les attentes nouvelles suscitées chez les membres des ateliers. La pratique du laboratoire et la réalité des apprentissages progressifs et interactifs doivent devenir des exigences impératives en sciences humaines.

Dans une visée autocritique, ce n'est pas seulement l'atelier qui doit échapper à tout soupçon de facilité, d'activité au rabais, de sacralisation de l'écriture et de l'œuvre, d'uniformisation, etc., c'est toute espèce de cours de littérature. L'atelier ne saurait relever d'une problématique isolée; ce sont tous les autres cours qui doivent amener à écrire, à lire, à produire, à penser personnellement. Les détracteurs de l'atelier n'ont pas à jouir d'une indemnité épistémologique qui les nimberait de sérieux, de rigueur, de scientificité, de bonne et pertinente «culture». En revanche, les zélateurs de l'atelier n'ont pas à trouver, en principe, plus de prestige à d'honnêtes travaux critiques qu'à une série de textes de fiction honnêtes. Faudra-t-il une révolution des mentalités? L'université doit pouvoir répondre aux demandes légitimes de son milieu et de son époque, en vertu des ses fonctions critiques et créatives de recherche et de diffusion de la connaissance. Point question, par ailleurs, que les départements littéraires soient des officines d'éditeurs, ou des instances officielles de consécration. Il importe de viser à la diversification des apprentissages littéraires et des pratiques d'écriture, à partir d'une saine analyse des goûts et des capacités des effectifs d'encadrement et des demandes et attentes des clientèles en formation.

Le problème des ateliers se pose certes différemment dans les départements qui offrent une mineure ou un certificat en création littéraire que dans ceux qui en offrent régulièrement, de façon limitée ou sur demande. La quantité fait alors la différence, et ce n'est pas une mince dimension du problème. Je serais, pour ma part, incapable d'animer deux ateliers par année; c'est trop épuisant, contrairement à mes autres cours, trop exigeant. Je crois même être certain, à la fin de chaque atelier, de m'être juré qu'on ne m'y reprendrait plus. Mais comme me dit volontiers un collègue (qui n'en a jamais dirigé!): «Les ateliers, c'est plus fort que toi, tu diras toujours oui, parce que ça te dépasse!» Je rage, je rage, mais il a raison[3].

Le doctorat en création littéraire

Comme la question se pose de savoir comment la création litté-raire pourrait être mieux intégrée aux autres programmes de nos départements de littérature, je commencerai par tourner autour d'une manière possible d'envisager l'historique de la question.

Nous savons quel fossé, autrefois, il y a 30 et 20 ans, séparait les professeurs et les écrivains. D'un côté, on enseignait la littérature, on analysait les genres, les œuvres et l'histoire littéraires; de l'autre, on la faisait, on la produisait dans ses œuvres vives de fiction, de poésie, d'essai et de roman. Les professeurs et les écrivains s'estimaient mutuellement, se respectaient, même si c'était toujours les premiers qui invitaient les seconds dans leurs cours. Les écrivains étaient contents d'être achetés et lus dans tel collège, dans telle université. Il est arrivé, en cours de route, que nombre d'écrivains sont devenus profes-seurs, à moins que ce ne soient beaucoup de professeurs qui sont deve-nus écrivains. Le même personnage portant deux chapeaux, l'ensei-gnement de la littérature s'est peu à peu modifié, et a dérivé lentement vers les pratiques d'écriture. La souplesse des programmes aidant, on a pu créer des ateliers d'écriture au baccalauréat, puis un certificat de création littéraire, puis finalement un bac en création littéraire.

Le problème n'a jamais consisté à reconnaître la validité, la nécessité ou la productivité de l'atelier d'écriture au niveau du bac. Je crois bien que tout le monde s'en réjouissait, et s'en réjouit toujours, étant donné les avantages qui en résultent pour tout le monde. Le pro-blème surgit quand on envisage la question de l'institutionnalisation de la création littéraire. Tous nos départements doivent-ils créer des certificats de création littéraire? Ou des options? Ou des mineures? Ou même des majeures? Ces questions ne peuvent être abordées dans l'abstrait. Il faut, bien sûr, considérer les ressources professorales, la demande étudiante, mais surtout les voies de sortie, les chances de succès ultérieurs.

Jusqu'à maintenant, on a résolu les problèmes à la pièce, puisqu'ils n'étaient pas, au bac, très épineux. La solution la plus générale a été celle du mémoire de maîtrise en création. Jusque-là, pas de problème, encore que la question se pose toujours de savoir au juste en quoi consiste un mémoire de maîtrise en création littéraire.

Je considère que le vrai problème se posera au niveau du doctorat. J'emploie le futur pour dire que jusqu'à maintenant, l'existence du doctorat en création littéraire n'a pas posé de graves problèmes. Pourquoi? Parce que la voie est nouvelle, et le restera sans doute pour encore quelques années. Je veux dire que les demandes de doctorat en création répondent actuellement à un besoin si pressant que nous avons l'embarras du choix. Des dizaines d'écrivains qui avaient entrepris des maîtrises ou des doctorats traditionnels n'ont jamais mené leur entreprise à terme, parce que leur carrière a pris une autre direction que celle de l'analyse, de la théorie ou de la critique. Ils ont publié des œuvres de fiction, de poésie, des romans ou des essais; ils ont reçu une consécration littéraire qui suffit à leur ambition, ou qui la comble; ils ont conquis une niche dans l'institution. Très souvent, ils détiennent un poste d'enseignement; ils n'ont pas droit à un congé sabbatique; ils songent aux fiches et aux démarches de l'ancien diplôme classique. Cette situation pourrait durer longtemps, et devenir irréversible, si une nouvelle voie ne s'ouvrait pas devant eux.

Or, le phénomène auquel on assiste est le suivant: ces écrivains, professeurs ou non, veulent obtenir une maîtrise ou un doctorat. Ils regardent autour d'eux pour voir quelle université pourrait leur convenir, répondre à leur demande, accueillir leur projet sans trop le défigurer, le faire dévier ou le récupérer. Ils se tournent vers les universités qui leur paraissent les plus aptes à encadrer leur recherche sans la paralyser. Et non seulement à l'encadrer, mais à la stimuler, à la promouvoir, à la projeter dans le meilleur créneau institutionnel possible.

Or, ces écrivains viennent souvent de la fiction ou de l'essai. Ils ont souvent publié leurs écrits dans des revues d'avant-garde, spécialisées ou non. Ils ont publié des livres, dirigé des revues; bref, ils occupent une place majeure dans le champ de la production littéraire et culturelle. Ils viennent frapper à la porte de nos départements. Qu'est-ce que nous leur répondons? Nos programmes ne peuvent pas être désajustés? bouleversés? élargis? modifiés? Ce serait une bien piètre réponse.

À mon avis, ces écrivains de fiction ou d'essai ne nous apportent pas un problème, mais plutôt une solution stimulante. Ils reconnaissent que l'appareil universitaire est partie intégrante de l'institution. Nous devons, de notre part, reconnaître que nos programmes d'études littéraires et culturelles ne sont pas confinés à des sémiologies et à des sociologies, ne sont pas confinés à la réception et à la consécration des œuvres de la littérature, mais qu'ils peuvent s'ouvrir aussi à l'instance de la production, et non seulement s'y ouvrir, mais s'y engager activement. *Il faut cependant qu'à une ouverture très grande corresponde une exigence très stricte.* Il faut qu'étudiants et professeurs ne mettent jamais en veilleuse la fonction sociale et critique de l'université qui est, soit dit très brièvement, recherche, créativité et productivité.

L'esprit critique

Le doctorat en création littéraire ne doit pas être envisagé comme une démarche exceptionnelle, ou transgressive, par rapport à tout autre doctorat. Il doit être conforme à l'énoncé pédagogique général concernant les études doctorales: «L'objectif général du troisième cycle universitaire est de former des chercheurs qui soient aptes à poursuivre un travail de recherche original de façon autonome et qui possèdent un esprit critique envers leur discipline ou leur champ d'études.» Créativité et *esprit critique* sont ce qui définit essentiellement toute activité de recherche.

Les préalables

L'admission à ce programme exige qu'on détienne une maîtrise en création littéraire ou qu'on atteste d'une production littéraire jugée équivalente. Il faut tenir compte, il va de soi, plus des réalisations que des motivations. Dans le cas où les publications antérieures sont peu nombreuses, ou non disponibles chez un éditeur reconnu, il sera nécessaire d'axer le doctorat davantage sur l'essai, réflexion critique ou recherche théorique, que sur la production d'une fiction.

Matière et contenu

L'objet de la recherche peut comporter un maximum de deux tiers de fiction, l'autre tiers devant être une réflexion critique, un journal littéraire portant sur la fiction et la non-fiction, une «histoire d'écrire», une recherche théorique portant sur des concepts clés, une interrogation portant sur la littérature, ou encore un texte élaboré de distanciation. Il s'agit de produire une *fiction* et un *essai* formellement distincts, fortement reliés d'un point de vue heuristique, possédant une visée unitaire malgré la fragmentation des formes.

La prise en charge universitaire

Cette recherche de l'équilibre entre la fiction et l'essai tend à satisfaire l'exigence d'une recherche poursuivie à l'université dont on sait que les fonctions de critique sociale et de recherche scientifique sont motivées par la créativité et manifestées par sa productivité. C'est pour cette raison que la présence et le jugement d'un éditeur ne sont pas requis dans l'évaluation du produit fini, ou en cours d'élaboration. Nombre de professeurs en études françaises (ou littéraires) jouissent déjà d'une reconnaissance comme écrivains. Tant par leur formation et leur profession que par leur pratique, ils sont en mesure de guider, d'évaluer et de sanctionner. L'université, en ce qui concerne le doctorat en création littéraire, n'a en principe aucun intérêt à conférer un diplôme à l'auteur d'un simple produit de fiction (roman ou poésie) tel qu'on en trouve à profusion sur le marché. Après coup, c'est-à-dire après soutenance, le produit peut être présenté à un éditeur qui a alors toute liberté de demander les transformations souhaitables dans la perspective de la publication commerciale, comme cela se voit couramment dans le cas des thèses traditionnelles. Faire d'une thèse un livre est une tâche difficile. Rien n'empêche cependant que la fiction ou l'essai ayant fait l'objet du doctorat en création soient élaborés, travaillés et mis au point de manière à répondre aux critères courants qui les rendent acceptables à un éditeur, qu'il s'agisse d'un recueil de poésie, d'un roman ou d'un essai personnel.

Le séminaire de doctorat

Au stade de l'inscription du sujet, il faut veiller à ce que le contenu et l'orientation de recherche soient conformes, le plus rigoureusement possible, à ces énoncés de principe qui, je l'avoue, en sont encore au stade expérimental. Mais c'est surtout au moment du séminaire de doctorat (encore appelé examen de synthèse) qu'on verra, avec un jury de professeurs, à bien circonscrire la démarche générale: objet, contenu, intérêt et objectifs de la recherche, problématique générale et méthodologie, balises bibliographiques, table des matières (nature du texte, nombre de pages, équilibrage). Le jury discute autant des intentions et de l'organisation que de la matière même des textes produits en extraits, ayant valeur d'échantillons.

Un haut niveau d'exigence

Le doctorat en création littéraire couronne un cycle d'activités et de pratiques littéraires déjà entièrement reconnues au premier cycle, particulièrement à partir des ateliers d'écriture qui sont au programme dans toutes les universités. La difficulté aux deuxième et troisième cycles, c'est de concilier recherche et création. La méprise serait grande si on voyait là une voie de facilité. Il faut, au contraire, que le doctorat en création littéraire soit envisagé, et adopté, comme un des plus exigeants pour ce qui est de la créativité, la recherche et la productivité.

Nous savons qu'il existe, sur le plan institutionnel, des exclusions (question de fait) et même des exclusivismes (question de principe) entre ce qu'on a appelé les critiques et les créateurs. Il arrive à ces passions antinomiques de s'exacerber, et nous avons tous en tête le souvenir de propos dévastateurs dans l'un et l'autre clans. Mais nous savons aussi qu'une des préoccupations majeures de l'écriture, depuis Bachelard et Barthes, Bataille et Blanchot, a consisté à défoncer les barrières entre critique et création, de sorte qu'on parle d'une critique créatrice et, pour la création, de théorie-fiction. La grande différence, ou le contentieux majeur, a trait aux différences institutionnelles entre les écritures de fiction et celles de non-fiction. Posées en termes contraires, ces pratiques donnent lieu à des propos clairs et entraînent des processus, des démarches, des visées spécifiques. Il faut certes maintenir ces distinctions, différencier ces pratiques et accueillir les œuvres qui en découlent, mais il serait dommage que l'université consacre ses compétences et ses privilèges aux seules productions de non-fiction.

Là où la maîtrise et surtout le doctorat peuvent devenir des lieux de recherche prestigieux, c'est dans le domaine de l'essai, ce dernier pouvant être plus personnel, ou intime, plus érudit, ou systématique. L'essai exige des qualités d'écriture qui relèvent autant de la recherche que de la création; il peut interroger les théories contemporaines du texte, ou de l'institution littéraire; il peut s'attarder à la critique, et même à l'analyse. Mais s'il doit être un essai créatif, il doit porter les signes et les marques d'une énonciation propre, d'une évaluation nouvelle, bref d'une pensée originale. C'est le but des ateliers d'écriture, ou des diplômes de *creative writing,* non seulement d'amener à la maîtrise de la langue et de l'écriture, mais encore, de manière indivise, à la maîtrise de la pensée et à la transformation de la culture.

Si on veut être réaliste, on peut dire qu'il y aura sans doute des doctorats de création qui, autant que des doctorats classiques, dormiront éternellement sur les tablettes de bibliothèques universitaires. Mais je suis optimiste. Étant donné la demande *généralisée* pour le doctorat en création littéraire de la part de nombreux écrivains, étant donné l'expérience en écriture acquise au bac et à la maîtrise, et qui va selon toute évidence vers un raffermissement croissant, il y a fort à parier que le taux de succès des doctorats de création (je veux dire: publication, diffusion et retentissement) sera plus haut que le taux d'échec[1].

Notes

Parcours des théories

Critique thématique: voies et impasses

1. Article inédit de 1980.
2. Presses de l'université Laval, 1964.
3. *Ibid.*, 1965.
4. *Convergences,* Éditions HMH, 1961, p. 69-100.
5. *Géographies,* Éditions HMH, 1971.
6. Éditions Déom, 1965.
7. *Situation de l'édition et de la recherche* (littérature québécoise ou canadienne-française). Travaux de l'Association des littératures canadienne et québécoise recueillis par René Dionne. «Documents du Centre de recherche en civilisation canadienne-française», n° 18, Ottawa, mai 1978.
8. René Dionne, *Répertoire des professeurs et chercheurs* (littérature québécoise ou canadienne-française), Ottawa, CRCCF, n° 19, mai 1978. Ce répertoire a été réédité chez Naaman en 1980; l'enquête porte désormais sur 195 professeurs.
9. *Répertoire des spécialistes de littérature canadienne-française,* Presses de l'université Laval, 1971, p. 83.
10. Presses de l'université Laval, 1972.
11. Éditions du Seuil, 1965, p. 263-307.
12. *Poétique,* n° 35, septembre 1978, p. 374-384.
13. *Littérature,* n° 22, mai 1976, p. 30-46.
14. René Wellek et Austin Warren, *La théorie littéraire,* Éditions du Seuil, coll. Poétique, 1979.
15. *Études françaises,* vol. II, n° 2, juin 1966, p. 191-216.
16. René Dionne, *op. cit.,* p. 57.
17. Paul Gay, *Notre littérature,* Éditions HMH, 1969, p. 199.
18. *Pourquoi la nouvelle critique?,* Éditions du Mercure de France, 1966, p. 117.
19. *La structure absente,* Éditions du Mercure de France, 1972, p. 131.

20. *Parole de femme*, Éditions Grasset, 1974, p. 25.
21. *Quand la voile faseille*, Éditions L'arbre HMH, 1980, p. 288.
22. Éditions Leméac, 1974, p. 71-81.
23. *Ibid.*, p. 245-246.
24. *Ibid.*, p. 233.
25. *Ibid.*, p. 82-89.
26. *Le français dans le monde*, n° 15, mars 1963.
27. Jean-Pierre Richard, *L'univers imaginaire de Mallarmé*, Éditions du Seuil, 1961.
28. *Ibid.*, p. 24-25.
29. *Ibid.*, p. 28.
30. *Ibid.*, p. 37.
31. *La conscience critique*, Librairie José Corti, 1971, p. 290.
32. Gérard Genette, *Figures I*, Éditions du Seuil, coll. Points, 1966, p. 99.
33. Le mot est de Henri Meschonnic, *Pour la poétique I*, Éditions Gallimard, coll. Le Chemin, 1970.
34. Éditions du Seuil, 1979, p. 9.
35. Jean A. Moreau, *Critique*, n° 391, décembre 1979.
36. Presses de l'Université de Montréal, 1974, p. 10.
37. Serge Doubrovsky, *Pourquoi la nouvelle critique?*, *op. cit.*, p. 108.
38. Gilles Marcotte et André Brochu, *La littérature et le reste (livre de lettres)*, Éditions Quinze, 1980, p. 69.
39. *Ibid.*, p. 171.
40. *L'instance critique*, Éditions Leméac, 1974, p. 29.
41. *Ibid.*, p. 76.
42. *La littérature et le reste...*, *op. cit.*, p. 155.
43. *Ibid.*, p. 84-96 et p. 102-119.
44. Clément Moisan, *Poésie et frontières*, Éditions HMH, 1979, p. 16.
45. Presse de l'université Laval, 1974.
46. Éditions Cosmos, 1973.
47. Presses de l'université Laval, 1975, p. 8.
48. *Ibid.*, p. 13-16.
49. Éditions HMH, 1979, p. 222.
50. Presses de l'Université d'Ottawa.
51. Jean-Louis Major, *Le jeu en étoile*, coll. Cahiers du Centre de recherche en civilisation canadienne-française, n° 17, Presses de l'Université d'Ottawa, 1978, p. 50.
52. Jean-Louis Major, *Paul-Marie Lapointe: la nuit incendiée*, Presses de l'Université de Montréal, 1978, p. 130.
53. Éditions Bellarmin, 1980.
54. Presses de l'université Laval, 1978.
55. VLB éditeur, 1979, p. 17-18.
56. Presses de l'université Laval, 1979, p. 15.
57. *Ibid.*, p. 14.
58. *Ibid.*, p. 10.
59. Presses de l'Université de Montréal, 1976.
60. *Ibid.*, 1978.

Analyse linguistique

1. Conférence prononcée lors du congrès de l'Association des littératures canadienne et québécoise tenu en 1977 à Fredericton (Nouveau-Brunswick) dans le cadre du Congrès annuel des sociétés savantes. Le thème du congrès était: «La poésie depuis 1950».

2. Claude Zilberberg, dans *Structures élémentaires de la signification,* Éditions Complexe, 1976, et Algirdas Julien Greimas, dans *Essais de sémiotique poétique,* Librairie Larousse, 1972.

3. Nicolas Ruwet, *Langage, musique, poésie,* Éditions du Seuil, coll. Poétique, 1972.

4. Roman Jakobson et Claude Lévi-Strauss, «*Les chats* de Charles Baudelaire», *L'homme,* tome II, nº 1, 1962. Et Roman Jakobson, *Questions de poétique,* Éditions du Seuil, coll. Poétique, 1973.

5. Danielle et David Kaisergruber et Jacques Lempert, *Phèdre de Racine,* Librairie Larousse, 1972.

6. Jacques Geninasca, *Les chimères de Nerval,* Librairie Larousse, 1973.

7. Claude Zilberberg, *Une lecture des fleurs du mal,* Éditions Mame, 1972.

8. Éditions Klincksieck, 1970.

9. Nicolas Ruwet, «Parallélismes et déviations en poésie», *Langue, discours, société,* Éditions du Seuil, 1975, p. 307-352.

Stratégies interactives

1. Conférence prononcée lors d'un colloque au Collège de Saint-Boniface (Manitoba), tenu le 10 mai 1986 dans le cadre du Congrès des sociétés savantes. Colloque parrainé par l'Association canadienne de littérature comparée, l'Association de sémiotique et le Conseil de recherches en sciences humaines du Canada.

2. John R. Searle, *Sens et expression. Études de théorie des actes de langage,* Éditions de Minuit, coll. Le Sens commun, 1982, p. 235.

3. Cette problématique est reprise dans *Pragmatique de la poésie québécoise* dont le chapitre suivant constitue l'introduction.

4. Jean-Claude Anscombre, «Voulez-vous dériver avec moi?», *Communications,* nº 32, 1980, p. 61-124.

5. T. Nguyen, «Sens et intentions», *Semantikos,* vol. 8, nº 1, 1985, p. 45-78.

6. Hermann Parret, «L'énonciation en tant que déictisation et modalisation», *Langages,* nº 70, juin 1983, p. 83-97.

Pragmatique

1. *Pragmatique de la poésie québécoise,* sous la direction de Joseph Bonenfant, coll. Cahiers d'études littéraires et culturelles, n° 11, Faculté des lettres et sciences humaines, Université de Sherbrooke, 1986.

2. «À moins que ces conflits, qui font que la sémiotique n'est pas une science mais une querelle de famille, ne signalent en fait qu'à travers ses discours, ses modèles et ses mésententes, passe *l'essentiel* d'un débat...», Marc Angenot, *Critique de la raison sémiotique. Fragment avec pin up,* Presses de l'Université de Montréal, 1985, p. 13.

3. Alain Berrendonner, *Éléments de pragmatique linguistique,* Éditions de Minuit, coll. Propositions, 1981.

4. *Ibid.,* p. 30-31

5. Dans *Genèses du discours,* Éditions Pierre Mardaga, coll. «Philosophie et langage», 1984, Dominique Maingueneau affirme (p. 12): «L'identité d'un discours coïncide avec le réseau d'interincompréhension dans lequel il est pris.»

6. Mikhaïl Bakhtine, «Discours poétique, discours romanesque», *Esthétique et théorie du roman,* Éditions Gallimard, 1978, p. 100.

7. *Ibid.,* p. 107.

8. *Ibid.,* p. 120.

9. *Ibid.,* p. 103.

10. *Ibid.,* p. 102.

11. *Ibid.,* p. 101.

12. Jef Verschueren, «À la recherche d'une pragmatique unifiée», *Communications,* n° 32, 1980, p. 274-284.

13. *Ibid.,* p. 183-189.

14. Rainer Warning, «Pour une pragmatique du discours fictionnel», *Poétique,* n° 39, 1979, p. 321-337.

15. Linda Hutcheon, «Ironie, satire, parodie», *Poétique,* n° 46, 1981, p. 140-155.

16. Catherine Kerbrat-Orecchioni, *L'énonciation. De la subjectivité dans le langage,* Éditions Armand Colin, coll. Linguistique, 1980.

17. Alain Berrendonner, *op. cit.,* p. 173-239.

18. Shoshana Felman, *Le scandale du corps parlant,* Éditions du Seuil, 1980.

19. Michel de Fornel, «Rythme et pragmatique du discours: l'écriture poétique de René Char», *Langue française,* n° 56, 1982, p. 63-88.

20. *Pragmatique de la poésie québécoise, op. cit.,* p. 25-63.

21. *Ibid.,* p. 65-87.

22. *Ibid.,* p. 89-116.

23. *Ibid.,* p. 117-138.

24. *Ibid.,* p. 139-164.

25. *Ibid.,* p. 165-186.

26. *Ibid.,* p. 187-299.

27. Dominique Maingueneau, *op. cit.,* p. 5.

28. Marc Angenot, *Glossaire pratique de la critique contemporaine,* Éditions HMH, 1979, p. 159.

29. Catherine Fuchs, «Paraphrase et énonciation», *Stratégies discursives,* Presses universitaires de Lyon, Centre de recherches linguistiques et sémiologiques, 1978, p. 266.
30. Paul Ricœur, *Temps et récit II. La configuration dans le récit de fiction,* Éditions du Seuil, 1984, p. 112.
31. Émile Nelligan, «Châteaux en Espagne», *Émile Nelligan et son œuvre,* préface de Louis Dantin, Librairie Beauchemin, 1903.
32. Saint-Denys Garneau, «C'est là sans appui» (1937), *Regards et jeux dans l'espace, Poésies complètes,* Éditions Fides, 1949.
33. Gaston Miron, «Recours didactique» (1963), *L'homme rapaillé,* Presses de l'Université de Montréal, 1970.
34. Sur la pragmatique poétique, comportant, entre autres, des analyses de poèmes de Mallarmé et de Valéry, voir Daniel Bougnoux, *Vices et vertus des cercles. L'autoréférence en poétique et en pragmatique,* Éditions La Découverte, 1989.

Parcours des œuvres

Crémazie et Nelligan sous le signe du romantisme

1. Conférence prononcée lors du colloque *Crémazie et Nelligan,* tenu les 18 et 19 octobre 1979 à l'Université d'Ottawa.
2. Jacques Michon, «La poétique d'Émile Nelligan», *Revue des sciences humaines,* n⁰ 173, janvier-mars 1979, p. 25-35.
3. On pourrait évoquer longuement l'ouverture du roman de Denys Chabot: *L'Eldorado dans les glaces* (HMH, 1978); le «Vaisseau d'or» n'appartient plus à l'imaginaire, mais au réel, à un réel qui fonde et relance un nouvel imaginaire.

Grandbois ou l'incantation des temps

1. Conférence prononcée au colloque *Grandbois vivant,* tenu à l'Université de Toronto, le 16 mars 1985.
2. Dominique Maingueneau, *Genèses du discours,* Éditions Pierre Mardaga, coll. Philosophie et langage, 1984, p. 5.
3. *Les îles de la nuit, Poèmes,* Éditions de l'Hexagone, 1967, p. 15-16.
4. *Ibid.,* p. 74-79.
5. *Rivages de l'homme,* Poèmes, p. 85-139.
6. *Ibid.,* p. 121.
7. *Ibid.,* p. 158.
8. Harold Weinrich, *Le temps,* Éditions du Seuil, 1973.

9. *Les îles de la nuit, op. cit.*, p. 35.
10. *Ibid.*, p. 57.
11. «Parmi les heures», *ibid.*, p. 21.
12. «Le silence», *Rivages de l'homme, op. cit.*, p. 105.
13. «C'est à vous tous...», *Les îles de la nuit, op. cit.*, p. 30.

L'ombre de Mallarmé
sur la poésie de Saint-Denys Garneauet de Miron

1. Paul Chamberland, *L'afficheur hurle*, Éditions Parti pris, 1964, p. 10 et p. 50.
2. Gaston Miron, *L'homme rapaillé*, Presses de l'Université de Montréal, 1970, p. 130.
3. Lire l'avertissement de *L'afficheur hurle*, édition de 1969.
4. Dans Guy Robert, *Poésie actuelle*, Éditions Déom, 1970, p. 327.
5. *Ibid.*, p. 335.
6. «Aliénation délirante», *L'homme rapaillé, op. cit.*, p. 109.
7. «L'ombre de l'ombre», *ibid.*, p. 80.
8. Lors d'une rencontre, le 1er mai 1970.
9. *L'homme rapaillé, op. cit.*, p. 17.
10. *Ibid.*, p. 88.
11. Saint-Denys Garneau, *Œuvres*, Presses de l'Université de Montréal, 1971, p. 750.
12. Maurice Blanchot, *La part du feu*, Éditions Gallimard, 1949, p. 325-327.
13. Saint-Denys Garneau, *op. cit.*, p. 751.
14. *L'homme rapaillé, op. cit.*, p. 111.
15. *La Presse*, 21 mars 1970, p. 36.
16. *Le Devoir*, 14 novembre 1969, p. IX.
17. Maurice Blanchot, *L'attente, l'oubli*, Éditions Gallimard, 1962, p. 55.
18. Saint-Denys Garneau, *Œuvres, op. cit.*, p. 752-753.
19. *Ibid.*, p. 178-179.
20. *L'homme rapaillé, op. cit.*, p. 81.
21. *Ibid.*, p. 100.
22. *Ibid.*, p. 121.
23. *Ibid.*, p. 113.
24. *Ibid.*, p. 73.
25. *Ibid.*, p. 122-130. Voir aussi la correspondance capitale de Gaston Miron avec Claude Haeffely, *À bout portant*, Éditions Leméac, 1989.
26. Saint-Denys Garneau, *Œuvres, op. cit.*, p. 253.
27. *L'homme rapaillé, op. cit.*, p. 83.
28. *Ibid.*, p. 99.
29. *Ibid.*, p. 112.

Dimensions iconiques de la poésie de Lasnier

1. Derniers vers du poème «La salle des rêves», tiré du recueil du même titre, Éditions HMH, 1971, p. 36-40.
2. Paul Ricœur, *La métaphore vive*, Éditions du Seuil, coll. L'ordre philosophique, 1975, p. 266.
3. Avant-dire aux *Poèmes* (2 tomes), Éditions Fides, 1972, p. 8.
4. *Ibid.*, p. 11-16, *passim*.
5. Lire le compte rendu chaleureux et suggestif de *L'échelle des anges*, Éditions Fides, 1975, par Jean Basile, *Le Devoir*, 27 mars 1976, p. 14.
6. Paul Evdokimov, *L'art de l'icône*, Éditions Desclée, 1970, p. 150.
7. *Ibid.*, p. 154 et p. 157.
8. *Ibid.*, p. 147.
9. Fernand Ouellette, *Les actes retrouvés*, Éditions HMH, coll. Constantes, n⁰ 24, 1970, p. 27-28.
10. André Brochu, *L'instance critique*, Éditions Leméac, 1974, p. 344.
11. *L'échelle des anges*, p. 91.
12. Hans Urs Von Balthasar, *La gloire et la croix. Les aspects esthétiques de la révélation*, 3 tomes, Éditions Aubier, 1965.
13. Paul Evdokimov, *L'amour fou de Dieu*, Éditions du Seuil, 1973, p. 41.
14. Dans sa préface à Christos Yannaras, *De l'absence et de l'inconnaissance de Dieu*, Éditions du Cerf, 1971, p. 13.
15. *Ibid.*, p. 20.
16. Maurice Blanchot, *L'entretien infini*, Éditions Gallimard, 1969, p. 171.
17. *La salle des rêves, op. cit.*, p. 19.
18. *Les actes retrouvés, op. cit.*, p. 13-37, *passim*.
19. *L'entretien infini, op. cit.*, p. 82.
20. Vladimir Lossky, *À l'image et à la ressemblance de Dieu*, Éditions Aubier-Montaigne, 1967, p. 128-129.
21. *Op. cit.*, p.10.
22. «La porte» (fragments), *La voix des poètes*, p. 40.

Principes d'unité dans l'œuvre de Ouellette

1. Voir Algirdas Julien Greimas, *Sémantique structurale*, Librairie Larousse, 1966, et *Essais de sémiotique poétique*, Librairie Larousse, 1972, en collaboration: études fondamentales auxquelles j'emprunte la majorité des concepts opératoires dont il est ici question.
2. Les textes cités de Fernand Ouellette renvoient à *Poésies (poèmes 1953-1971)*, Éditions de l'Hexagone, 1972. La notice de la page 270 précise: «Je n'ai hésité d'aucune façon à revoir et par conséquent à corriger et même parfois à remanier les premières formes des poèmes et du texte qui termine ce livre.» Ce texte, important, est «le poème et le poétique». Les autres textes théoriques cités renvoient aux *Actes retrouvés*, Éditions HMH, coll. Constantes, n⁰ 24, 1970.

3. Ces expressions viennent du texte intitulé «Étape», paru dans *Liberté*, n° 73, 1971, p. 6-10.
4. *Les actes retrouvés, op. cit.,* p. 13-40.
5. Ce rapport, dans un texte, est aussi une médiation entre le collectif et l'individuel. Ce qui se dédouble en sèmes de permanence et de possibilités de changement, d'ordre et de liberté, d'acceptation et de refus. Voir Algirdas Julien Greimas, *op. cit.,* p. 212-214.

Lire un poème

1. Roman Jakobson, *Essais de linguistique générale,* cité par Joseph Sumpf, *Introduction à la stylistique du français,* Librairie Larousse, 1971, p. 108.
2. Algirdas Julien Greimas, *Du sens,* Éditions du Seuil, 1970, p. 279.
3. *Ibid.*
4. Sur *Séquences de l'aile,* voir notre article dans le *Dictionnaire des œuvres littéraires du Québec,* tome III, 1940-1959, Éditions Fides, 1982, p. 906-911.
5. Voir, plus haut, «Principes d'unité dans l'œuvre de Ouellette».
6. Algirdas Julien Greimas, *op. cit.,* p. 275.
7. Groupe *Mu, Rhétorique générale,* Librairie Larousse, 1970, p. 106.
8. Gérard Genette, «La rhétorique restreinte», *Figures III,* Éditions du Seuil, coll. Poétique, 1972, p. 21-40.
9. Claude Zilberberg, «Un essai de lecture de Rimbaud», dans *Essais de sémiotique poétique,* Librairie Larousse, 1972, p. 154.
10. Algirdas Julien Greimas, *op. cit.,* p. 272.
11. Maurice Grammont, *Le vers français, ses moyens d'expression, son harmonie,* Éditions Delagrave, 1954.
12. Henri Morier, *Dictionnaire de poétique et de rhétorique,* Presses universitaires de France, 1961.
13. Jacques Geninasca, *Analyse structurale des Chimères de Nerval,* Éditions La Baconnière, 1971, p. 25.
14. *Ibid.*
15. Samuel R. Levin, *Linguistic Structures in Poetry,* Mouton, 1964, p. 19.
16. Algirdas Julien Greimas, *op. cit.,* p. 276.
17. *Ibid.,* p. 282-283.
18. Pourtant, cette dysphorie n'aurait pas été trop étonnante dans un poème où ventre «dense d'attente» et «ceinturé de soleils» signifie ce qu'il veut dire: la naissance prochaine d'un enfant. (Conversation téléphonique du 23 février 1973.)
19. Au cours de la même conversation, Fernand Ouellette a précisé que lors de la composition de ce poème, il avait sous les yeux «le sourire au pied de l'échelle» de Henry Miller, que l'écrivain lui a donné en 1956.

Lumière et violence chez Pilon

1. *Les cloîtres de l'été*, p. 11-12. À moins d'indications contraires, toutes les références à l'œuvre poétique de Jean-Guy Pilon sont prises dans *Comme eau retenue*, Éditions de l'Hexagone, 1969, recueil collectif qui comprend: *Les cloîtres de l'été* (l'Hexagone, 1954); *L'homme et le jour* (l'Hexagone, 1957); *La mouette et le large* (l'Hexagone, 1960); *Recours au pays* (l'Hexagone 1961); *Pour saluer une ville* (Éditions Seghers et HMH, 1963).

2. *Les cloîtres de l'été*, *op. cit.*, p. 18.

3. *Ibid.*, p. 20.

4. *Ibid.*, p. 22.

5. *Ibid.*, p. 23.

6. *Ibid.*, p. 28.

7. *L'homme et le jour*, *op. cit.*, p. 39.

8. *Ibid.*, p. 59.

9. *Pour saluer une ville*, *op. cit.*, p. 152.

10. *Saisons pour la continuelle*, Éditions Seghers, 1969, p. 34.

11. *Ibid.*, p. 21.

12. *Ibid.*, p. 18.

13. Voir «Le temps de notre jeunesse», dans Guy Robert, *Littérature du Québec*, Éditions Déom, 1964, p. 130; sur ce sujet, lire aussi l'entrevue de Jean-Guy Pilon avec André Major, *Le Devoir*, 8 février 1969, p. 14.

14. René Char, *Les matinaux*, Éditions Gallimard, 1950, p. 27.

15. Jacques Blais, «Jean-Guy Pilon», *Europe*, numéro spécial intitulé *Littérature du Québec*, février-mars 1969, p. 165; importante étude dans laquelle Jacques Blais dégage surtout la continuité des œuvres à partir de leur contenu. On peut se demander, incidemment, pourquoi la critique québécoise a toujours observé un certain silence sur l'œuvre de Pilon. Je laisse ce problème aux commentateurs futurs.

16. *Les cloîtres de l'été*, *op. cit.*, p. 24.

17. «Incendie», dans *L'homme et le jour*, *op. cit.*, p. 47.

18. Roland Giguère, «Roses et ronces», dans *L'âge de la parole*, Éditions de l'Hexagone, 1965, p. 118-120.

19. *L'homme et le jour*, *op. cit.*, p. 53.

20. «Van Gogh», dans *L'âge de la parole*, *op. cit.*, p. 112.

21. *Recours au pays*, *op. cit.*, p. 127-129.

22. «La Sagesse m'a rompu les bras», dans *Poèmes*, Éditions du Seuil, 1960, p. 92.

23. *Le vide*, dans *Liberté*, vol. II, n⁰ˢ 3-4, mai-août 1960, p. 161.

24. *Pour saluer une ville*, *op. cit.*, p. 143.

25. «À cris perdus», dans *L'âge de la parole*, *op. cit.*, p. 115.

26. *L'homme et le jour*, *op. cit.*, p. 49.

27. «Visages de la terre», dans *L'homme et le jour*, *ibid.*, p. 66.

28. *Ibid.*, p. 68.

29. *L'homme et le jour*, *op. cit.*, p. 54.

30. *Les cloîtres de l'été*, *op. cit.*, p. 13.

31. *«Visages de la terre»*, *op. cit.*, p. 63.

32. *Ibid.*, p. 71.

33. *Les cloîtres de l'été, op. cit.*, p. 16.
34. *Ibid.*
35. *L'homme et le jour, op. cit.*, p. 48.
36. *La mouette et le large, op. cit.*, p. 88.
37. *«Visages de la terre», op. cit.*, p. 69.
38. *Pour saluer une ville, op. cit.*, p. 169.
39. *Saisons pour la continuelle, op. cit.*, p. 10.
40. *Ibid.*, p. 16.
41. *Ibid.*, p. 37.
42. *Ibid.*, p. 40.
43. *Ibid.*, p. 42.
44. *Pour saluer une ville, op. cit.*, p. 157-159.
45. *Saisons pour la continuelle, op. cit.*, p. 27.

Gatien Lapointe
La passion des mots

1. *Ode au Saint-Laurent.* Je ne donne pas la référence aux pages puisque j'ai utilisé le manuscrit de l'édition revue par Gatien Lapointe. *Le premier mot,* Éditions du Jour, 1967.
2. Paul Ricœur, «La structure, le mot, l'événement», *Esprit,* n° 360, mai 1967, p. 817.
3. Dans sa réponse au questionnaire Marcel Proust, *Quand les écrivains québécois jouent le jeu,* Éditions du Jour, 1970, p. 184. Texte important pour comprendre l'œuvre poétique de Gatien Lapointe.
4. Ernst Cassirer, «Le langage et la construction du monde des objets», *Essais sur le langage,* Éditions de Minuit, 1969, p. 47.
5. Friedrich Hölderlin, *Œuvres,* Éditions Gallimard, 1967, p. 632.

Gatien Lapointe
L'enfance radar

1. Le 6 janvier 1971.
2. Lettre du 12 janvier 1971.
3. Lettre du 11 février 1971.
4. *Le Soleil,* 27 mai 1967.
5. Une strophe du «Premier paysage» réalise une synthèse (impossible) du vent, du mot, du corps et de l'enfance:

> vrai vent fou
> qui jette par terre tous les phonèmes de cet arbre
> et leur fait dessiner avec le tourment de mes yeux
> avec l'enfance têtue et sans règle de ma main
> le premier paysage

6. Je remercie Bernard Pozier de m'avoir communiqué les textes de «Corps transistor», «Le premier paysage» et «Corps de l'instant». Les allusions n'y manquent pas à la disparition du père: «j'y suis (en poésie) depuis cette mort, là-bas, qui m'a exilé de la vie»; au manque toujours ressenti: «il est sans traces, ni déploiements biographiques, ni paternelles références»; enfin, à l'absence de vieillissement du temps: «il est une enfance dans le temps toujours vert» («Corps de l'instant»); «source où bat le temps toujours vierge» («Corps transistor»). Comme quoi, la poésie, toujours, prend en charge des non-savoirs universels qu'elle se donne pour tâche de structurer en les individualisant.

Gatien Lapointe
La phrase inachevée

1. Conférence prononcée le 24 novembre 1984 à l'Association des amis de Gatien Lapointe, dans le cadre du 7e Salon du livre de Montréal.
2. À la station CFCQ de Trois-Rivières, les 27 et 31 mars, et à Radio-Canada, du 28 mai au 19 juin.
3. *Le premier mot*, Éditions du Jour, 1967, p. 22.
4. *Ode au Saint-Laurent*, Éditions du Jour, 1963, p. 70.
5. *Arbre radar*, Éditions de l'Hexagone, 1980.
6. *Liberté*, n° 42, novembre-décembre 1965, p. 509.
7. À l'auteur, 12 janvier 1971, *supra*.
8. «La passion des mots», *supra*.
9. Ludwig Wittgenstein, *Investigations philosophiques*, traduction Klossowski, Éditions Gallimard, 1961, par. 43.
10. Paul Ricœur, *La métaphore vive*, Éditions du Seuil, coll. L'ordre philosophique, 1975, p. 164 et 167.
11. *Estuaire*, n° 3, mars 1977.
12. *Arbre radar*, *op. cit.*, p. 9.
13. Paul Ricœur, *op. cit.*, p. 166.
14. *Estuaire*, n° 30, hiver 1984, p. 70-71.

La poésie de Bosco: une quête de justice

1. *Écrits du Canada français*, n° 15, 1963, p. 169-190.
2. *Un amour maladroit*, Éditions Gallimard, 1961.
3. *Europe*, n°s 478-479, février-mars 1969, p. 185-190.
4. «Comme un mirage», *Jéricho*, Éditions HMH, 1971, p. 61.
5. Les titres des deuxième et troisième parties sont manifestement corrects aux pages 43 et 67; ils ne le sont pas dans la table des matières, où il faut les intervertir.
6. *Schabbat*, Éditions Quinze, 1978, p. 87.

7. *Ibid.*, p. 98.
8. *La femme de Loth,* Éditions Laffont, 1970.
9. Gloria Escomel cite aussi le texte dans le substantiel article qu'elle a consacré à Monique Bosco dans *La nouvelle barre du jour,* n° 65, avril 1978, p. 90-97.

Michel Beaulieu ou la familiarité de l'écriture

1. *La Presse,* 23 mai 1970, p. 29.
2. *Lettres québécoises,* n° 30, été 1983, p. 53.
3. *Ibid.*, p. 49.
4. *Ibid.*, p. 51.
5. *Ibid.*, p. 53.
6. *Kaléidoscope ou les aléas du corps grave,* Éditions du Noroît, 1984, p. 72-73.
7. *La Presse,* 23 mai 1970, p. 29.
8. *La Presse,* 20 juillet 1985, p. C3.
9. Octavio Paz, *La fleur saxifrage,* Éditions Gallimard, coll. Folio / Essais, 1984, p. 135.
10. *Kaléidoscope...,* op. cit., p. 115.
11. *Lettres québécoises,* loc. cit., p. 48.
12. *Kaléidoscope...,* op. cit., p. 150.
13. *Le cercle de justice,* Éditions de l'Hexagone, 1977, p. 15-19.
14. Cet article est issu d'une conférence prononcée lors du Congrès de la Northeast Modern Language Association (NEMLA), section francophone, New Brunswick, Rutgers, The State University of New Jersey, le 3 avril 1986.

Charron: la Voie illimitée

1. *La Beauté des visages ne pèse pas sur la terre,* Trois-Rivières, Écrits des Forges, 1990, p. 43.
2. *La Beauté pourrit sans douleur,* suivi de *La très précieuse qualité du vide,* Montréal, Les Herbes rouges, p. 32.
3. *Le monde comme obstacle,* Montréal, Éditions Les Herbes rouges, 151-152, 1986, p. 23.
4. *Ibid.*, p. 35.
5. *La chambre des miracles,* p. 35-36.
6. *La beauté des visages...,* p. 59.
7. *La chambre des miracles,* p. 71-72.
8. Jean-Claude Milner, *l'Amour de la langue,* Éditions du Seuil, 1978, p. 39.
9. «Vivre de sa plume au Québec». Entrevue de Gérald Gaudet, *Lettres québécoises,* n° 47, automne 1987, p. 13.
10. «Toucher à la mère». Entrevue de Jean Royer, *Le Devoir,* 8 mars 1980, p. 18.
11. F. Charron, «La poésie n'est jamais ça», *Le Devoir,* 28 novembre 1981, p. 30.
12. Octavio Paz, *La fleur saxifrage,* Éditions Gallimard, 1984, «Les Essais», 227, p. 247-248.

13. *La Beauté des visages ne pèse pas sur la terre*, Les Écrits des Forges, 1990.
14. *La Beauté pourrit sans douleur*, suivi de *La très précieuse qualité du vide*, *op. cit.*
15. *Le monde comme obstacle*, Éditions Les Herbes rouges, 1988.
16. F. Charron, «Dans le désert de l'être», *Moebius*, n° 45, été 1990, p. 89.
17. F. Charron, «Hyp(r)othèse», *Éther*, n° 3, novembre 1970, pp. 24-26.
18. F. Charron, «French mots savants», *Herbes rouges*, n° 6, septembre 1972, s.p.
19. F. Charron, *1980*, Éditions Les Herbes rouges, 1981, p. 52.

L'atelier d'écriture / lecture

1. Conférence prononcée lors du Colloque sur les ateliers d'écriture, tenu les 7 et 8 octobre 1988 à l'Université du Québec à Trois-Rivières.
2. Charles Juliet, *Journal 1*, 1957-1964, Paris, Hachette, 1978, p. 278.
3. Sur la question des ateliers d'écriture, voir particulièrement deux numéros spéciaux de la revue *Arcade*, n° 2 en 1982, n° 11 en février 1986, respectivement intitulés *L'imagination* et *Écrire en atelier*; les actes du colloque sur les ateliers de création à l'Université du Québec à Trois-Rivières, *Revue des Forges*, n° 26, octobre 1988; Marie-Christine Abel, «Apprendre le métier d'écrivain», *Le Devoir*, 20 avril 1985, p. IV; deux articles de Carole David, dans *Le Devoir* du 19 avril 1986: «Les cours de création: une nouvelle démarche pédagogique» (p. 61), et «L'effet-placebo de l'atelier» (p. 22).

Le doctorat en création littéraire

1. Nous permettra-t-on de signaler ici, bien partiellement, quelques publications issues de recherches et de travaux menés dans le cadre d'un doctorat en création littéraire, seulement à l'Université de Sherbrooke:

Paul-André Bourque, *Derrière la vitre (scénario pour la télévision)*, Éditions Triptyque, 1984.

André Carpentier, *Journal de mille jours*, Éditions Guérin, 1988.

Michel Clément, *Le maître S.*, Éditions Triptyque, 1987.

Hugues Corriveau, *Les chevaux de Malaparte*, roman, Éditions Les Herbes rouges, 1988; *Écrire un roman*, essai, Éditions Les Herbes rouges, 1988.

André Marquis, *La double précarité du combattant*, Éditions Les Herbes rouges, 1989.

France Théoret, *Nous parlerons comme on écrit*, roman, Éditions Les Herbes rouges, coll. Lecture en vélocipède, n° 27, 1982.

Robert Yergeau, *L'usage du réel* suivi de *Exercices de tir*, Éditions du Noroît, 1986.

Notice bibliographique

Certains essais ici rassemblés ont paru depuis 1970 dans les revues et les ouvrages suivants:

«L'analyse linguistique en poésie», *Revue de l'Université Laurentienne*, vol. X, n° 2, Sudbury (Ontario), février 1978, p. 29-35.

«Stratégies interactives dans la fiction du discours poétique», *Protée*, vol. XV, n° 3, numéro spécial intitulé *L'épreuve du texte. Description et métalangage*, Chicoutimi, automne 1987, p. 75-79.

«Théorie / méthodologie», *Pragmatique de la poésie québécoise*, coll. «Cahiers d'études littéraires et culturelles», n° 11, Faculté des lettres et sciences humaines, Université de Sherbrooke, 1986, p. 1-23.

«Crémazie et Nelligan, sous le signe du romantisme», *Crémazie et Nelligan*, Montréal, Éditions Fides, 1981, p. 125-131.

«Grandbois ou l'incantation des temps», *Grandbois vivant*, Montréal, l'Hexagone, 1990, p. 35-42.

«L'ombre de Mallarmé sur la poésie de Saint-Denys Garneau et de Miron», *Voix et images du pays VI*, Montréal, 1973, p. 51-63.

«Dimensions iconiques de la poésie de Rina Lasnier», *Liberté*, n° 108, Montréal, novembre-décembre 1976, p. 85-101.

«Principes d'unité dans l'œuvre de Fernand Ouellette», *Études littéraires*, vol. V, n° 3, Québec, décembre 1972, p. 447-461.

«Lecture structurale d'un poème de Fernand Ouellette», *La nouvelle barre du jour*, n° 39-41, Montréal, été 1973, p. 4-25.

«Lumière et violence dans la poésie de Jean-Guy Pilon», *Études françaises*, vol. VI, n° 1, Montréal, février 1970, p. 79-90.

«La passion des mots chez Gatien Lapointe», *Livres et auteurs québécois 1970*, Montréal, Éditions Jumonville, 1971, p. 248-254.

«L'enfance radar», *Lettres québécoises*, n° 33, Montréal, printemps 1984, p. 23-24.

«La poésie de Monique Bosco: une quête de justice», *Voix & images*, vol. IX, n° 3, Montréal, printemps 1984, p. 13-21.

«Michel Beaulieu ou la familiarité de l'écriture», *Ellipse*, n° 36, Sherbrooke, 1986, p. 4-12.

«La Voie illimitée», *Voix & Images*, vol. XVI, n° 3, Montréal, printemps 1991, p. 402-409.

Dix ans de recherche sur la littérature française (1970-1979), coll. «Cahiers de l'Association canadienne-française pour l'avancement des sciences (ACFAS)», Montréal, n° 4, 1980, p. 82-92.

(«Un fonctionnement»), *Arcade*, Montréal, n° 2, 1982, p. 51-55.

(«Une pratique»), *Revue des forges*, Trois-Rivières, n° 26, novembre 1988, p. 111-115.

(«Autocritique»), *Revue des forges*, Trois-Rivières, n° 32, octobre 1991, p. 23-29.

Table

Cet ouvrage composé en Times corps 11 sur 13
a été achevé d'imprimer sur les presses
de l'imprimerie Gagné à Louiseville
en janvier mil neuf cent quatre-vingt-douze
pour le compte des Éditions
de l'Hexagone.

Imprimé au Québec (Canada)